金融博士论丛·第十五辑

中国 A 股市场 IPO 首日与后市收益异象研究

On the Anomalies of IPO Initial Returns and Post – issue Performance in the Chinese A – share Market

李 宁 著

中国金融出版社

责任编辑：石　坚
责任校对：刘　明
责任印制：程　颖

图书在版编目（CIP）数据

中国A股市场IPO首日与后市收益异象研究（Zhongguo Agu Shichang IPO Shouri yu Houshi Shouyi Yixiang Yanjiu）/李宁著. —北京：中国金融出版社，2013.4

（金融博士论丛）
ISBN 978 – 7 – 5049 – 6700 – 8

Ⅰ. ①中…　Ⅱ. ①李…　Ⅲ. ①股票市场—收益—研究—中国
Ⅳ. ①F832. 51

中国版本图书馆 CIP 数据核字（2012）第 319455 号

出版
发行　中国金融出版社
社址　北京市丰台区益泽路2号
市场开发部　（010）63266347，63805472，63439533（传真）
网上书店　http：//www.chinafph.com
　　　　　（010）63286832，63365686（传真）
读者服务部　（010）66070833，62568380
邮编　100071
经销　新华书店
印刷　保利达印务有限公司
尺寸　169 毫米 × 239 毫米
印张　13
字数　230 千
版次　2013 年 4 月第 1 版
印次　2013 年 4 月第 1 次印刷
定价　25.00 元
ISBN 978 – 7 – 5049 – 6700 – 8/F. 6260
如出现印装错误本社负责调换　联系电话(010)63263947

序

这是一本讨论中国 A 股市场新股发行收益的书，但不仅限于新股收益展开，而是以 IPO 发行的首日收益与后市收益作为主线，引发了对中国 A 股 IPO 市场的制度、发展路径、微观主体博弈的思考，并由此来论证 A 股市场首日超额收益异象、后市收益弱势异象以及 IPO 发行热季异象的必然性、关联性及其在中国股市发展二十年间的动态变化过程。

自股票市场诞生以来，新股发行首日给投资者带来的收益快感一直被津津乐道，然而这却让学术界颇为困惑。这是因为该现象显然违背了市场无风险套利原则。为此，研究者们提出了质量信号理论、再融资理论、避免诉讼假说等给予解释，然而至今仍无一个理论能够放之四海而皆准，每一个理论均受到了其他理论不同程度的反驳。在中国，该方面的研究虽然如火如荼，但是研究结论更为凌乱，无法取得一致。

对新股发行后市收益的跟踪研究，由于受到样本数量规模、研究时间跨度大的影响，因而该领域的研究的丰富度和活跃度明显弱于首日收益领域。新股后市收益的跟踪研究有助于推动首日收益相关理论的动态适用性验证工作，有助于将新股发行领域的短期和长期研究相结合，静态与动态相结合，有助于加深对新股收益异象的认识和理解。在中国，对新股后市收益的研究较少，这是因为受到中国资本市场建立较晚、制度变化频繁、数据获取难度较大等因素的影响。笔者敢于对该方面展开研究，数据样本涵盖了中国 A 股市场二十一年的发展历程，跟踪每个样本三年期的月度数据，样本量占 A 股市场有效样本总量的 77.6%，达到 1 563 个，其工作是值得肯定的，有助于该书研究结论的适用性。

《中国 A 股市场 IPO 首日与后市收益异象研究》一书将中国 A 股市场首日收益与后市收益一并研究，裨益显然。该书从验证现有各种理论的中国市场有效性出发，将新股市场的短期均衡和长期均衡放在一起研究，既关注静态，又研究动态，做了一件有意义的工作。本书以市场微观参与主体作为微观分析的基础，讨论现有研究结论在中国市场的适用性，以政府监管下的中国 A 股市场制度作为宏观分析的主要因素，研究中国 A 股市场的发展路径，最终将二者结合分析，在颇具中国特色资本市场的发展路径下，市场微观参与主体的博弈行为，从经济学角度分析中国 A 股市场 IPO 收益的短期均衡到长期均衡的转化过程。本书对于中国 A 股发展路径的选择研究结果表明，虽然 A 股市场发展选择的路径带来了资本市场诸多的问题和困扰，但是从 A 股市场发展的速度和规模来看，恰恰是这种发展模式推动了 A 股市场的快速成长。当然对中国 A 股市场发展模式的认可并不是对现有 A 股市场诸多诟病的包庇，而是基于历史辩证的观点得到的相关结论。当前，A 股市场面临着进一步纵深化的发展，市场公平、对中小投资者利益保护、中介市场自律、发行人正确树立上市融资观和市场监管等问题都是未来 A 股市场发行制度改革的重要方面。

　　该书的出版不仅是对作者工作的首肯，而且我相信这对于推进我国 A 股市场改革，加强发行市场公平体系建设，构建正确的融资动机和投资收益心理均有帮助。

2012 年 12 月 22 日

内容摘要

近几十年来，IPO市场发行问题备受相关领域专家和学者的关注。这是因为IPO市场同时存在着首日超额收益现象、后市长期收益弱势现象以及IPO发行上市企业集中上市的聚簇现象。这三大现象被学术界称为IPO发行"三大不解之谜"或"三大异象"。其中，IPO首日超额收益现象是指新股上市首日交易价格显著超过发行定价的现象；IPO后市长期收益弱势现象是指新股上市后的3~5年内长期回报率低于市场投资组合（或其他匹配样本）的现象；IPO发行聚簇现象是指在某段时期内，众多企业上市发行的扎堆现象，也被称为"热季"（Hot issue）现象。这些现象的存在，有悖于有效市场假说和无风险套利理论，是正在进行研究的金融学重要课题之一。

中国A股市场IPO首日超额收益之高令人咋舌，新股发行认购异常火爆，学术界和实务界早就注意到这些现象对A股市场发展的负面影响，而后市收益方面的研究仍处于初探阶段。与此同时，中国A股市场的发展还有诸多的问题亟待进一步的分析与研究。例如，A股市场IPO发行首日超额收益异象与后市收益异象二者之间有何种联系？导致IPO发行市场异象的影响因素有哪些？在我国特有的制度环境下，如何对中国A股市场存在的首日超高收益率和长期绩效弱势现象进行经济学解释？是何因素促成了中国证券市场的快速发展？股权分置一直成为学者们指责中国证券市场机制的主要矛头，许多研究也认定是政府管制扭曲市场机制导致了中国A股市场IPO首日超额收益现象，那么政府管制、股权分置制度对于中国股市是百害无一利的吗？中国股市IPO发行制度经历了三次大的变迁、若干次小改革的尝试，就制度改革来说，是否最终提高了市场的效率，促进了市场的完善呢？中国A股市场特有的制度下，IPO市场参与主体的目标函数又是什么呢？IPO市场参与主体实现目标函数过程中的占优策略将如何选择？今后A股市场发展的政策突破口又在哪里？本文希望通过以IPO首日收益与后市收益为主线的实证与理论研究，尝试回答以上的问题，并期望进行相应的经济学解释，这无疑是具有理论意义和现实意义的。论文具体章节安排如下：

第1章，导论。本章主要阐述选题的历史背景与写作意义，给出本文研究的章节安排、研究方法、主要创新点以及进一步研究方向等内容。

第 2 章，IPO 首日与后市收益异象的文献述评。本章通过该领域相关文献回顾，寻找论文研究的切入点，明确论文的研究思路。通过文献梳理发现，在理论层面，以三大异象之一作为研究对象，进行单独研究的居多，或是强调市场非有效性，或是强调某一市场参与微观主体行为方式。在实证层面，A 股市场研究存在样本量少，研究结论适用度存在局限性等问题。论文认为，IPO 首日收益与后市收益是股票价格的短期和长期表现，属于同一问题的两个方面，热季理论是 IPO 收益研究的市场情绪因素，市场制度是 IPO 市场参与主体行为选择的重要制度因素，这都将对 IPO 收益研究产生显著影响。所以论文考虑，从中国 A 股市场制度改革脉络出发，收集 A 股市场所有的有效数据，对 A 股市场 IPO 异象展开实证研究，并对宏观市场、政府行为、参与主体目标函数与占优策略进行剖析，尝试对该问题进行经济学理论分析，并提出相应的政策与建议。这种以大样本、兼顾市场与制度、联系 IPO 短期与长期的研究思路，是对中国 A 股市场 IPO 异象问题的勇敢尝试。

第 3 章，A 股市场制度、热季周期与承销中介。本章是后文研究的必要铺垫，包括市场发展评价与制度分析、热季模型和承销商声誉三部分。

首先，从市场发展与制度分析来看，（1）客观评价 A 股市场发展水平，不能一味地与发达市场国家比较，本文指出与同属"新兴 + 转轨"国家进行比较才更客观，结果显示中国证券市场自成立以来的二十多年间获得了高速发展。这种超越 A 股市场可能性边界的发展，必然在其背后有某种制度安排为此提供保障，这为后文分析政府隐性担保埋下伏笔。（2）中国证券市场制度区间可划分为四个：试行区间（1990 年 12 月至 1993 年 3 月）、审批制区间（1993 年 4 月至 2001 年 3 月）、通道制区间（2001 年 4 月至 2004 年 1 月）以及保荐制区间（2004 年 2 月至今）。这是文中开展不同发行制度下 IPO 首日收益与后市收益研究的需要，这为正确评价中国 A 股市场制度改革成效提供基础。

其次，从热季现象分析来看，市场投资者情绪的马尔科夫区间转换模型运行结果告诉我们：A 股市场 IPO 发行存在明显的"热季"现象；热季周期内 IPO 首日超额收益显著高于冷季周期；A 股市场投资者情绪对 IPO 收益影响不容忽视。这是研究投资者情绪对 IPO 异象影响的必要铺垫。

最后，从承销商中介研究来看，（1）HHI 指数告诉我们，中国承销商市场整体发展状况存在发行家数和承销金额高度集中现象，市场 80% 以上的发行份额集中在前二十大承销商手中，前十大承销商承销份额又占据前二十大承销商份额的 90% 以上，A 股中介市场存在高度集中化特征，这是承销商目标函数发生偏移的研究前提。（2）使用 Megginson 和 Weiss 方法构建承销商声誉评价体系，分别得到 A 股市场四大制度区间下承销商声誉排名情况，这是承销商声誉模型代理变量的重要依据。

第 4 章，A 股市场 IPO 首日收益分析。本章围绕 IPO 首日收益展开，完成对 A 股 IPO 首日超额收益率的测算，并通过构造全区间和分区间实证模型，寻找影响 A 股首日收益的主要因子，评价制度改革成效。通过大样本（2 013 个有效样本，占截至 2011 年 5 月底 A 股市场 IPO 发行总样本的86. 9%）实证模型分析，A 股市场 IPO 首日超额收益率平均高达118. 78%。影响首日超额收益的主要因子，除了体现该股内在价值的财务指标表现显著，还主要表现在市场情绪因子和首日换手率因子，这说明 A 股市场非理性行为对首日收益率的影响应当引起足够重视。该章还展开不同制度区间实证结果对比分析，证明从试行阶段到保荐制阶段，IPO 首日超额收益幅度是逐步回落的，A 股市场制度改革对于提升 IPO 市场效率是有成效的。

第 5 章，A 股市场 IPO 后市收益分析。本章围绕 IPO 后市收益展开，得到 IPO 后市收益存在弱势现象的结论，并构建实证模型分析主要影响因子，最后从新股破发现象出发，对 IPO 异象进行再剖析。论文首先澄清了 A 股市场 IPO 后市收益弱势现象确实存在，而且是普遍而长期存在的。与发达国家市场 IPO 后市收益相比，中国 A 股 IPO 后市收益弱势现象主要表现在 IPO 上市后的第一年和第二年，IPO 后市月平均收益在第三年开始转向强势，IPO 后市累计收益率弱势缺口在第三年开始收缩，该转换时点早于发达国家证券市场。从实证模型发现，影响我国 A 股市场 IPO 后市收益率的主要因素，除了企业盈利增长率和 IPO 发行承销费等因素，还包括行为因素和制度因素。进一步分析 A 股市场 IPO 后市破发现象，论文提出了"市场预期价格"定价法则，市场预期价格是指该只股票发行上市时点，投资者异质性价格预期下包含市场情绪因素的最终市场需求价格，是股票内在价值与市场投资者情绪的综合反映。当市场处于投资者情绪高亢期，以高于股票内在价值和低于市场预期价格的策略确定发行价格，有可能同时带来 IPO 首日超额收益与后市收益弱势并存的现象。

第 6 章，A 股市场 IPO 异象的经济学解释。本章对 A 股市场首日超额收益与后市弱势绩效两大异象并存进行经济学解释。论文采用从宏观发展路径分析微观主体行为，从微观占优策略反观 IPO 宏观市场异象的分析框架。在该框架下，首先分析政府管制下 A 股证券市场的可能性边界，获知我国证券市场发展的宏观策略和路径；其次剖析该宏观策略下 IPO 市场微观主体（发行企业、投资者和承销商）的目标函数以及占优策略；最后从各微观主体博弈行为解释A股市场IPO首日异象和后市异象同时存在的必然性。

从宏观市场分析来看,在A股证券市场发展早期,为了达到证券市场快速扩容和保证市场质量的双重目标,政府采用介入市场、审批发行、隐性担保、股权分置等制度安排。政府介入市场行为短期内提升了投资者保护水平预期,实现了短期内的证券市场边界曲线上移,扩大了市场规模。不过该发展方式也为市场微观主体目标函数和行为选择的扭曲提供了条件,使得A股市场发展面临市场规模和市场质量同时下滑的风险。

从微观主体目标函数来看,发行方、投资者、承销商参与IPO的目标函数均发生了偏离。(1)发行企业为了获取上市资格而不惜成本,其上市融资的目标函数不是融资成本最小化和融资规模理性化,而是以上市融资规模最大化或既定发行数量下发行定价最高为目标的。(2)专业知识匮乏的个人投资者是证券市场投资者的主力军,非理性投资行为(从众行为、过度交易行为、过度自信心理)在投资决策中表现突出,投资者以追求短期收益最大化为目标函数。(3)在我国承销商声誉模型对承销商的未来收益约束力大大下降,承销商履行中介认证职能动力不足,承销商以获得当期IPO发行收益最大化为目标。

为了实现自身的目标函数,市场各参与主体追求占优策略。(1)发行人与承销商实现自身目标的占优策略为二者共谋,使用市场预期价格法则来确定新股发行价格。(2)个人投资者和机构投资者获取短期收益的占优策略均为投机。(3)新股"市场预期价格"水平是发行价格的上限,为了获取该价格信息,确保发行成功的前提下,获得更高的发行定价,承销商新股分配策略选择向机构投资者倾斜。

通过以上的分析,A股市场IPO首日超额收益异象与后市收益弱势异象的经济学逻辑逐步清晰起来。中国证券市场发展方式、市场现状、各参与主体的目标函数与占优策略的共同作用下造成了A股市场IPO发行选择"市场预期价格"定价的机制,并最终造成了A股市场IPO首日超额收益异象与后市收益弱势异象的同时发生。

第7章,主要结论与政策建议。本章进行主要结论总结,并在此基础上提出相应的政策建议。从制度改革效果看,A股市场IPO首日超额收益有所回落,IPO后市弱势现象有所缓和,但是均未能从根本上改善中国A股市场IPO异象。如果说,这是为了满足证券市场初期快速发展要求,不得已牺牲部分投资者利益,那么随着证券市场进入深化发展阶段,应当选择质量与规模并重模式,着重从削减政府隐性担保、激发市场机制、增强对中小投资者利益保护、重树承销商声誉与中介认证功能，以及加强监管与完善法规等方面展开。

论文通过展开制度分析、实证分析和构建理论模型等方法，得到研究结论如下：

第一，澄清了对于 A 股市场是否存在 IPO 后市弱势现象的争论。通过比较 IPO 后市收益计量方法，动态跟踪了 IPO 后市为期三年的后市月度绩效，得出我国 A 股市场确实存在 IPO 后市弱势现象，并且存在较高比例的 IPO 破发现象的结论。与其他国家比较而言，A 股市场 IPO 后市弱势异象主要在上市后的两年期内显著存在，进入第三年中后期逐步出现后市收益率向强势翻转的现象，IPO 后市弱势现象转强时点较早。

第二，划分了 A 股市场 IPO 热季周期与冷季周期转换边界。通过使用马尔科夫区间转换模型，获得了 50% 转换概率下的热季周期区间。投资者投资情绪高亢的热季区间是 A 股市场 IPO 首日超额收益与后市收益弱势现象并存的主要依赖环境。这是因为"市场预期价格"定价基准只有在投资者情绪高亢的市场中才能获得应用，此时的发行人和承销商才有可能以高于新股内在价值的发行价，获得发行成功。另外，论文也指出 A 股冷季周期是相对于 A 股热季周期而言的，与发达国家证券市场相比，冷季周期的发行规模和首日收益指标显著高于其他国家热季周期，所以说，我国 A 股市场属于"热季暴热、冷季不冷"的市场，以及新股发行过程中非理性情绪普遍存在的市场。

第三，分析了影响 A 股市场两大异象的重要因素。通过在不同发行制度区间下构建多元回归模型，发现影响 A 股市场两大异象的重要因素在于市场制度和市场投资者情绪。具体来说，影响 A 股 IPO 首日收益的主要因素除了有企业内在质量因素，还包括：（1）市场制度和市场投资者情绪因素，热季周期发行的 IPO 首日收益率更高，发行制度显著影响首日收益率水平；（2）发行承销费对模型贡献较大，与 IPO 首日收益成反比；（3）承销商声誉模型在保荐制施行前对 IPO 首日收益不产生影响，在保荐制后略显成效。影响 IPO 后市收益率的因素除了企业内在质量因素，主要还有市场投资者的情绪因素。

第四，研究了中国证券市场发展路径。论文发现，中国 A 股市场秉承的是"以规模促发展，以发展促改革，以改革促质量"的模式。具体来说，中国政府提供以额外投资者保护和较少牺牲短期市场质量的方式，换取市场规模的快速增长，力图长期实现规模与质量双提升，达到资本市场边界外移的目的。通过与其他新兴证券市场国家比较可见，中国股市选择的发展模式存在优势，短期内实现了 A 股证券市场快速扩容与发展。不过这一策略也成为 A 股市场IPO首日超额收益与后市收益弱势现象的重要推手。

第五，讨论了A股市场参与主体的目标函数与占优策略。论文发现在A股市场中IPO参与主体目标函数均发生了偏离现象。论文指出：新股发行行政审批制度、股权分置制度和市场投资者非理性行为扭曲了市场发行人的目标函数，上市发行企业以上市融资超额收益最大化为目标，占优策略为选择与承销商共谋；A股中介市场缺乏竞争，市场承销商声誉模型使得承销IPO业务目标函数扭曲为追求上市承销收入最大化，占优策略选择与发行企业共谋，同时为了获得市场预期价格的上限值，承销商在分配发行过程中倾向于机构投资者；个人投资者和机构投资者在市场质量水平不高的市场中，均选择投机作为投资策略，并以追求短期投机收益最大化为目标。

第六，评价了A股市场发行制度改革效率。通过比较不同市场制度下，A股市场首日收益和后市收益两方面发现，每次的制度改革均对市场效率的提高和市场质量、规模双提升有效，只不过通道制代替审批制，制度效果有限，保荐制代替通道制，制度效果较为明显。但是与发达证券市场相比，保荐制仍存在诸多需要改进的细微之处。

第七，解释了A股市场存在首日超额收益与后市收益弱势异象的逻辑关系。中国政府选择的证券市场发展方式，不但影响了证券市场宏观机制，而且带来了微观主体行为选择偏差。当发行企业、承销商、机构投资者与个人投资者均从自身占优策略出发，过度追求当期利益最大化，将使得股票市场IPO发行选择"市场预期价格"定价机制，导致发行价格低于市场预期价格，高于该股内在价值。在高亢的投资情绪市场中，上市首日股价进一步向市场预期价格的逼近，产生了首日超额收益现象，随着投资者情绪的消退和信息不对称的改善，IPO后市股价向该股内在价值回归，出现新股后市收益弱势现象，甚至大面积的新股破发现象。所以在A股市场上，IPO首日超额收益异象与后市收益弱势异象属于同一问题的短期与长期表现，是相互联系的。

本论文的研究过程中，尝试回答文章提出的诸多疑问，不过鉴于本文研究的是IPO首日收益与后市收益市场大体趋势，并不排除个别股票在IPO首日收益及后市收益上的特殊性。另外，因为影响股票价格和股票收益的因素错综复杂，所以今后笔者需要继续在该方向进行探索。

关键词：IPO发行　IPO首日收益　IPO后市收益　投资者情绪

Abstract

IPO have interested the relative areas and the researchers many decades, which mainly due to the co-existence of three phenomena in the IPO market. Three phenomena are abnormal initial returns of IPO; long-term underperformance after-market; and IPO clustering listing. These phenomena are known in the academic community as "three puzzles of IPO market" or "three anomalies in IPO". By abnormal initial returns of IPO, it refers to the first day IPO trading price which is significantly more than the offering price. By long-term underperformance after-market, it refers to the situation that the long-term rate of return within 3 – 5 years after market is lower than the market portfolio (or other matching samples). IPO clustering phenomenon refers to a situation that in these "hot" periods, many companies were listed in IPO market, which is also known as the "hot issue" market phenomenon. The existence of these phenomena is contrary to the efficient market hypothesis, and the risk-free arbitrage theory. They have become one of the on-going important financial thematic research areas.

Abnormal returns of the first day of IPO issue in Chinese A-share market are exceptionally high and new shares subscription is extremely strong. For a long time, both the academics and practitioners have noticed the negative impact of these phenomena on the development of A-share market, while the study on performance is still in a preliminary stage. At the same time, there are many problems which need urgent analysis and research in order to promote Chinese A-share market development. For example, what is the relevance and inter-linkage between the abnormal initial returns of IPO in A-share market and the associated market performance in post IPO period? What are the effective factors leading to the vision of the IPO market? Chinese A-share market on the first day of high yield and long-term performance of underperformance in Chinese unique institutional environment, economics explain? What factors contributed to the abnormal stock market in China? How could the economics theory interpret abnormal initial returns of IPO and the long-term underperformances of Chinese A-share market? What factors have contributed to the rapid development of Chinese A-share market? The stock right splitting has always been the main area where the scholars have been blamed the most in Chinese securities market mechanism. Many studies also believe that the government regulation has distorted the market mechanism and therefore has led to the abnormal returns of the Chinese IPO market. The question raised here is that whether it is true that the government regulation and the stock right splitting purely caused troubles and brought not any detrimental interest for Chinese stock market. IPO system has undergone three major changes, several attempts to conduct small scale reforms. Regarding institutional reform, has it ultimately improved the efficiency of markets and promoted the improvement of the market? Under Chinese special A-share market system, what are the objective functions for the IPO market participants? How to choose priority strategies in order for IPO market participants to achieve their objectives? Where is a good starting point to seek a policy breakthrough in A-share market development in the future? This article hopes to use actual examples as well as some theories to answer the above questions and explain IPO first day gains vs. post IPO performance. The author is expected to offer some interpretation from economics point of view. We believe this approach will bring both theoretical and practical value. The various chapters are arranged in the following sequences:

Chapter 1 introduction, we focus mainly on the historical background and significance of the topics chosen. It described the arrangement of chapters' sequences, research approach, main innovation areas and further research directions, and so on.

Chapter 2, we review the literature and feedbacks regarding IPO on the first day and the long-term market performance in post IPO period. This chapter aims to find out the starting point of this paper and well define the study approaches in this paper through review of related literature. The review of related literature and materials indicates that current ongoing studies either focus on one of "three anomalies in IPO", or purely focus on non-effective market, or to emphasize the behavior of one particular market which involves in micro-market. From the empirical level, the research on A-share market reveals a fact that there is very small amount of research sample and that the applicability of on-going studies is very limited. It is the paper's view that the first day of the IPO returns and market performance in the post IPO period belong to two aspects of one same issue. The "Hot issue" phenomenon belongs to market sentiment factor related to IPO returns studies. The market system is one important institutional factor for IPO market participants when they make their choices. All these factors will have impact on IPO gains studies. Therefore this paper tries to begin from Chinese A-share market reform history so as to collect all valid data and to carry out empirical research. It will also conduct theoretical derivation between main objective function and the dominant strategy theory regarding macro-markets, government behaviors as well as main objective function and the dominant strategy. The paper tries to conduct economic theory analysis and put forward with corresponding policies and proposals. This research approach which bases on major samples and which takes into account both the market and the system, links both short-term and long-term IPO is an innovative and brave attempt in looking into IPO abnormal phenomena in Chinese A-share market.

Chapter 3, we analyze on IPO related to A-share market. This chapter is an integral part to the following chapters and establishes the basis for analysis to be done in those chapters. This chapter covers three parts: evaluation of market development and system analysis; the hot issue model; and the reputation of the underwriters.

First, from the perspective of market development and system analysis: (1) Evaluation of the development level of the A-share market should be done on an objective basis and could not be blindly done per the standard applied by developed economies. The analysis results are more objective if it is done based on the indicators used by the same emerging economies or in-transit economies. Actually, this kind of analysis shows that Chinese stock market has developed rapidly since its inception two decades ago. This development which is beyond the margin of the A-share market theory must be backed up by some kind of institutional arrangement and has paved a way to carry out analysis on hidden governmental guarantee. (2) Chinese securities market system interval may be divided into four stages: pilot (December 1990-March 1993); approval system (February 1993-March 2001); verification system (April 2001-February 2004) and the sponsor system (March2004-present). This categorization is necessary in order to carry out analysis between the IPO first day earnings and post-IPO performance under different issuance systems contained under this paper.

Secondly, from the analysis of the hot issue phenomenon, the operational results from Markov regime switching model which reflects market investment mode sentiment indicates that there exists a "hot issue" phenomenon in the IPO in the A-share market, where the IPO first-day abnormal returns are significantly higher than the cold season periods. Attention rather than ignorance should be given to the impact on IPO proceeds from the A-share market investment mode, which is an important basis to analyze the mode of the investors.

Lastly, from underwriters intermediary research point of view: (1) HHI index tells us that the quantity of the issuance companies and the underwriting amount are too much high and concentrated. More than 80% of the issued share go to the top 20 underwriters, among which the share of underwriting amount of the top ten underwriters account for more than 90% of the top twenty underwriters share. The A-share intermediary market has a highly centralized feature, which is the premise of the underwriters objective function offset. (2) The Megginson and Weiss methods are used to build the evaluation system on the credibility of the underwriters and have obtained the merit ranking for the A-share market under the four stages or ranges. This is an important basis of the proxy variable of underwriter credit model.

Chapter 4, we analyze on IPO initial returns of the A-share market. This chapter begins with the first day IPO returns, focusing on the estimation of first day of the abnormal rate of return of the A-share IPO and trying to find out the main factors of the first day gains at the A-share market. The main purpose of this chapter is to construct the empirical model at the overall range as well as sub-range levels, to evaluate the model results and effectiveness of institutional reforms. Empirical model analysis through the application of large samples (2 013 samples, accounting for 86.9% of the total sample IPO issue in the A-share market as of the end of May 2011) indicates that the abnormal rate of return IPO first day in the A-share market is as high as 118.78 percent on average. In addition to the factor that the financial performance in the share market is strong, other main factors which affect the excess returns from the first day IPO also include investors' sentiment and stock turnover. These factors indicate that high attention should be given to the impact from the non-rational behavior in the A-share market. The chapter also carried out comparative analysis of the empirical results at different systems ranges and found out that the earnings declines gradually from the pilot phase to the sponsor system range. The A-share market reform has been effective in enhancing the efficiency of the IPO market.

Chapter 5, we discuss post-issue performance of IPO in the A-share market. This chapter begins with post IPO benefits, reveals post-issue underperformance, builds an empirical model to analyze the main affecting factors, and further find out

reasons for underperformance phenomenon. Firstly, this paper confirms that poor re-
turns of new issuing after market in the A-share market do exist widely and on a long-
term. Compared to post IPO returns in the developed countries, underperformance of
post IPO in Chinese A-share market mainly takes place in the first year and second
year after IPO. The average monthly returns of the post IPO market turns to a strong
trend in the third year, the venerable gap of cumulative returns of the post IPO mar-
ket begins to shrink at a point which happens earlier than the stock market in the de-
veloped countries. In addition to the factors of corporate earnings growth and IPO un-
derwriting fees, was discovered from the empirical model that other main factors
which opposes impact on post IPO returns in Chinese A-share market include behav-
ioral and institutional factors. Through further analysis on IPO post market price fell
below the offering price phenomenon in the A-share market, the paper presents the
pricing rules per "expected market price", which represents a comprehensive reflec-
tion of the stock intrinsic value and investors' sentiment. When a strategy implemen-
ted is such that the issuing prices is higher than the stock intrinsic value and lower
than the market expected price, it may bring a phenomenon where IPO first day ab-
normal returns and underperformance in post IPO market co-exist.

Chapter 6, we interpret economics perspective towards abnormal phenomenon in
IPO of the A-share market. An interpretation from economics point of view is given in
this chapter regarding the first day of abnormal returns from the A-share market and
the post IPO underperformance. The chapter tries to use the macro development path
to analyze micro-subject behaviors and to further study IPO macro market abnormal
phenomenon from micro-dominated strategies and tries to put forward an analytical
framework. The proposed analytical framework first analyzes the possibilities frontier
in the A-share stock market under government control. The macro strategy and paths
related to Chinese securities market development are discovered through this analysis.
Secondly, the framework also analyzes objective function and dominant strategy of the
microscopic entities in the IPO market (issuers, investors and underwriters). It
gives out the rationality from the main microscopic players as why the abnormal phe-
nomenon of initial returns and underperformance after market co-exists in A-shares
market.

From the macro-market analysis level, in the early stage of development in the
A-share stock market and in order to achieve the dual goals of the stock market rapid

expansion and improvement of market quality, the government implements a series of institutional arrangement, such as market intervention, approval in stock issuance, implicit guarantee and split share policy. Government intervention has in the short term increased investors protection expectation and achieved short-term securities market uplift and expanded market scale. However, this development mode also provides conditions for distortions of the main market microstructure objective function and their behaviors, which in turn oppose risks for the A-share market development to face a decrease in market size and market quality.

The objective function of issuers, investors, underwriters participating in the IPO have occurred deviations. (1) The issuance enterprises don't care the costs in order to obtain listing qualifications. The objective function of public financing is not to seek for the minimum financing costs and the most rational financing scale, instead they use the number of public financing to maximize the scale or established distribution price. (2) Individuals who are lack of professional expertise are the main force in the stock market investors. Very often people find irrational investment behaviors (herding behavior, excessive trading behavior, and over-confidence psychological). These individuals usually pursue the short-term revenue maximization as their objective function. (3) Credit of underwriters in China does not oppose binding effect on future earnings. The underwriters have less capacity in fulfilling their verification and due diligence. The underwriters usually tend to receive the maximum IPO benefits.

In order to achieve its objective function, the market participating bodies try to pursue a dominant strategy. (1) The dominant strategy for both issuers and underwriters is merged so as to achieve their common objectives. The market expected price rule will be used to determine the IPO price. (2) Individual investors and institutional investors' access to the dominant strategy of short-term gains are speculative. (3) New issuing market price level decides the issue price caps. In order to obtain the price information to ensure the successful issue of the premise of boosting circulation pricing strategy, the underwriters tend to issue new shares in the favor of institutional investors.

Through the above analysis, the economics logic regarding theIPO abnormal returns on first day and aftermarket underperformance in A-share market is becoming clear. Securities market development mode selected by the Chinese government, the market situation, the objective function and the dominant strategy involved have jointly resulted in the A-share market IPO to have selected "market expected pricing mechanism", and have ultimately led to excess IPO return in the A-share market, as well as post IPO co-existence.

Chapter 7, we discuss main conclusions and policy recommendations. This chapter is to summarize the main conclusions, and relevant policy recommendations on this basis. On results of A-share reform, the IPO initial returns on the first day from the A-share market have declined to some extent and the underperformances aftermarket in the A-share market are alleviated. If we try to argue that these are because the rapid market development in the early days, then we should select both quality and scale, reduce implicit governmental guarantee, stipulate market mechanism, enhance protection towards medium-sized and small-sized investors, rebuild the reputation of the underwriters and intermediaries authentication capabilities, strengthen supervision and improve the regulations.

By expanding the system analysis, empirical analysis and the theoretical model, this paper concludes the follows:

First, it clarifies as whether underperformance exists in post IPO period in the A-share market. It compares post IPO returns measurement methods and conducts a dynamic tracking of the monthly aftermarket performance of three years after the initial issue and comes to the conclusion that the underperformance exists in post IPO period in the A-share market, and there is a higher proportion of IPO break phenomenon. Compared with other countries, the underperformance mainly exists in the first two years after the listing period and will turn to strong from the mid and later part of the third year after the issuance. The timing for aftermarket underperformance to outperformance comes quite early.

Second, it divides the transition boundary of the IPO hot season and cold season in the A-share market. Through the use of Markov regime switching model, a 50% of hot season range is obtained. It indicates that the high-pitched hot season range of investors' sentiment is the main environment which causes the co-existence of IPO abnormal returns on the first day and aftermarket underperformance. This is because the expected price of the market pricing benchmark can only be used in the high-pitched market investor sentiment. Only at this moment will the issuers and underwriters are able to issue a price which is higher than the intrinsic value of the new issued shares. In addition, the cold season for the A-share market is comparative to the hot season of the A-share market. From the perspectives of cold season issuance scale and IPO initial returns' indicators, Chinese A-share market is facing a very common "irrational emotions" where the hot season is that scorching and the cold season is not that cold.

Third, it analyzes the key affecting factors for two abnormal phenomenons in the A-share market. Through the construction of a multiple regression model under different ranges of distribution systems, it was discovered that the market system and market investors' sentiment are two important factors. Specifically, in addition to the enterprise intrinsic quality factor which affects the A-share IPO initial returns, the market system and market investors' sentiment are important factors to influence the initial returns of IPO. The shares issued at the hot season will generate even higher returns at the first day IPO, the system reforms significantly affect the first-day yield level and also decide whether the parameters are significant or not. Issuance and underwriting fee contribute a lot to models, which is contrary to the IPO first-day abnormal returns. Underwriter reputation model will have negative impact to IPO first-day abnormal returns prior to the implementation of the sponsor system and have some positive impact after the implementation of the sponsor system. In addition to the factors of the intrinsic quality of enterprises, the other important factor which affects post IPO gains is the market investor's emotion.

Fourth, it carries out studies on Chinese securities market development path. It is the discovery of the paper that the A-share market in China is adhering to a model which uses scale to promote development, uses development to promote reform and uses reform to promote quality. Specifically, the Chinese government provides additional investor protection without sacrificing short-term market quality. By doing so, it earns back the rapid market growth, aiming to achieve long-term upgrading of the scale and quality and to achieve relocation of capital market. By comparison with other emerging stock markets, one will find that the development mode chosen by the Chinese stock market posses advantages which has become an important driving force to achieve the A-share stock market rapid expansion and development in the short term.

Fifth, it discusses the A-share market participants regarding the objective function and the dominant strategy. It is the discovery in the paper that the IPO administrative control, the split share market, investors irrational factors distort the listed companies regarding their objective function. The listed companies seeks to maximize the excess return of the listing as their financing target and tend to use the dominant strategy to work together with underwriters conspiracy but in a wrong way. The reputation evaluation model for the A-share market almost loses effect. Reputation failure and lack of competition distorts the objective function of the underwriters in their underwriting IPO business. The underwriters select to seek maximum revenue from the listed companies as its business goal and tend to work with issuing companies but in a wrong way. The allocation and distribution policies of the underwriting companies tend to be made in the favor of institutional investors. Market quality efficacy simplifies the investor's investment objective function which in turn enables the investors to seek maximum benefits from short-term investment when they choose their investment strategy.

Sixth, it evaluates the efficiency of the A-share market reform. Through comparison of the first IPO day and theaftermarket period in Chinese A-share market under different market system scenario, it is found out that each individual reform will bring about efficient results in the areas of market efficiency, enhancement of market quality and size scale-up. However there is very limited effect when the approval system is replaced by verification system. The effect is very obvious when the sponsor system replaced the approval system; however, the current sponsor system has further improvement spaces.

Seventh, it explains the logic of the A-share market presence of IPO initial abnormal returns and aftermarket underperformance phenomena. The approaches chosen by the Chinese government to develop its securities market not only affects the stock market macro mechanism, but also brings about selection bias in micro areas. When the concurrent issuers, underwriters, institutional investors and individual investors will only act in order to serve its own dominant strategy, they tend to pursue the maximum benefits from the short run and accordingly will set the IPO issue price in the stock market based on "market expected price". Under such a situation, the issue price is lower than the market expected price, but higher than the intrinsic value of the stock, making the stock issue price artificially high. Under such a high-pitched sentiment market, the first day IPO stock price further approaches towards the market expected price, resulting in abnormal returns from the first IPO day. Along with the sentiment fading and improvement of information asymmetry for the investors, the intrinsic value of the stock during the IPO period return to its normal level, there appears the underperformance during the post IPO period. Therefore, IPO abnormal returns of first listing day in the A-share market and poor performance in post IPO period just take place in the form of co-existence. This reflects the short-term and the long-term nature of one same issue.

This paper attempts to answer the many questions raised at the beginning. However, we focus on the whole trend of IPO initial abnormal returns and aftermarket underperformance areas, some phenomenon of special IPO which disobey these discussing are existing. Meanwhile, it is difficult for researchers to find out all of reasonable parameters of the empirical model, which can be an area for improvement and analysis in the future.

Keywords: IPO   IPO initial returns   Post-issued performance   Investor sentiment

目 录

图表目录

1

导　论

1.1　选题的背景与研究意义

　　1. 研究动机。近几十年来，IPO 市场发行问题备受研究者的关注。这是因为 IPO 市场同时存在着首日超额收益现象、后市长期收益弱势现象以及 IPO 发行上市企业集中上市的聚簇现象。该三大现象被学术界称为 IPO 发行"三大不解之谜"或"三大异象"。其中，IPO 首日超额收益现象是指新股上市首日交易价格显著超过发行定价的现象；IPO 后市长期收益弱势现象是指新股上市后的 3～5 年内长期回报率低于市场投资组合（或其他匹配样本）的现象；IPO 发行聚簇现象是指在某段时期内，众多企业上市发行的扎堆现象，也被称为"热季"（Hot issue）现象。这些现象的存在有悖于有效市场假说和无风险套利理论，是正在进行研究的金融学重要课题之一。

　　从该三大异象的内涵来看，IPO 首日收益与后市长期收益属于证券市场收益率研究范畴，而 IPO 发行聚簇现象属于上市参与者的行为分析。本文的研究重心在于 IPO 收益率方面，不过市场发行的热季现象有可能对收益率产生相应影响。所以在本文中，将新股热季现象作为影响 IPO 收益率的因素之一展开相应剖析。

　　IPO 发行定价和后市收益应当是股票内在价值的短期与长期表现，从理论上说，股票价格会围绕着企业内在价值上下波动，股票收益率相对于市场指数收益呈现出正态分布。然而 IPO 发行领域的研究（Ibboston，1975；McDonald 和 Fisher，1972；Ritter，1999；Ritter 和 Welch，2002 等）却从不同阶段和不同国家，证实了 IPO 首日收益右偏和后市收益左偏现象是普遍存在的（一般在

IPO 上市三年内），并且是长期存在，这似乎违背了资本市场无风险套利原则和有效市场假说。为了寻找 IPO 市场的短期与长期异象的真正原因和经济学含义，学者们提出了诸多有关上市首日收益的理论解释和一些关于后市收益的解释假说，不过令人遗憾的是，截至目前，该领域仍然没能形成统一的框架和论点，处于正在热烈研讨的阶段。

在中国，该领域已有的研究较为关注 IPO 首日超额收益方面（刘煜辉、熊鹏，2005；杨记军、赵昌文，2006 等），且得到的研究结论具有一致性，即中国 A 股市场 IPO 首日收益不仅存在右偏现象，而且相比他国该现象表现得更为严重。对于该现象的剖析与研究，学者们主要是从国外研究成果的中国 A 股市场适用性和中国证券市场制度因素方面切入。这其中具有突破性的研究集中于对中国新兴市场性质、制度因素、政府角色的分析，并指出中国 A 股市场的不完全有效市场的属性和发行行政管制的制度，以及股权分置等是首日高收益的主要原因。

相比首日收益的研究成果，中国 A 股后市收益的研究开展较晚，多局限于实证研究，理论分析欠缺，研究成果有限，而且就后市收益是否存在弱势现象仍颇具争议。例如，一些学者认为，A 股市场 IPO 后市收益在一定时间内存在左偏现象（Chan 和 Wang 等，2004 等），另一些学者则证明出 A 股市场 IPO 后市收益根本不存在左偏现象，而是完全右偏的（王美今、张松，2000；蒋顺才，2006 等）。IPO 后市收益研究的矛盾性结论使得这一问题研究更加扑朔迷离。

而且中国 A 股市场 IPO 首日与后市收益结合起来一并研究的领域更为局限。前些年中国 A 股市场数据获取困难、股市成立早期数据缺失严重，加之研究后市收益的样本跟踪时间较长、样本数据量较大、处理工作繁杂等原因，导致该方向的研究在一定程度上受限。

中国 A 股市场成立仅仅二十余年，成长过程并不顺畅，时有批评与指责声萦绕于耳。股权分置、IPO 首日超高收益、市场机制不完善、法律监管缺位等问题颇受关注。不过据世界交易所联盟（WFE）统计，截至 2010 年末，上海证券交易所总市值达到 2.72 万亿美元，全球排名第六；股票成交总额（含投资基金）为 4.5 万亿美元，全球第三。由此可见，无论从发展速度还是从规模上评价，中国证券市场都是卓有成效的。

与此同时，中国 A 股市场发展又有诸多问题亟待研究与讨论。例如，A 股市场 IPO 发行首日超额收益异象与后市收益异象二者之间有何种联系？导致 IPO 发行市场异象的影响因素有哪些？在我国特有的制度环境下，如何对中国

A股市场存在的首日超高收益率和长期绩效弱势现象进行经济学解释？是何因素促成了中国证券市场的快速发展？股权分置一直成为学者们指责中国证券市场机制的主要矛头，许多研究也认定是政府管制扭曲市场机制导致了中国A股市场IPO首日超额收益现象，那么政府管制、股权分置制度对于中国股市是百害无一利的吗？中国股市IPO发行制度经历了三次大的变迁、若干次小改革的尝试，就制度改革来说，是否最终提高了市场的效率，促进了市场的完善呢？中国A股市场特有的制度下，IPO市场参与主体的目标函数又是什么呢？IPO市场参与主体实现目标函数过程中的占优策略将如何选择？今后A股市场发展的政策突破口又在哪里？

基于以上诸多差异化的研究结论、颇受质疑的制度安排、不可小窥的A股证券市场发展成绩，以及诸多疑问，笔者对中国A股市场IPO发行产生了研究动机。

2. 选题释义。在IPO研究领域，研究者将IPO发行价格低于上市首日收盘价格的现象，称为IPO抑价（IPO Underpricing），而将IPO上市后一段时间内（一般来讲为3~5年）的收益率低于相应市场指数（或是匹配未上市公司等）的现象称为IPO长期绩效弱势（Long－run Underperformance）。不难发现，二者定义是从不同基点出发的，IPO抑价是从发行人角度出发，将上市首日投资者的投资收益看做是发行人让渡收益；而IPO长期绩效弱势是从投资人角度出发，描述买入——持有策略下，股票投资损益。显然二者独立分析起来，并不会对研究结果产生混淆，但是若将二者放在统一研究框架下，就容易产生矛盾。这是因为当我们认定二级市场比一级市场更为贴近完全竞争市场，IPO首日超额收益异象产生的原因是由降低发行价格导致（Derrien，2005），属于发行人利益主动让渡性质，这就无法解释IPO后市收益弱势现象在有效市场中长期存在的事实，而且更加无法解释中国A股市场IPO上市的高概率破发现象。

因此，文中为了避免混淆，将研究视角统一为投资者视角，将IPO抑价现象（IPO Underpring）称为IPO上市首日收益（IPO Initial Returns）；对于长期绩效（Long－Run Performance），为了避免研究区间间隔过长而丢失信息，进而影响研究结论，文中以IPO上市后月度收益为基准，考察IPO上市后首月直至3年内的月度收益动态发展过程，因而文中使用后市收益（Post－Issue Performance）的提法代替长期绩效则更为恰当。

为了对A股IPO收益率方面进行全面的比较和深入的分析，本文以中国证券市场发展与改革为脉络，收集自股市成立以来的全区间数据，按照重大改革节点，划分为四区间展开研究。通过实证分析，比较各制度区间A股市场

IPO首日收益和后市收益，并加以比较评价。通过剖析相关影响因素，进而比较每次的改革效率。从中国A股市场制度与发展评价角度，论述政府主导下的宏观市场发展路径，分析各微观主体的目标函数，并构建博弈模型。最终，文章尝试对中国A股IPO市场首日超额收益与后市收益弱势现象进行经济学理论解释，并尝试回答本文的诸多疑问，在此基础上提出切实可行的政策建议。

3. 研究意义。长期以来，学术界和实务界就注意到了中国A股市场IPO首日超高收益异象对A股市场发展的负面影响。中国A股市场经过二十多年的发展，在发展规模上取得了举世瞩目的成绩，未来将面临以提升市场质量为核心的又一关键发展期，全面审视A股发展历程和改革政策效果，理清一些模糊认识，总结其中的规律性，对A股证券市场发展无疑具有一定理论意义和现实意义：

（1）合理考量A股市场IPO后市收益，将IPO首日收益与后市收益一起研究的策略，将有助于理清A股市场IPO异象的原因所在。在此基础上结合中国制度环境和各市场参与主体行为，提出符合逻辑的经济学解释，这将具有一定的理论意义。同时中国市场制度因素和当前市场微观参与主体行为分析也将有助于我们认识中国A股市场的现状，对于提出符合国情的政策建议也是具有现实意义的。

（2）上市发行行政审批制度和股权分置制度、政府救市和政府承担退市社会成本等一系列的政府行为，给证券市场发展提供了隐性担保，引导了A股市场"以规模促发展，以发展促改革，以改革促质量"的发展路径。从证券市场发展结果来看，该行为既有积极意义，也有消极影响。其中，政府隐性担保的积极意义在于中国A股市场与其他同属转轨制下的新兴市场相比显示出优势，这有可能是A股市场实现二十年规模快速扩容的关键所在；其消极影响在于IPO市场参与主体目标函数偏离了传统金融理论假设，该行为成为导致A股IPO首日超额收益和后市收益弱势的主要动因之一。所以政府隐性担保行为的研究，对于政府在未来A股市场发展进程中的角色定位有一定的参考意义。

（3）中国A股市场投资者在个人投资者居多、投资者专业知识普遍匮乏的投资者市场，非理性投资行为在IPO中担当重要角色，促成A股市场IPO发行始终处于"热季暴热、冷季不冷"的市场环境，这是拟上市企业"市场预期价格"机制可行的市场基础。了解中国投资者市场的这一实情，对于加强投资者保护和引导投资理性行为具有现实意义。

（4）鉴于本文研究数据涵盖了中国 A 股市场自成立以来的所有有效数据，对于其他学者今后的研究，或许能够提供一些帮助。

1.2 主要内容

本文认为，IPO 市场首日收益与后市收益应当是同一问题的短期均衡和长期均衡两个方面，二者一并研究对于认清该问题是有帮助的。同时中国证券市场制度因素的特殊性和政策的频繁变迁是其他国家证券市场所不具备的，脱离中国市场制度因素或是仅限于当前市场制度，讨论 IPO 首日收益与后市收益问题，容易得到偏颇的结论。为了合理组织以上各方面内容，形成存在内在逻辑的研究脉络，本文对章节内容作出如下安排：

第 1 章，导论。主要阐述选题的历史背景与写作意义，给出本文研究的章节安排、研究方法、主要创新点以及进一步研究方向等内容。

第 2 章，IPO 首日与后市收益异象的文献述评。本章通过该领域相关文献回顾，寻找论文研究的切入点，明确论文的研究思路。通过文献梳理发现，在理论层面，以三大异象之一作为研究对象，进行单独研究的居多，或是强调市场非有效性，或是强调某一市场参与微观主体行为方式。在实证层面，A 股市场已有研究存在样本量少，研究结论适用性存在局限性等问题。本文认为，IPO 首日收益与后市收益是同一问题的两个方面，热季理论是 IPO 收益研究的市场情绪因素，市场制度是 IPO 市场参与主体行为选择的重要制度因素，这都将对 IPO 收益研究产生影响。所以本文考虑，从中国 A 股市场制度改革脉络出发，收集 A 股市场所有的有效数据，对 A 股市场 IPO 异象展开实证研究，并对宏观市场、政府行为、参与主体目标函数与占优策略进行剖析，尝试对该问题进行经济学理论分析，并提出相应的政策与建议。这种以大样本、兼顾市场与制度、联系 IPO 短期与长期的研究思路，是对中国 A 股市场 IPO 异象问题的勇敢尝试。

第 3 章，A 股市场制度、热季周期与承销中介。本章是后文研究的必要铺垫，包括市场发展评价与制度分析、热季模型和承销商声誉三部分。

首先，从市场发展与制度分析来看，（1）客观评价 A 股市场发展水平，不能一味地与发达市场国家比较，本文指出与同属"新兴 + 转轨"国家进行比较才更客观，结果显示中国证券市场自成立以来的二十多年间获得了高速发展。这种超越 A 股市场可能性边界的发展，必然在其背后有某种制度安排为此提供保障，这为分析政府隐性担保埋下伏笔。（2）中国证券市场制度区间可划分为四个：试行区间（1990年12月至1993年3月）、审批制区间（1993年4月至2001年3月）、通道制区间（2001年4月至2004年1月）以及保荐制区间（2004年2月至今）。这是文中开展不同发行制度下IPO首日收益与后市收益研究的需要，这为正确评价中国A股市场制度改革效果提供基础。

其次，从热季现象分析来看，市场投资者情绪的马尔科夫区间转换模型运行结果告诉我们：A股市场IPO发行存在明显的"热季"现象；热季周期内IPO首日超额收益显著高于冷季周期；A股市场投资者情绪对IPO收益影响不容忽视。这是研究投资者情绪对IPO异象影响的必要铺垫。

最后，从承销商中介研究来看，（1）HHI指数告诉我们，中国承销商市场整体发展状况存在发行家数和承销金额高度集中现象，市场80%以上的发行份额集中在前二十大承销商手中，前十大承销商承销份额又占据前二十大承销商份额的90%以上，A股中介市场存在高度集中化特征，这是承销商目标函数发生偏移的研究前提。（2）使用Megginson和Weiss方法构建承销商声誉评价体系，分别得到A股市场四大制度区间下承销商声誉排名情况，这是承销商声誉模型代理变量的重要依据。

第4章，A股市场IPO首日收益分析。本章围绕IPO首日收益展开，完成对A股IPO首日超额收益率的测算，并通过构造全区间和分区间实证模型，寻找影响A股首日收益的主要因子，评价制度改革成效。通过大样本（2 013个有效样本，占截至2011年5月底A股市场IPO发行总样本的86.9%）实证模型分析，A股市场IPO首日超额收益率平均高达118.78%。影响首日超额收益的主要因子，除了体现该股内在价值的财务指标表现显著，还主要包括市场情绪因子和首日换手率因子，这说明A股市场非理性行为对首日收益率的影响应当引起足够重视。该章还展开不同制度区间实证结果对比分析，证明从试行阶段到保荐制阶段，IPO首日超额收益幅度是逐步回落的，A股市场制度改革对于提升IPO市场效率是有成效的。

第5章，A股市场IPO后市收益分析。本章围绕IPO后市收益展开，得到IPO后市收益弱势性的结论，并构建实证模型分析主要影响因子，最后从新股破发现象出发，对IPO异象进行再剖析。论文首先澄清了A股市场IPO后市收益弱势现象确实存在，而且是普遍而长期存在的。与发达国家市场IPO后市收益相比，中国A股IPO后市收益弱势现象主要表现在IPO上市后的第一年和第二年，IPO后市月平均收益在第三年开始转向强势，IPO后市累计收益率弱势缺口开始收缩，该转换时点早于发达国家证券市场。从实证模型发现，影响我国 A 股市场 IPO 后市收益率的主要因素，除了企业盈利增长率和 IPO 发行承销费等因素，还包括行为因素和制度因素。进一步分析 A 股市场 IPO 后市破发现象，论文提出了"市场预期价格"定价法则，市场预期价格是指该只股票发行上市时点，受到市场情绪因素影响的所有投资者异质性价格预期作用形成的最终市场需求价格，是股票内在价值与市场投资者情绪的综合反映。以高于股票内在价值和低于市场预期价格的策略确定发行价格，有可能同时带来 IPO 首日超额收益与后市收益弱势并存的现象。

第 6 章，A 股市场 IPO 异象的经济学解释。本章对 A 股市场首日超额收益与后市弱势绩效两大异象并存进行经济学解释。论文采用从宏观发展路径分析微观主体行为，从微观占优策略反观 IPO 宏观市场异象的分析框架。在该框架下，首先分析政府管制下 A 股证券市场的可能性边界，获知我国证券市场发展的宏观策略和路径；其次剖析该宏观策略下 IPO 市场微观主体（发行企业、投资者和承销商）的目标函数以及占优策略；最后从各微观主体博弈行为解释 A 股市场 IPO 首日异象和后市异象同时存在的必然性。

从宏观市场分析来看，在 A 股证券市场发展早期，为了达到证券市场快速扩容和保证市场质量的双重目标，政府采用介入市场、审批发行、隐性担保、股权分置等制度安排。政府介入市场行为短期内提升了投资者保护水平预期，实现了短期内的证券市场边界曲线上移，扩大了市场规模。不过该发展方式也为市场微观主体目标函数和行为选择的扭曲提供了条件，使得 A 股市场发展面临市场规模和市场质量同时下滑的风险。

从微观主体目标函数来看，发行方、投资者、承销商参与 IPO 的目标函数均发生了偏离。（1）发行企业为了获取上市资格而不惜成本，其上市融资的目标函数不是融资成本最小化和融资规模理性化，而是以上市融资规模最大化或既定发行数量下发行定价最高为目标的。（2）专业知识匮乏的个人投资者是证券市场投资者的主力军，非理性投资行为（从众行为、过度交易行为、过度自信心理）在投资决策中表现突出，投资者以追求短期收益最大化为目标函数。（3）在我国，声誉对承销商的未来收益约束力大大下降，承销商履行中介认证职能动力不足，承销商以获得当期 IPO 发行收益最大化为目标。

为了实现自身的目标函数，市场各参与主体追求占优策略。（1）发行人与承销商实现自身目标的占优策略为二者共谋，使用市场预期价格法则来确定新股发行价格。（2）个人投资者和机构投资者获取短期收益的占优策略均为投机。（3）新股"市场预期价格"水平是发行价格的上限，为了获取该价格信息，确保发行成功的前提下，获得更高的发行定价，承销商新股分配策略选择向机构投资者倾斜。

通过以上的分析, A 股市场 IPO 首日超额收益异象与后市收益弱势异象的经济学逻辑逐步清晰起来。中国政府选择的证券市场发展方式、市场现状、各参与主体的目标函数与占优策略的共同作用下造成了 A 股市场 IPO 发行选择"市场预期价格"定价的机制,并最终造成了 A 股市场 IPO 首日超额收益异象与后市收益弱势异象的同时发生。

第 7 章,主要结论与政策建议。本章进行主要结论总结,并在此基础上提出相应的政策建议。从制度改革效果看, A 股市场 IPO 首日超额收益有所回落, IPO 后市弱势现象有所缓和,但是均未能从根本上改善中国 A 股市场 IPO 异象。如果说,这是为了满足证券市场初期快速发展要求,不得已牺牲部分投资者利益使然,那么随着证券市场进入深化发展阶段,应当选择质量与规模并重模式,着重从削减政府隐性担保、激发市场机制、增强对中小投资者利益保护、重树承销商声誉与中介认证功能,以及加强监管与完善法规等方面展开。

1.3　创新点

本文的创新点主要体现在以下几方面:

1. 将 IPO 首日收益与后市收益放在统一框架下研究,以中国证券市场的制度改革为线索,比较各个制度区间首日收益与后市收益的动态变化过程,分析不同制度下的市场效率。本文研究涉及的数据量较大,无论 IPO 首日收益研究,还是 IPO 后市收益研究,所选用的样本占 A 股 IPO 市场所有 IPO 发行总样本的比例均达到90%以上,减小了样本偏误。

2. 使用马尔科夫区间转换模型对 A 股市场投资者情绪波动进行检验,得出中国 A 股市场存在明显的发行热季周期,高亢投资者情绪的热季周期对 IPO 首日收益和后市收益均存在显著的影响。A 股市场冷季区间 IPO 异象仍然存在的原因在于冷季区间是相比 A 股市场热季区间而言的冷季区间,与发达国家证券市场投资者相比,广泛的个人非理性投资者的存在使得 A 股冷季区间出现了冷季不冷的现象。总而言之, A 股发行市场是"热季暴热、冷季不冷"的非理性投资者行为占主导的证券市场。

3. 从静态比较与动态比较的角度,客观评价中国 A 股市场的发展水平,中国 A 股市场实现了快速的扩容与发展。与同属"新兴 + 转轨"国家证券市场相比,中国 A 股市场发展是存在优势的;制度变迁角度评价 A 股市场质量是逐步提高的。不过 A 股市场"先规模、后质量"的发展模式也带来了诸多问题，政府参与行为是 IPO 市场异象产生的重要原因，目标函数和行为方式偏离是中国特色市场环境下，市场参与主体的必然选择。

4. 结合中国 A 股市场的制度因素、市场现实条件，对 IPO 首日超额收益异象与 IPO 后市收益弱势异象以及"热季"现象，进行了经济学解释的尝试。文中从分析股票发行定价介于该股内在价值与该股市场预期价格之间出发，指出了热季现象是中国 A 股市场供需失衡下众多非理性中小投资者投资情绪的集中体现。短期内"市场股票预期价格"是包含投资者情绪因素的价格体现，在中国市场多数情况下，其高于股票内在价值；发行定价低于短期内市场股票预期价格，造成了上市当日的超额首日收益现象；发行定价高于该股内在价值，造成了新股后市收益弱势现象。

5. 从宏观与微观相联系的角度出发，分析本文的经济学解释逻辑得以成立的现实条件。具体来说包括：（1）快速发展证券市场的诉求导致了政府隐性担保下的证券市场边界外移。经济转轨中的投资需求，在投资渠道匮乏的条件下被极度放大，形成了需求过剩下的供给相对不足。（2）以追求上市融资规模最大化为目标函数的发行企业，存在虚高发行定价的动机，并通过与承销商合谋策略来实现该动机。（3）承销商声誉约束的失效，承销商以追求当期承销业务收益最大化为目标，促使承销商愿意与发行方合谋推高发行定价，而且为了实现"合理"的虚高定价目标，不得不选择倾向于机构投资者的分配策略。（4）证券投资提供给中国投资者投资需求释放的通道，IPO 发行首日暴利收益现象和政府隐性担保行为，极大地鼓舞了更多的投资者进入 IPO 市场的冲动。个人投资者为了规避自身信息和知识弱势，以短期收益最大化为目标，并选择投机作为投资策略。面对个人投资者的投资行为，机构投资者选择收益最大化为目标函数，并通过投机方式实现该目标较为容易。由此可见，中国 A 股市场的宏观大环境和现实市场条件下市场参与主体的投资策略，共同形成了 A 股市场 IPO 异象的发生条件。

1.4 研究方法

通过对 IPO 市场领域研究文献的回顾，不难发现，IPO 首日收益和后市收益异象的现有研究仍有较大的改进空间。现有研究主要存在以下缺陷：第一，大多采用静态研究方法，讨论单一区间 IPO 发行市场异象的存在性，并由此提出假说和解释，缺少动态比较；第二，多数研究习惯于将市场制度因素作为外生变量，忽视制度因素对市场参与主体行为决策的影响；第三，常常将 IPO 市场首日超额收益与后市收益单独分析，割裂了二者的联系，分析研究缺乏统一理论分析框架。因此本文采用研究方法如下：

1. 理论分析与实证分析相结合。理论分析研究其内在的经济学含义，理清其内因与外因，区别决定因素和影响因素；实证分析验证理论分析的客观性，确定各种因素的相关性以及影响程度。实证分析需要理论分析加以经济学深化，理论分析的结果又需要实证分析加以验证。所以对于该问题的研究是定性分析与定量分析相辅相成的过程。本文从 IPO 首日收益以及其后市收益的相关理论出发，跟随中国证券市场改革进程，收集中国 A 股市场沪、深交易所全部有效数据，分区间展开实证分析，通过实证研究对现有理论进行验证。与此同时，又将传统经济学理论、行为金融学、制度经济学相关成果结合，将 IPO 首日收益与后市收益在统一框架下进行相应的经济学解释，并与实证结果相呼应。

2. 宏观分析与微观分析相结合。该问题的研究，离不开我国宏观经济和制度改革的大环境，从宏观角度分析市场因素，是本文比较分析的前提条件；而发行人、承销商、机构投资者和个人投资者是该问题的主要微观参与主体，市场参与主体的博弈行为，决定着市场运行的现实结果。所以本文研究将先从宏观市场因素分析微观主体的行为选择，再从微观博弈的结果论述对宏观市场的影响，论证过程是宏观与微观的有机结合。

3. 静态分析与动态分析相结合。本文采用静态分析方法，比较中国 A 股市场与世界各国的差异，得出当前中国 A 股市场发展优于多数新兴市场国家，但不及发达市场的结论，同时使用动态发展的视角评价我国 A 股市场的发展过程，以及制度变迁效率，得出中国 A 股市场的确获得了大发展的结论，但由此带来的 IPO 首日超额收益及后市弱势现象也不容忽视。所以说，只有结合静态分析结果和动态分析结果，才能对中国 A 股市场给予公正客观的评价。

4. 传统金融理论与行为金融学相结合。经典金融学理论基于理性人假设和市场有效假设下，在研究 IPO 发行市场首日收益异象、后市收益以及发行热季等 IPO 发行异象时，出现了瓶颈。行为金融学放弃了理性人和市场有效假设，关注于现实市场投资者行为，却无法形成严密的经济学逻辑。所以结合传统金融与行为金融各自优势，取长补短将有可能是 IPO 市场异象研究的新突破口。

1.5　进一步研究方向

本文尚需在以下方面加以完善与拓展：

1. 本文 IPO 后市收益研究方面采用市场均值的研究方法，并直接以市场指数作为匹配样本，虽然为证实中国 A 股市场 IPO 后市弱势现象普遍存在提供了证据，但是鉴于行业特征、生命周期特征、Beta 系数特征的差异化等多种不定因素和随机因素影响，得到的研究数据精确度仍有待进一步提高。

2. IPO 市场首日超额收益与后市收益弱势现象是世界各国资本市场普遍存在的现象，本文基于中国 A 股市场架构研究得到的结论和研究逻辑是否具有普遍适用性需要进一步展开深入分析与讨论。

2

IPO 首日与后市收益异象的文献述评

本章将对 IPO 首日收益和后市收益方面的相关文献进行回顾，并对其进行简要的述评。该部分的文献梳理是本文后续研究的基础，不仅有助于认清 IPO 收益异象的普遍存在性以及理清中国股票市场的特殊性，而且也将是展开后文研究的理论依据。

2.1 IPO 首日收益异象

2.1.1 概念界定

IPO 首日收益（IPO Initial Returns）通常是指新股上市首日市场交易收盘价格与新股发行定价的价差收益。多数情况下，IPO 发行首日交易价格和首日收盘价格高于发行定价，该现象被称为 IPO 首日超额收益现象或是 IPO 首日收益异象。表示 IPO 首日收益率的方法有两种：

（1）未经市场指数调整的首日收益率法（Unadjusted Initial Returns, $\text{Uadj}_{\text{Retrn}}$）。可表示为式（2.1）：

$$\text{Uadj}_{\text{Retrn}} = \frac{P_1 - P_0}{P_0} \times 100\% \qquad (2.1)$$

其中，$\text{Uadj}_{\text{Retrn}}$ 为 IPO 上市首日收益，P_1 表示上市首日收盘价格，P_0 表示 IPO 发行价格。

（2）经市场指数调整的首日收益率法（Adjusted Initial Returns,）。可表示为式（2.2）：

$$\text{Adj}_{\text{Retrn}} = \left[\frac{P_1 - P_0}{P_0} - \frac{I_1 - I_0}{I_0} \right] \times 100\% \qquad (2.2)$$

其中，$\text{Adj}_{\text{Retrn}}$ 为 IPO 上市首日经市场指数调整的收益率，P_0、P_1、I_0、I_1 分别表示 IPO 上市发行价、IPO 首日收盘价、IPO 发行日市场指数和 IPO 上市日市场指数。

2.1.2 IPO 首日收益异象的国际比较

1. 静态比较分析。1963 年，美国证券交易委员会的一份研究报告首次统计出美国股市 IPO 首日存在正收益现象。随后，Reilly 和 Hatfield (1969) 研究了 1963～1966 年的美国股市，再次证实了诸多股票上市首日收益存在显著的正偏现象。从此之后，IPO 首日超额收益问题的研究与检验在世界各国（地区）研究者间广泛开展起来。

表 2-1　　　　　　　不同国家和地区的 IPO 首日收益比较

国家（地区）	来　　　源	样本（个）	研究区间	首日收益（%）
澳大利亚	Lee、Taylor 和 Walter，Woo、Pham、Ritter	1 462	1976～2010	22.8
阿根廷	Eijgenhuijsen 和 Van der Valk	20	1991～1994	4.4
比利时	Rogiers、Manigart 和 Ooghe，Manigart DuMortier，Ritter	114	1984～2006	13.5
美国	Ibbotson、Sindelar 和 Ritter，Ritter	12 165	1960～2010	16.8
保加利亚	Nikolov	9	2004～2007	36.5
加拿大	Jog 和 Riding，Jog 和 Srivastava，Kryzanowski，Kryzanowski 和 Rakita，Ritter	696	1971～2010	6.7
丹麦	Jakobsen 和 Sorensen，Ritter	145	1984～2006	8.1
芬兰	Keloharju	162	1984～2006	17.2
法国	Husson 和 Jacquillat，Leleux 和 Muzyka，Paliard 和 Bellet-ante，Derrien 和 Womack，Chahine，Ritter，Vismara	686	1983～2009	10.6
希腊	Nounis，Kazantzis 和 Thomas	373	1976～2009	50.8
德国	LLjungqvist，Rocholl，Ritter，Vismara	721	1978～2010	24.7
意大利	Arosio，Giudici 和 Paleari，Cassia，Paleari 和 Redondi，Vismara	273	1985～2009	16.4
日本	Fukuda，Dawson 和 Hiraki，Hebner 和 Hiraki，Pettway 和 Kaneko，Hamao，Packer 和 Ritter，Kaneko 和 Pettway	3 100	1970～2010	40.4
以色列	Kandel，Sarig 和 Wohl，Amihud 和 Hauser，Ritter	348	1990～2006	13.8

续表

国家（地区）	来　源	样本（个）	研究区间	首日收益（%）
荷兰	Wessels, Eijgenhuijsen 和 Buijs, Jenkinson, Ljungqvist 和 Wilhelm, Ritter	181	1982 ~ 2006	10. 2
新西兰	Vos 和 Cheung, CAPM 和 Munro, Ritter	214	1979 ~ 2006	20. 3
塞浦路斯	Gounopoulos, Nounis 和 Stylianides	51	1999 ~ 2002	23. 7
荷兰	Wessels, Eijgenhuijsen 和 Buijs, Ljungqvist, Jenkinson 和 Wilhelm	143	1982 ~ 1999	10. 2
尼日利亚	Ikoku, Achua	114	1989 ~ 2006	12. 7
爱尔兰	Ritter	31	1999 ~ 2006	23. 7
约旦	Marmar	53	1999 ~ 2008	149
挪威	Emilsen, Pedersen 和 Saettem, Liden, Ritter	153	1984 ~ 2006	9. 6
葡萄牙	Almeida 和 Duque, Ritter	28	1992 ~ 2006	11. 6
伊朗	Bagherzadeh	279	1991 ~ 2004	22. 4
西班牙	Ansotegui 和 Fabregat, Alvarez Otera	128	1986 ~ 2006	10. 9
瑞士	Kunz, Drobetz, Kammermann 和 Walchli, Ritter	159	1983 ~ 2008	28
斯里兰卡	Samarakoon	105	1987 ~ 2008	33. 5
瑞典	Rydqvist, Schuster, Simonov, Ritter	406	1980 ~ 2006	27. 3
英国	Dimson, Levis	4 205	1959 ~ 2009	16. 3
沙特 *	Al – Anazi, Forster 和 Liu	76	2003 ~ 2010	264. 5
埃及 *	Omran	53	1990 ~ 2000	8. 4
智利 *	Aggarwal, Leal 和 Hernandez, Celis 和 Maturana	55	1982 ~ 1997	8. 80
中国香港 *	McGuinness, Zhao 和 Wu, Ljungqvist 和 Yu, Fung, Gul 和 Radhakrishnan, Ritter	1 259	1980 ~ 2010	15. 4
印度 *	Marisetty 和 Subrahmanyam	2 811	1990 ~ 2007	92. 7
印度尼西亚 *	Suherman	361	1990 ~ 2010	26. 3
韩国 *	Dhatt, Kim 和 Lim, Ihm, Choi 和 Heo, Mosharian 和 Ng, Cho, Joh	1 521	1980 ~ 2009	63. 5
马来西亚 *	Isa, Isa 和 Yong, Yong	350	1980 ~ 2006	69. 6
墨西哥 *	Aggarwal, Leal 和 Hernandez, Eijgenhuijsen 和 Van der Valk	88	1987 ~ 1994	15. 9
菲律宾 *	Sullivan 和 Unite, Ritter	123	1987 ~ 2006	21. 2
波兰 *	Jelic 和 Briston, Ritter	224	1991 ~ 2006	22. 9

续表

国家（地区）	来　　源	样本（个）	研究区间	首日收益（%）
新加坡*	Lee，Taylor 和 Walter，Dawson，Ritter	519	1973～2008	27.4
俄罗斯*	Ritter	40	1999～2006	4.2
南非*	Page 和 Reyneke，Ali，Subrahmanyam 和 Gleason，Ritter	285	1980～2007	18
中国台湾*	Chen	1 312	1980～2006	37.2
泰国*	Wethyavivorn 和 Koo－smith，Lonkani 和 Tirapat，Ekkay-okkaya 和 Pengniti	459	1987～2007	36.6
土耳其*	Kiymaz，Durukan，Ince，Kucukkocaoglu	315	1990～2008	10.6
巴西*	Aggarwal，Leal 和 ernandez，Saito，Ushisima	264	1979～2010	34.4
中国*	Chen，Choi 和 Jiang，Jia 和 Zhang	2 102	1990～2010	137.4

资料来源：http：//bear. warrington. ufl. edu/ritter；＊指摩根士丹利划分出的新兴市场国家（地区）。

根据 2010 年佛罗里达大学 Ritter 教授发布的研究成果统计来看（见表 2-1），当期可收集到的各国证券市场研究成果均证实了 IPO 首日收益率存在正偏，而且该现象在世界各国股市广泛存在，只不过不同国家 IPO 首日收益率幅度差异较大。总体而言，发达证券市场的 IPO 首日超额收益率与欠发达证券市场国家相比较低，新兴市场国家证券市场 IPO 超额收益率较高，波动性较大。

为了更为客观地评价具有新兴市场属性的中国 A 股市场 IPO 首日超额收益率水平，本文选择新兴市场国家与非新兴市场国家单独统计比较的方式，能够更为清晰地挖掘新兴市场国家 IPO 首日超额收益的特征。本文选择摩根士丹利新兴国家索引和《经济人》对新兴市场的划分进行了分类统计，研究发现（见表 2-2），新兴市场国家证券市场 IPO 首日收益率的均值和中位数均显著大于其他国家证券市场，利差是非新兴市场国家的 2.36 倍，新兴市场国家 IPO 首日收益率表现出均值和利差双高的特征。单从新兴市场国家比较来看，沙特证券市场 IPO 首日收益率（263%）最高，俄罗斯（4.2%）最低，沙特证券市场 IPO 首日收益率是俄罗斯的近 63 倍。中国 A 股市场 IPO 首日收益率为 137.4%，IPO 首日收益略低于沙特，位居新兴市场国家第 2 位。

表2-2　　　新兴市场国家与非新兴市场国家IPO首日收益分类统计

参数	新兴市场国家	非新兴市场国家
均值	48.16%	23.87%
极大值	264.50%	149.00%
极小值	4.20%	4.40%
中位数	26.30%	16.80%
标准差	0.622	0.264

资料来源：根据表2-1数据整理统计获得。

　　通过以上统计比较可见，中国A股市场IPO首日超额收益率无论与发达市场国家相比，还是与新兴市场国家相比，均处于高位，这造就了我国A股市场首日超高收益异象不但受到国内学者的广泛关注，而且常引来国外学者关注。研究者们或是从A股市场制度方面出发，或是从西方现有解释理论出发，或是从市场定价理论出发，分析中国A股IPO超额收益异象的特殊性，能够兼顾多方面因素，并同时考虑投资者情绪的行为金融方面因素的研究有限，所以本文希望在此方面做些尝试。

　　2. IPO首日收益历史动态比较。从历史发展的角度来看，Ritter教授收集了世界各主要证券市场1980年后的首日收益动态变化数据（见图2-1至图2-10）。经观察发现，绝大多数国家IPO首日超额收益异象伴随证券市场发展而长期存在，仅有极个别国家，在个别年份出现过短暂的首日收益为负的阶段，如1990年加拿大市场、1985年新加坡市场等。

　　从各国证券市场IPO首日收益的历史统计来看，英国、美国、加拿大等发达证券市场IPO首日收益水平长期处于20%之下，年波动率较小，除了2000年互联网泡沫冲击外，一直较为平稳，说明这些国家证券市场的市场深度和广度较大，抗冲击力强。日本、韩国、中国香港、新加坡等市场首日收益率的变化较大，不同历史时期首日收益表现的差异化较大，如新加坡证券市场1992年IPO首日收益低于20%，而1993年达到近80%，1994年又跌落到20%左右；1996年中国香港证券市场首日收益为20%左右，而1998年冲高到80%，1999年又快速回落到20%以下。

　　综上所述，IPO首日超额收益率幅度虽有波动，甚至出现有短暂的负收益时期，但是这并不能改变其在世界各国证券市场的普遍性和在证券市场发展历史中的长期存在性。

　　从中国A股市场IPO首日收益的历史走势来看，A股市场成立初期，IPO首日收益率曾超过700%以上，1992年快速下滑到300%左右，随后在1993～

2010 年间，IPO 首日收益在 50% ～ 200% 的范围内波动。如果说，早期700%的 IPO 首日超高收益是受到股市成立早期发行规模较小、极值偏误问题突出的影响所致，那么 1993 年后，与同时期其他国家 IPO 首日收益率相比，中国 A股市场 IPO 首日超额收益率也一直显著高于其他国家，并表现出长期的高位固守性和小幅波动性动态特征。由此看来，中国 A 股市场 IPO 首日超高收益异象是一直伴随 A 股市场发展的，不属于市场偶然现象。

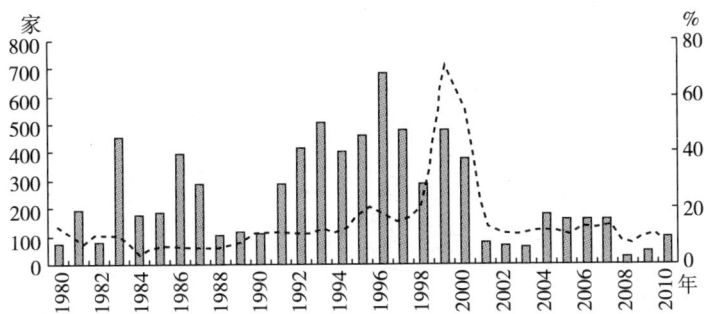

资料来源：图 2 - 1 至图 2 - 10 均源自：http：//bear. warrington. ufl. edu/ritter。

图 2 - 1　美国 IPO 发行家数和首日收益年度走势

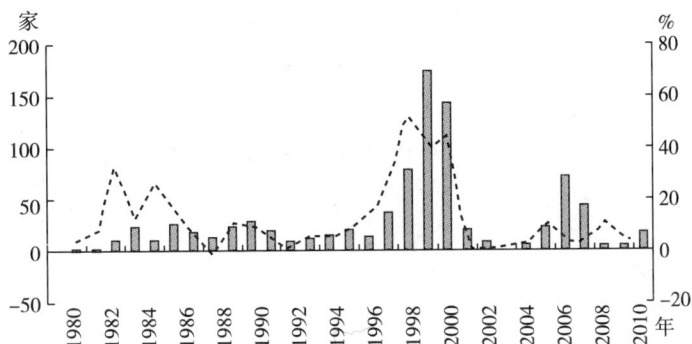

图 2 - 2　德国 IPO 发行家数和首日收益年度走势

　　随着经济全球化和贸易多元化发展，各国证券市场 IPO 首日收益之间还表现出明显的市场传染现象（Contagion），各国证券市场间股票走势的联动现象有加强趋势。例如，2000 年互联网泡沫破灭前，大多数国家 IPO 首日收益显著增加，呈现出 2000 年左右的尖峰走势；2008 年爆发全球金融危机后，世界各国证券市场又几乎同时出现了 IPO 发行数量和首日收益双下挫现象。

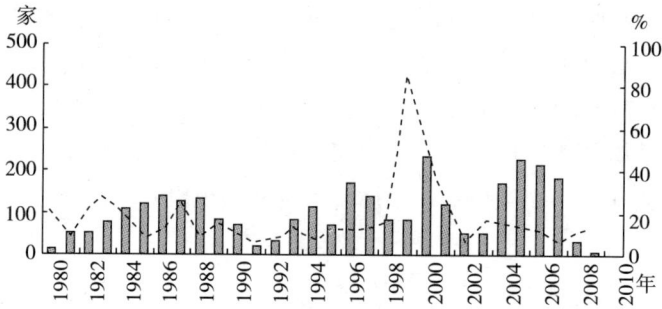

图2-3　英国IPO发行家数和首日收益年度走势

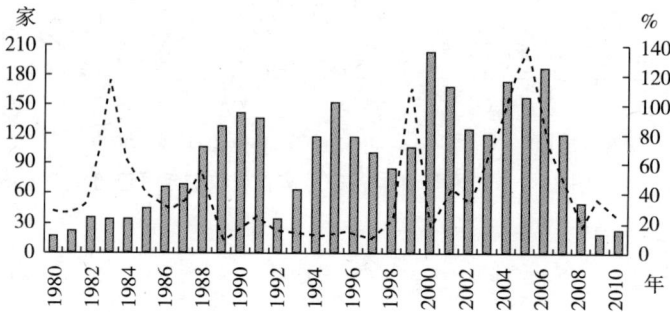

图2-4　日本IPO发行家数和首日收益年度走势

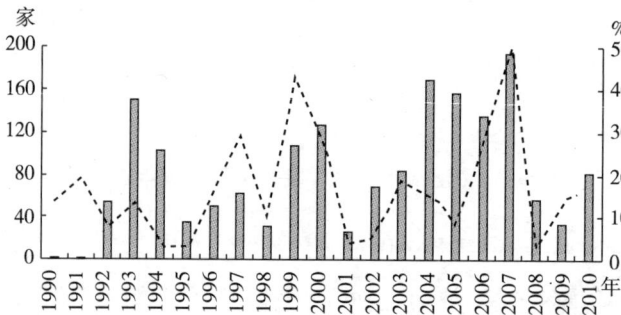

图2-5　澳大利亚IPO发行家数和首日收益年度走势

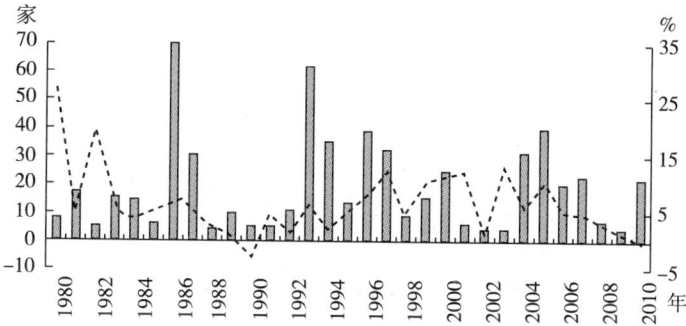

图 2-6　加拿大 IPO 发行家数和首日收益年度走势

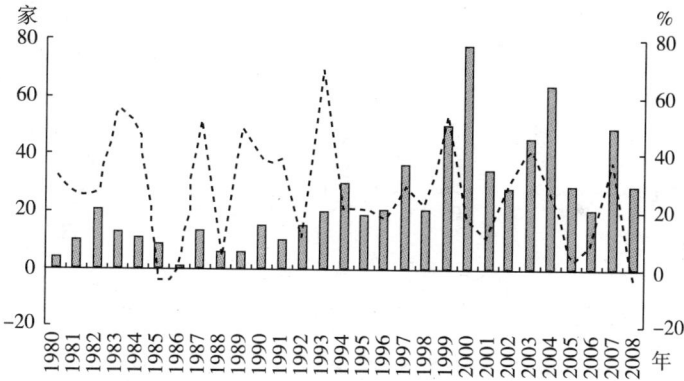

图 2-7　新加坡 IPO 发行家数和首日收益年度走势

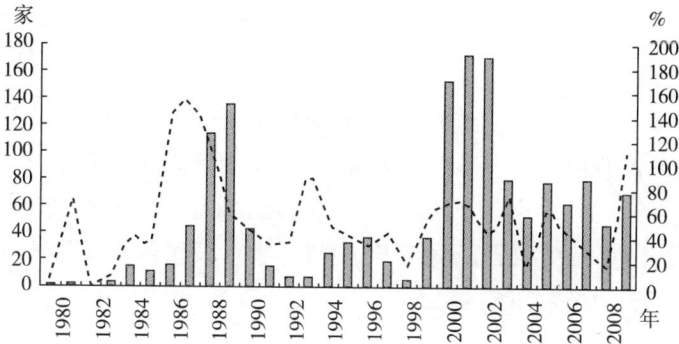

图 2-8　韩国 IPO 发行家数和首日收益年度走势

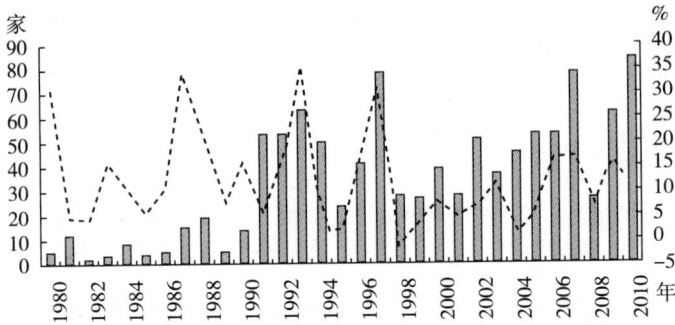

图 2 - 9   中国香港 IPO 发行家数和首日收益年度走势

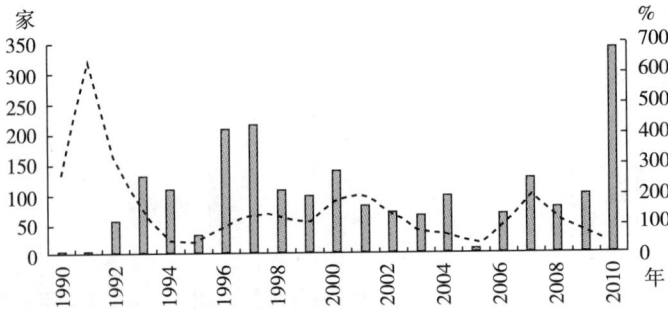

图 2 - 10   中国 IPO 发行家数和首日收益年度走势

不同国家证券市场的联动现象也得到了多方论证。有学者研究证实发达国家证券市场之间存在较强的相互联动性（Kasa，1992；Rangvid，2001），发达国家证券市场与发展中国家证券市场的联动也有研究（韩非，2005，张兵等，2010），且二者的因果检验一般表现为发达国家市场对新兴市场国家证券市场的单向影响。近些年来，新兴经济体国家的证券市场间也出现了联动性加强的趋势（李宁等，2011）。

不过就本文研究样本的选取来看（1990 年至 2011 年 5 月），样本研究区间跨度较大，A 股市场成立早期，中国经济与国际市场联动性不足，A 股市场与国际市场的联动性多出现在股改后，所以为了保证本文研究结论的不同制度区间影响因素的一致性和可比性，下文将不再涉及国际联动因素对 A 股 IPO 首日收益和后市收益的影响。

2.1.3   IPO 首日收益异象相关理论研究成果

IPO 首日超额收益相关理论成果较为丰富，同时也较为繁杂。本文按照理论成果主要针对的微观主体不同，进行分类总结。具体来说，主要包括与发行人相关的理论、与承销中介相关的理论以及与投资者相关的理论。

1. 与发行人相关的理论

（1）质量信号传递理论。Ibbotson（1975）最早涉及该方面的研究，随后，Grinblatt 和 Hwang（1989）及 Allen 和 Faulhaber（1989）均在该理论领域加以扩展研究，该理论核心思想为：由于市场上同时存在优质企业和劣质企业，但投资者是无法简单识别的，所以优质企业为了向投资者传递自己的质量信息，使自身与劣质企业加以区别，选择折价发行策略，以赢得市场投资者信赖。不过后续研究者提出了诸多指责，因为优质企业向市场传递质量信号的方式很多，不必一定选择折价发行策略向市场投资者示好，例如，选择高声誉承销商策略（Booth 和 Simth，1986）、选择公司审计策略（Titman 和 Trueman，1986）、选择引入风险投资家策略（Megginson 和 Weiss，1991；Lee 和 Wahal，2004）均可以向市场投资者释放优质的质量信号，最终该理论市场适用性受到了一定程度的局限。

（2）再融资理论（Welch，1989）。该理论是在质量信号理论的基础上加以扩展，认为企业首次发行股票采用折价发行方式有助于投资者认识企业内在价值，并有助于增加企业今后再次增发成功的概率，从而通过再融资过程中较高的发行价格，来弥补 IPO 首次发行损失，甚至获得溢价。事实上，如果质优企业选择折价策略以显示自身的质量，那么劣质企业必然也会模仿优质企业实行折价发行策略，但再融资理论反驳说，劣质企业仿冒优质企业，不仅需要支付相应的模仿成本，还将面临被投资者发觉的风险，容易造成未来再融资困境，因而劣质企业一般不会采用欺骗模仿的方式。在此，我们假定再融资理论成立，那么初始融资额占比再融资额应当较小，这样才能有利于再融资收益弥补首发损失，才符合成本与收益匹配原则，而且 IPO 首日收益率的高低也应当与再融资的发生频率存在一定正相关关系。不过研究表明（Jegadeesh，Weinstein 和 Welch，1993；Michaely 和 Shaw，1994），初始融资与再融资行为联系性并不强，而是相互独立的。所以说，研究者对于再融资的认可度也有限。

（3）委托代理理论。因控制权与所有权的分离，管理者与所有权人面临着目标函数不一致的现象（Jesen 和 Meckling，1976），出现了股东利益最大化目标函数向管理者个人利益最大化目标的漂移现象，并产生管理者损害股东利益行为。为了减少委托代理成本，该理论提出了两种完全相反的理论框架：其一，Brennan 和 Franks（1997）认为，在 IPO 发行过程中，采用折价发行策略并将分配程序偏向于管理人，将有助于降低委托代理成本，降低外部监管成本；其二，Stoughton 和 Zechner（1989）则提出完全相反的策略，认为将发行股票较多地分配给大量外部投资者，有利于外部投资者对管理者行为的广泛监控，更加有利于降低委托代理成本。相比较而言，哪个策略更为贴近现实和更为有效，则需要更多地实证研究加以证明与讨论。

（4）直接成本与间接成本替代理论（Ritter，1987）。该理论认为，IPO 发行成本是由两部分构成的，即直接成本和间接成本。IPO 首日收益率是发行的间接成本，与承销费、广告费、律师费等直接成本相对应。Chen 和 Ritter（2000）指出，随着一国证券市场的发展与完善，IPO 市场的直接成本显著上升，同时上市的间接成本有下降趋势。在美国，1995 年至 1998 年 2 000 万美元到 8 000 万美元融资规模的 IPO 发行直接成本有向 7% 趋近的势头，同时发行的间接成本显著下降。文中认为，美国证券市场制度法规较为完善，制度条例较为细致，导致市场监管的严格和市场效率的提升，直接成本虽有增加，但是发行的间接成本却显著下降，总体上出现下降趋势。Altinkilic 和 Hansen（2000）使用1990～1997 年美国市场的数据论证了直接成本部分随着发行规模的增加而减小，但是当达到一定的阈值（1 亿美元）后，又会出现递增，所以说，发行成本是 U 形的，而且发行规模越小的企业面对的 U 形曲线越向右上方移动。综上所述，一国 IPO 市场的直接成本与间接成本存在一定程度的动态变化特征，直接成本的上升对间接成本具有一定的抑制作用，但是二者的关系又受到发行规模等外部因素的影响。

（5）避免诉讼假说（Tinic，1988；Hughes 和 Thakor，1992；Hensler，1995）。该假说指出，发行人和承销商采用折价方法定价，可以减少相应的法律责任。在法律、法规比较完善的市场，如美国，发行人和承销商必须履行严格的信息披露制度，折价发行策略可使得股票上市后收益率为负的现象大大减少，可以有效避免信息披露疏漏引发的法律诉讼问题。但是 Drake 和 Vetsuypens（1993）研究发现，在现实市场中，所有被起诉的 IPO 发行案件中，反而多是因为首日的超额收益导致的。同时 Keloharju 等（1993）也对避免诉讼假说提出了反驳，指出在美国之外的法律欠完善的证券市场中，IPO 抑价的发行也是普遍存在的，这说明避免诉讼假说并不适用。随着研究成果的逐步丰富，在澳大利亚（Lee、Taylor 和 Walter，1996）、芬兰（Keloharju，1993）、德国（Ljungqvist，1997）、日本（Beller、Terai 和 Levine，1992）、瑞典（Rydqvist，1994）、瑞士（Kunz 和 Aggarwal，1994）以及英国（Jenkinson，1990）的实证分析中，均证实避免诉讼与 IPO 抑价二者的经济学关系并不显著。所以该理论的实际适用性也不强。

2. 与承销中介相关的理论

（1）承销商声誉模型（Beatty 和 Ritter，1986）。承销商作为 IPO 发行市场的重复参与者，具有抑制发行企业股票价格的动机，因为折价发行有助于承销商赢得市场声誉和获得投资者信任，有助于对未来的承销业务提供保障，所以 IPO 市场抑价同承销商声誉负相关，承销商声誉越高，上市企业股价折价率越小。声誉对于承销商来说，是长期积累的过程（Chemmanur 和 Fulghieri，1994），一旦损失无法弥补，维护声誉是对承销商未来收益的保护。所以说，承销商一旦建立起了自身的声誉，并获得较高的声誉评价，那么承销商维护该声誉的动机就表现得越强，承销商为了维护自身的声誉，将会更加严格控制事前不确定性，努力挖掘企业信息。在该模型理论下，高声誉承销商发行定价水平将更趋近于企业内在价值，新股上市表现为 IPO 首日收益率较低，也就是说，承销商声誉与 IPO 首日收益呈现负相关关系（Logue，1973；Neuberger 和 Hammond，1974；Beatty 和 Ritter，1986；Carter 和 Manaster，1990 ；Michael 和 Shaw，1994）。一旦承销商对新股定价出现高估行为，那么承销商将面临损失市场份额和声誉下降的风险（Nanda 和 Yun，1997），因而承销商将慎重对待自己积累的声誉，并约束自身行为，更加努力地履行价值发现职能，最终推进证券市场规范发展。

（2）中介认证理论（Booth 和 Smith，1986）。该理论认为，承销商作为新股发行市场的中介将履行两大职责，其一为信息披露，以独立第三方的身份向市场投资者发布融资公司的信息，认证发行人的质量和未来盈利能力；其二，以其丰富的市场经验和声誉协助发行企业的上市融资，因而承销商的声誉成为投资者判断上市企业质量的窗口。不过正是因为承销商对于自己声誉的极力保护，其为了避免事前不确定性（Beatty 和 Ritter，1986），会选择风险谨慎的策略，采取折价发行方式。接着 Chemmanur 和 Fulghieri（1994）拓展了中介认证理论，建立了发行方、承销商和投资人三方的两期博弈模型，指出发行人为减少投资者逆向选择，优质企业更倾向于声誉高的承销商，以此向投资者发出自己的质量信号，以示与劣质企业相区别，从而获得较小的市场折价。Cart、Dark 和 Singh（1998）也用实证研究了承销商声誉模型，得出承销商声誉越高，IPO 折价现象将越小，同时其长期绩效强于低声誉承销商承销的上市企业的结论。

由此看来，无论是承销商声誉模型还是中介认证理论，都可以得出，具有自我约束能力的承销商对证券市场的规范和 IPO 定价的准确性至关重要，但是这需要满足声誉是承销商未来收益的唯一渠道的前提假设。这是因为，如果承销商能够获得声誉约束以外的收益，那么声誉对承销商约束力将下降，承销商声誉与IPO首日收益的负相关关系将面临挑战。

3. 与投资者相关的理论

（1）赢家诅咒模型（Rock，1986）。该模型是对酸柠檬问题（Akerlof，1970）的拓展，认为市场上存在对上市企业的信息占有优势的投资者，在优质企业上市过程中，该类投资者能够及时获得发行人的有效信息，从而采用加大投资的策略，并对其他投资者产生挤出效应；而在劣质企业上市过程中，该类投资者则采用减少投资的策略，此时其他投资者认购规模增加。由于受到投资者信息掌握程度不同的异方差影响，投资者认购新股行为存在"赢者常赢，败者常败"的赢者诅咒现象。经对现实市场研究发现，如果假定投资者拥有分配IPO相等权利，那么新加坡1970~1980年IPO首日收益率将会由27%下降到1%（Koh和Walter，1989）；英国20世纪90年代初期的IPO收益率由8.6%下降到5.14%（Levis，1990）。可是现实市场总是与理论假定条件存在差异的，实际上，IPO发行市场分配往往是偏向于信息占优的机构投资者，机构投资者获得的IPO投资收益是个人散户的多倍（Aggarwal、Prabhala和Puri，2002）。由此我们可知，在不存在非理性行为的市场中，理性信息劣势投资者鉴于投资收益的非正预期，将不会参与IPO市场投资，IPO市场需求仅为信息占优投资者，显然在这样的环境下，证券市场将不会出现IPO超额收益现象，也就不会出现赢者诅咒现象。所以说，赢者诅咒现象和IPO发行超额收益市场依赖于信息劣势投资者的非理性行为，也即持续的非理性乐观预期行为。只要证券市场能够毫无障碍地传递信息，并合理分配股票，打消了市场信息劣势投资者的非理性预期，IPO市场首日超额收益异象就将消失（Michaely和Shaw，1994）。

（2）从众理论（Welch，1992）。该理论认为，IPO发行过程中存在投资者从众行为，已经购买股票的投资者情绪和行为将会影响随后的投资者投资决策，后来者因受到已购买者的情绪和行为的影响，容易出现忽略自己分析判断的能力，导致市场出现跟随抢购和不认购的现象。在从众行为存在的市场中，一旦发行人选择溢价发行策略，因为前期放弃认购的投资者行为会影响后来的投资者也放弃认购机会，最终造成IPO发行认购不足。所以说，发行人一般会慎用溢价发行策略，而往往采用折价发行策略。该理论考虑了投资者非理性行为对投资决策的影响，属于行为金融学范畴，现实市场也确实时常出现IPO认购不足或超额认购现象，较少达到均衡状态。不过在存在非理性行为的市场中，二级市场的有效性值得商榷，那么就不能简单地将发行定价低于新股上市收益收盘价格的现象称之为 IPO 溢价发行，看似是 IPO 溢价发行现象，完全有可能是非理性情绪下的股票价格泡沫上涨的首日收益导致，IPO 溢价发行也有导致低于新股上市首日收盘价现象的产生。因而在该行为下的 IPO 定价有待进一步分析与研究。

（3）投资者情绪理论（Ljungqvist、Nanda 和 Singh，2004）。拟进行 IPO 发行的企业，多数是欠成熟的年轻企业，信息不对称问题更为突出，准确估值更为困难，当投资者对于企业未来持有乐观的预期，以融资最大化为目标函数的发行企业将在考虑了投资者乐观情绪的投资者需求曲线上确定发行价格，实现发行成功的前提下，进一步实现融资最大化目标，所以选择乐观投资情绪充斥的热季周期是企业的绝佳"上市窗口期"①。显然在此目标函数下，发行价格不但反映了企业内在价值，而且也包含了投资者情绪因素，发行价格的虚高问题将会导致 IPO 长期收益出现弱势现象。事实上，实际市场中的确存在 IPO 发行定价超出企业内在价值的情况，对比行业领先企业 PE 值，1980 ~ 1997 年 IPO 发行企业定价高估 50% 左右，其 IPO 后市长期绩效也确实表现为弱势性（Purnanadam 和 Swaminathan，2003）。Dorn（2003）分析德国股市数据还发现，在投资者情绪高涨期间发行的新股，IPO 分配过程存在偏向于个人散户投资者的行为，新股首日收益表现为正收益，但在随后的 6 ~ 12 个月内出现长期收益弱势现象。由此可见，判断 IPO 发行定价是抑价还是溢价，可以结合该股发行后的长期绩效加以评判，简单地从新股定价低于首日收盘价的现象，得到新股抑价发行的结论存在误区。

2.1.4　IPO 首日收益中国市场研究成果述评

从本文掌握的中国市场有关研究文献来看，IPO 首日收益异象研究主要基于西方理论中国市场适用性检验和 A 股市场制度因素分析两方面开展。

1. 基于西方的理论、假说的验证

（1）质量信号传递理论和再融资理论的 A 股适用性检验。Dongwei Su 和 Fleisher（1999）研究 1987 ~ 1995 年上海证券交易所的 308 个 IPO 样本后，指出中国 A 股发行市场遵循质量信号理论，且首日收益率越高的上市企业，其再融资获取更多融资金额的概率也会更高。不过夏新平和汪宜霞（2002）实

---

① 机会窗口期（The Windows of Opportunity），市场存在相对于上市企业而言的最优时期，在此期间投资者对潜在上市企业的成长预期非常乐观，表现出较高的投资热情，企业如在此期间进行 IPO 发行，有助于发行的成功和超额认购，有助于企业获得更高的估值和融资收益。

证研究结果却有所不同，他们指出，首日收益与再融资虽然存在一定联系，但是统计检验结果并不显著，单从我国上市企业的再融资行为来看，确实存在明显的再融资偏好。张祥建、徐晋（2005）通过对1998～2002年上市企业再融资行为分析发现，具有控制权的大股东可通过再融资通道获得中小股东无法得到的隐性收益，并且从投资效率、大股东资源侵占、非公平管理交易的价值效应多方面均证实，大股东凭借对上市公司的超强控制能力，掌握一切可能的利益制造机会和利益输送机会，以中小股东"输血式"的资本额供给为代价，加速其资本积累和增值过程。由此看来，研究我国企业的上市动机，不但应当考虑信号质量传递的定价因素，同时应当兼顾再融资机会对IPO发行动机的影响。

（2）直接成本与间接成本替代理论A股适用性检验。刘鑫宏（2010）统计了我国企业上市发行成本规模指出，A股市场IPO发行成本包含直接成本和间接成本两部分，且间接成本占绝大比例，间接成本占比超过发行总成本的90%。国有企业与非国有企业相比，IPO发行直接成本更低，间接成本更高，其中，国有企业IPO发行的直接成本占比为2.47%，非国有制企业IPO发行的直接成本占比为4.2%。从1996～2006年中国民营企业IPO发行成本趋势来看，直接成本曾出现"先升后降"的态势，中国民营企业发行规模与发行成本呈现显著负相关关系（王军、王平，2008）。另外，发行制度也对IPO发行成本存在影响，在A股市场推行询价制后，IPO发行的直接成本相比询价制前显著增加，间接成本显著下降，发行总成本下降（杨记军和赵昌文，2006）。由此可见，我国IPO发行符合成本替代理论，直接成本的增加对于间接成本存在显著的抑制作用，这可以提示我们，随着证券市场发展和规范化，直接成本增加，首日收益率下降将是必然趋势，而直接成本的增加也可从侧面反映A股市场的制度完善度和市场成熟度的上升。

（3）赢者诅咒模型A股适用性检验。在赢者诅咒模型的中国A股市场适用性研究中，研究结论产生了分歧。王晋斌（1997）仿照Koh和Walter研究方法，就我国1997年前半年52只IPO发行数据，检验了Rock模型中国市场适用性，结果发现剔除中签率与申购成本后，申购IPO预期平均超额报酬率仍可达到2.702%，高于同期无风险收益率，信息劣势投资者的IPO投资回报亦可为正，赢者诅咒模型不适用我国A股市场。谢金楼（2010）研究2005～2008年的259只IPO为样本得出，赢者诅咒模型基本上不能解释中国A股IPO抑价现象，而一级市场的乐观情绪和IPO投机才是决定IPO市场首日收益的重要因素。但是杜俊涛（2004）研究结果却得到相反的结论：信息劣势投资者在我国 IPO 发行市场中无法获取超额回报，赢者诅咒模型在中国市场具有适用性。正是因为赢者诅咒模型在中国市场的适用性，所以机构投资者为了规避该问题，追求更高的首日收益率，在询价制度下产生隐藏对股票真实需求的行为倾向（熊维勤等，2006）。

（4）承销商声誉模型 A 股适用性检验。靳云汇、杨文（2003）指出就中国 A 股市场 1996 ~ 2000 年间的样本而言，承销商声誉对 IPO 首日收益的关系并不显著，不过在 2001 年后的二者出现相关性。刘江会（2004）研究 1994 ~ 2003 年 IPO 样本数据后，得出了与承销商声誉模型相悖的结论：承销商声誉与首日收益呈正相关，也就是说，承销商声誉越高，新股上市首日的涨幅越大，与承销商声誉抑制首日收益的理论不符。刘江会（2004）进一步分析我国证券市场承销商声誉与承销费率关系指出，导致我国承销商声誉模型失效的因素在于：A 股市场不同声誉等级承销商之间的承销服务价格差别并不大。蒋顺才、胡国柳、胡琦（2006）研究了 1990 ~ 2005 年 A 股市场 IPO 样本数据，按照我国股市制度变迁的轨迹分区间进行比较，得到承销商声誉与首日收益在不同发行制度阶段均表现出一定的负相关关系，但是相互作用较弱的结论。由此可见，A 股市场承销商声誉对 IPO 首日收益率的抑制作用并不强，声誉对承销商的自律性和新股发行定价的价值发现努力度的约束力有限，因此我们有理由怀疑，在中国 A 股市场承销商声誉不是影响承销商未来收益的唯一因素。

（5）信息不对称理论 A 股适用性检验。杨丹、王莉（2001）指出，我国 IPO 市场信息不对称现象真实存在，IPO 首日收益与信息不对称程度正相关。高鸿祯和林嘉永（2005）通过问卷调查方式，构建了信息不对称实验室资本市场，试验结果表明，在信息不对称的情况下，资本市场是非有效的，市场信息的传递与价格反应过程是有条件且需要时间的，这促成了中国 A 股市场投资者过度交易和过度自信等非理性行为的弥漫，也给市场操纵行为提供了运作环境，推高了资本市场价格泡沫。

（6）其他行为金融学相关研究。曹凤岐、董秀良指出，IPO 发行定价是科学的、合理的，与市场价格相比更能反映企业内在价值，首日超额收益是由于市场非理性行为推高股票价格造成的。行为金融领域的研究主要在以下三方面展开：

一是投资者非理性行为存在性。熊虎、孟卫东、周孝华（2007）研究中国中小投资者的非理性行为后指出，中国 A 股市场 IPO 首日收益偏高与众多的中小投资者的非理性行为有关，正是这种非理性行为导致了 IPO 首日超额收益现象的发生。韩立岩和伍燕然（2007）论证了投资者理性的假设前提在中国A股市场并不成立，投资者情绪是A股市场资产定价的重要影响因素，投资者情绪和市场收益之间存在双向反馈关系，市场情绪对短期市场收益存在正向影响，跨期存在负向影响，而且市场情绪是金融时间序列"集簇性"和"厚尾性"的原因。

二是企业选择"上市机会窗口"行为。邵新建、巫和懋、覃家琦、王道平（2011）使用1993～1998年数据证实，我国A股市场IPO发行存在显著冷、热季周期差别，新股发行定价倾向于考虑市场情绪后的需求定价，新股上市首日收益波动主要反映了市场情绪波动。刘澜飚、李贡敏（2005）和才静涵、刘红忠（2006）均发现，我国企业选择上市时机的确存在迎合热季周期规律。束景虹（2010）进一步验证得到，择时上市融资和再融资的企业后市收益显著低于选择其他时点上市融资企业的后市收益。中国A股市场热季周期的存在，说明A股市场是非完全有效市场，投资者行为对新股发行存在影响，企业择期上市对新股发行成功和发行定价是有影响的。

三是投资者交易行为。徐龙炳、徐智斌、陆蓉（2008）研究了上市初期机构投资者与个人投资者的交易行为差异，指出上市收益的高成交与高换手率是由逐利行为驱动的，个人投资者因为资金约束和获取信息能力限制，对股票价值判断能力明显低于机构投资者，在交易中被机构投资者所利用。李心丹、王冀宁、傅浩（2002）对投资者投资行为进行了研究，认为我国投资者确实存在"政策依赖性心理"、"过度自信心理"和"过度交易心理"三大心理依赖行为。谭松涛、王亚平（2006）也证实我国股票市场存在显著的非理性行为，投资者存在过度交易，这与中国投资者的过度自信有关。

截至目前，行为金融对IPO市场影响的研究仍在如火如荼地进行中，但是市场情绪、投资者心理、非理性投资行为对市场收益和波动性的影响是真实存在和不容忽视的，研究A股市场IPO收益只有考虑投资者非理性行为和二级市场的非完全有效性，才能得到贴近A股市场现实情况的研究结论。投资者交易行为的非理性打破了传统金融学理性人的假设，对于中国A股市场的研究不能离开非理性投资行为，否则得到的研究结论有待商榷。

2. 基于中国制度因素的研究。该研究思路从中国特有的制度背景以及制度的变迁对IPO初始收益的影响出发，关注于我国证券市场改革与转轨的性质，重点比较分析与国外证券市场制度的差异化，并强调中国A股市场IPO发行制度因素是导致首日超高收益的关键因素所在。经收集整理，以时间为序，现有的主要研究成果如下：

（1）清风（1998）较早就我国证券市场制度因素对市场的影响展开研究，

指出上市额度计划分配、计划定价发行，以及股权分置的因素是造成一级市场巨大风险的主要因素所在。

（2）Fernald 和 Rogers（1998）指出中国 A 股与 B 股市场新股定价相差四倍之多，这是由于国内市场可替代投资方式匮乏、国内投资者对市场回报率期望值较低和市场分割因素造成的。

（3）陈工孟、高宁（2000）指出 A 股市场 IPO 首日收益同发行、上市之间的时间间隔，后市增发意愿的强烈程度呈现正相关关系，其中发行与上市时间间隔又是由政府决定的，属于市场制度范畴，同时指出信息不对称并非影响中国 A 股市场 IPO 首日收益的主要因素。Chan、Wang 和 Wei（2004）同样发现 A 股市场 IPO 首日收益与发行上市时间间隔有关，而且与发行规模以及发行企业所在省份也存在一定的相关性。

（4）于增彪、梁文涛（2004）比较我国审批制与通道制下 IPO 首日收益率后，发现两种发行制度下 IPO 首日收益并不存在显著差异，说明从审批制转向通道制并未提升 IPO 市场定价效率。周孝华、赵炜科、刘星（2006）同样研究审批制与通道制的定价效率却得出，通道制下 IPO 定价效率显著提升的结论，并认为审批制下发行定价只能够反映公司盈利、偿债能力和一级市场供求状况三因素，而通道制下，IPO 不但能够反映以上三因素，还同时反映出上市企业的公司规模、未来成长能力和发行方式等方面的差异性。

（5）刘煜辉、熊鹏（2005）从股权分置和政府管制角度出发，分析了 1995～2003 年间 907 只 A 股市场 IPO 样本数据，指出西方现有研究理论对我国 A 股市场并不适用，中国 A 股市场 IPO 首日超额收益是由于股权分置和政府管制扭曲市场机制，割裂一、二级市场的套利机会造成的。政府管制策略直接导致了寻租行为的产生，这增加了一级市场投资者的成本，因此也就强化了二级市场追逐暴利行为，最终导致 A 股市场 IPO 首日超额收益现象。

（6）朱凯、陈信元（2005）研究上网定价与二级市场配售方式对 IPO 首日收益的影响，指出上网定价方式中，一级市场上发行人可以获得投资者认购冻结期间的利息收入，而在二级市场配售方式中，投资者不存在认购期的利息损失，所以当采用二级市场配售方式后，A 股市场 IPO 首日收益率显著下降了。

（7）李志文、修世宇（2006）指出，信息不对称理论并不能较好地解释中国 A 股市场 IPO 首日超额收益现象，监管部门对于市盈率的控制才是 IPO 首日超额收益的主要原因。

（8）蒋顺才、蒋永明和胡琦（2006）研究了 1991～2005 年中国 A 股的

1 230 家上市股票的首日收益情况，通过比较试行阶段、审批阶段、通道制阶段和保荐制阶段的 A 股市场 IPO 首日超额收益率，得出中国 A 股市场 IPO 首日超额收益率是随着制度改革的推进，逐步走低的。他们同时认为制度变迁是影响我国 A 股市场 IPO 首日超额收益的主要因素，事前不确定性理论和承销商声誉模型并不适用于我国 A 股市场。

（9）Tian 和 Megginson（2007）研究 1991～2004 年 A 股市场 IPO 发行指出，我国 A 股市场 IPO 首日超额收益率是因为制度因素引起的，控制市盈率上限制度和 IPO 分配制度限制了 IPO 市场的供给，造成了需求与供给的不均衡，在需求远远大于供给的市场下，必然产生 IPO 首日超额收益现象。

（10）Francis、Hasan 和 Sun（2009）研究发现，A 股市场上市企业与政府关联程度有关。拟上市企业与政府关联越紧密，A 股市场上市时获得 IPO 发行定价就越高，而 IPO 首日收益就越低。

（11）Shen、Li 和 Huang（2009）指出我国 A 股市场 IPO 收益率随着全国人民代表大会的召开间隔呈现出周期性变化的特征。A 股市场新股发行数量和 IPO 首日收益在全国人民代表大会召开的前后 7 个季度内呈现出显著上升的趋势，其他区间发行数量和 IPO 首日收益相比较显著下降。这说明我国 A 股市场的发行规模和 IPO 首日收益率波动均受到相关政治因素的影响。

综上所述，在 A 股市场制度因素与我国 IPO 首日收益的研究领域，学者们研究的切入点虽然各有不同，但是均从不同角度论证了我国 A 股市场制度对 IPO 首日收益存在着或多或少的影响。所以说，针对中国 A 股市场 IPO 首日收益的研究，无法从根本上绕开证券市场制度，只有考虑了中国证券市场的制度因素，研究结果才符合中国市场的实际。

3. 现有研究成果的评价。中国 A 股市场 IPO 首日收益的研究成果颇为丰富，但研究结论也不尽相同，时有相悖，通过对本文收集到的研究成果梳理发现，国内学者对 A 股市场 IPO 首日收益问题的研究在如下几方面还有待进一步推进与完善：

（1）样本选择问题。样本区间的选择较为狭窄，大多研究讨论的都是某一较短区间的样本数据，或是某一制度变更触发时点前后的短期样本数据，约束了研究结论的适用性，使得研究结论无法涵盖我国 IPO 市场的历史全貌，影响了研究成果的可信度。本文为了减小样本选择偏误问题，选取 1990 年 12 月沪、深股市成立直至 2011 年 5 月 31 日的所有可获得的 A 股市场 IPO 企业有效数据，使得研究样本达到总样本区间的 86.9%，并沿着中国证券市场制度变迁路径，划分为三个大制度区间、四个比较制度区间，就 A 股市场 IPO 首日收益展开相应的比较，并分析证券市场制度改革效率。

（2）解释变量选择问题。解释变量的选择较为单一，多数研究从单一视角选择变量（例如，或是从验证国外某一理论出发选择变量，或是从公司财务角度出发，或是从公司治理角度等），简单地验证某一理论在中国 A 股市场的适用性问题。事实上，影响 IPO 发行定价和首日收益的因素包含了财务指标、市场制度、公司治理能力、市场非理性因素等多方面综合因素，单一影响因素下得到的研究结论说服力不足。本文试图在该方面加以改进。

（3）IPO 首日收益的测度方法。国内的学者首日收益测度方法较为混乱，有的研究直接选择该股上市首日收盘价与发行价间的绝对收益率计量，有的选择上市首日绝对收益与市场指数绝对收益调整后的相对收益率，也有选取发行价与首日收盘价作为首日收益率计量节点。本文以为新股首日收益率分析的是市场发行定价准确程度，应当由发行定价与首日收盘价格之间的差别体现，而且应当排除市场因素的影响，所以说，新股首日收益率选择对应的发行日与首日收盘时点市场指数调整后的相对收益率才更加科学和严谨，研究结果才更加具有经济意义。本文将采用国际研究惯用的经市场指数调整后的收益率方法，采用发行价格、首日收盘价格以及各自对应时点的市场指数，测度首日超额收益。市场基准指数采用的是上证 A 股指数 000002（自 1990 年 12 月 19 日起）和深证 A 股指数 399002（自 1992 年 10 月 4 日起）。显然对于指数成立之前的数据无法展开相对收益率调整，不过这仅涉及 A 股市场成立之初的试行阶段（1990 年 12 月至 1993 年）样本数据，试行阶段存在较多的市场不确定性和市场非规范性，而且数据的缺失问题比较严重，无法达到构建计量模型的要求，所以这不对计量结论产生影响。

2.2　IPO 后市收益异象

2.2.1　概念界定

IPO 后市收益（IPO Post – Issue Performance）是指新股上市发行后，因股票价格上涨或下跌，而给投资者带来的后市的正收益或负收益情况。从世界各国 IPO 发行后市收益统计来看，首次公开发行企业股票在上市后的 1~3 年期或是 1~5 年期内，其给投资者带来的收益无论与市场指数收益相比，还是与同类非上市企业收益相比，或是与其他可比较收益相比常常表现出收益率较差现象，也即后市相对收益率小于零。研究者将 IPO 后市相对收益小于零的现象，称为 IPO 后市收益弱势现象或 IPO 后市收益异象。相反则称为 IPO 后市收益强势现象。

经 Ritter 研究发现，IPO 后市收益弱势现象多在新股上市的 3～5 年内发生，3 年或 5 年之后的 IPO 后市收益往往优于匹配样本可比收益，后市相对收益率大于零。因而，多数的 IPO 后市收益研究区间为新股上市后的 1～3 年或 1～5 年间。

2.2.2　IPO 后市收益异象的国际比较

1970 年 Stoll 和 Curley 研究了 205 家小企业 IPO 发行活动，并跟踪它们上市后的长期收益后发现，虽然小企业的 IPO 首日收益非常可观，但是小企业 IPO 长期收益并不太乐观。随后，Ibbotson（1975）研究 1960～1969 年上市企业的后市月收益率也发现，IPO 企业上市后一年内收益率表现往往为正，而接下来 3 年的后市收益却表现为负。自此之后，IPO 后市收益弱势异象开始逐步进入研究者的视野范围。Reilly（1977）发现，如果投资者在 IPO 上市首日购入该股并持有其一年，那么可获得的该股收益显著低于同期的市场收益回报。不过 Reilly 研究的区间恰是 1973～1974 年的市场低迷阶段，所以削弱了研究结果的普遍适用性。Ritter（1991）跟踪研究美国 1975～1984 年 IPO 发行的 1 526 家企业上市后 3 年内的收益表现，结果发现将上市企业与同期的、同类同规模的、未上市发行的企业的收益进行对比，上市企业的收益表现明显逊于非上市企业可实现的收益。同一时期，Aggarwal 和 Rivoli（1990）研究了 1977～1987 年美国 1 598 家上市企业数据，并与股票市场指数进行比较，发现上市企业后市收益劣于同期股票市场指数增长。近年来，随着统计数据的丰富和计算机程序的完善，该领域的研究开始丰富起来，许多研究者陆续就本国或他国证券市场 IPO 后市收益展开研究，发现新股后市收益弱势并不是美国市场特有的现象，大多数国家证券市场新股后市收益都存在一定程度的弱势现象。正是因为新股发行后市收益弱势现象的普遍存在性，说明其有悖于有效市场理论，不符合大样本遵从正态分布概率的条件，IPO 后市收益弱势异象成为了证券市场又一大不解之谜。

从已有的研究成果来看（见表 2-3），多数发达市场国家 IPO 后市收益在上市 1～3 年期内，均呈现出不同程度的弱势现象，并在 IPO 上市 5 年后弱势现象基本结束。不过也有个别国家 IPO 后市收益表现出强势性（Kim、Krinsky 和 Lee，1995；Paudyal、Saadouni 和 Briston，1998 等），且 IPO 后市收益强势现象常常出现在经济发展迅速的国家。例如澳大利亚、巴西两国的三年期 IPO 后市收益率弱势现象最为严重，而韩国 3 年期 IPO 后市收益表现为显著强势。由此可见，IPO 后市收益弱势异象与 IPO 首日收益异象相比，有待逐一具体考证。

表 2 - 3 　　　　　　　世界各主要国家 IPO 后市收益统计

国家	研究者	数据区间	样本量（个）	上市后市收益	
				收益率或 WR	参考基准
澳大利亚	Lee、Taylor 和 Walter（1996）	1976 ~ 1989	266	- 51.58%	市场指数：3 年
巴西	Aggarwal、Leal 和 Hern&ez（1993）	1980 ~ 1990	62	0.6 *	市场指数：3 年
智利	Aggarwal、Leal 和 Hern&ez（1993）	1982 ~ 1990	36	0.93 *	市场指数：3 年
墨西哥	Aggarwal、Leal 和 Hern&ez（1993）	1987 ~ 1990	44	0.81 *	市场指数：1 年
德国	A. P. Ljungqvist（1997）	1970 ~ 1993	180	- 12.1%	市场指数：3 年
芬兰	Matti Keloharju（1993）	1984 ~ 1989	79	- 21.1%	—
韩国	Kim、Krinsky 和 Lee（1995）	1985 ~ 1989	169	1.46	市场指数：3 年
加拿大	Kooli 和 Suret（2004）	1991 ~ 1998	445	- 6.15%	市场指数：3 年
马来西亚	Paudyal、Saadouni 和 Briston（1998）	1978 ~ 1983	21	18.2%	1 年期
美国	Ritter（1991）	1963 ~ 1966	1 526	- 29.1%	市场指数：3 年
美国	Loughran、Ritter 和 Rydqvist（1995）	1970 ~ 1990	4 753	- 20%	市场指数：3 年
日本	Kang、Kim 和 Stulz（1999）	1980 ~ 1988	888	- 16.5%	市场指数：3 年
英国	Mario Levis（1993）	1980 ~ 1988	712	- 22.96%	市场指数：3 年
中国	蒋顺才（2006）	1991 ~ 2003	1 137	27.77%	市场指数：3 年
中国	Kalok Chan 等（2004）	1993 ~ 1998	570	0.98 *	市场指数：3 年

注：* 表示 WR（Wealth Relative）数值，WR 是指财富相对系数，其可表示为 WR =（1 + T 期内的 IPO 总回报平均值）/（1 + T 期内基准总回报平均值）；该指数大于 1 可理解为其上市后 T 期内绩效优于基准，后市收益为强势，反之，后市收益为弱势。

资料来源：http：//bear. warrington. ufl. edu/ritter 以及相关收集文献的整理汇总获得。

　　事实上，IPO 后市收益强势还是弱势的判断，与研究区间、后市收益计量方法、样本量均存在直接关系。从已有研究来看，Ritter 等（1991，1995）先后对美国 IPO 后市收益率的研究，虽然均证实了美国市场 IPO 后市 3 年期内的收益存在弱势现象，但是因研究区间不同，导致其计算的 IPO 后市收益弱势程度也不同，分别为 - 29.1% 和 - 20%。对中国市场的研究，蒋顺才（2006）研究使用累计相对收益率方法得出，中国 A 股证券市场的 IPO 后市 3 年期买入——持有收益强于市场指数的结论，而 Kalok Chan 等（2004）却使用相对财富指数方法得出了完全相反的结论，中国 A 股市场 IPO 后市收益在 3 年期内，企业存在长期显著的弱势现象。所以匹配基准选择、样本区间选择、后市收益区间选择的不同，有可能得出完全相悖的研究结论，在研究中应当多加注意。

2.2.3　IPO 后市收益异象的西方研究成果

虽然 IPO 后市收益弱势现象普遍存在性不及 IPO 首日收益广泛，但是后市收益弱势现象的长期存在显然不符合有效市场理论、理性预期假说以及无风险套利原则。有些学者（Loughran 和 Ritter，1995）研究还发现，无论是 IPO 市场，还是 SEO 市场均存在着后市收益弱势现象。从经典经济假设出发的各种理论均不能合理解释该异象，因为基于市场有效、投资者理性预期市场假设下，IPO 发行首日市场表现的价格就是市场对 IPO 企业内在价值的调整过程，后市收益是随机分布的，不可能出现长期的和大范围的弱势现象。因此学者们只能另辟蹊径，放松甚至放弃二级市场有效性、理性预期等研究假设展开研究分析。令人遗憾的是，在此领域的研究讨论经历了近半个世纪，至今仍未能形成完整的框架体系。截至目前，多数理论难以适用于全球不同资本市场，相对讨论较多的解释理论有预期分歧理论、演出假说和机会窗口理论。

1. 预期分歧理论（The Divergence of Opinion Hypothesis）。Miller（2000）提出，现实市场中投资者对 IPO 定价的理性预期并不是同质性的，因为股票价格是对企业未来价值的预期，具有不确定性，所以不同投资者预期的上市企业未来收益、获得收益时点，以及折现率等方面均会存在显著差异化，并将由此导致的股票价格预期差异化，称之为投资者预期异质性。在现实市场中的股票预期价格是呈钟形分布的，市场信息越不对称，理性预期的异质性越突出，价格分布越离散。拟上市企业上市前，该企业的信息不对称问题更为突出，对该企业 IPO 价格预期产生意见分歧的可能性就更大，持乐观预期的投资者会更加积极参与该股认购，造成 IPO 上市首日股价泡沫现象。随着上市公司信息被逐步地挖掘和公布，信息不对称问题大为改观，乐观预期者和悲观预期者的意见分歧也会逐渐缩小，IPO 市场价格出现向内在价值水平上回归的过程，后市收益弱势异象表现出来。鉴于新兴市场国家信息不对称问题更为突出，IPO 发行市场投资者理性预期异质性问题更突出，所以新兴市场国家 IPO 上市首日正收益异象应该更明显，后市收益弱势异象也应该更严重。从已有的实证研究结论来看，新兴市场国家 IPO 后市收益弱势性却相反偏弱，甚至部分国家还表现出强势性，因而预期分歧理论无法完全解释 IPO 后市收益弱势现象。

2. 演出假说（The Impresario Hypothesis）。Aggarwal、Rivoli（1990）和 Ritter（1991）[①] 提出，IPO 市场是昙花一现的赶时髦（Fad）市场，在这个市场中，承销商为了达到吸引投资者参与 IPO 投资的目的，采用宣传演出策略，提高市场对该股的预期价格，制造出市场需求旺盛的假象，增加市场投资者对该股的认购热情。这些行为显然是为了确保 IPO 发行成功而实施的发行策略，这样的景象不会长久下去。所以 IPO 发行成功后，IPO 后市价格快速回落，成为昙花现象。鉴于股票估值的复杂性，当对企业的内在价值估计比较困难，或是存在显著的不确定性时，股票估值的 Fad 现象就很可能出现（Camerer，1989），而且风险越高的证券，其交易噪声越大（Trueman，1988），估值过程越发不能严格地恪守理性预期假设，过度乐观现象就越可能出现（Black，1986）。而且这也与投资者投资偏好相关，研究发现（Ang 和 Schwarz，1985），偏好于 IPO 市场投资的投资者与其他证券投资者相比，其投机需求表现更为强烈，投机型投资者更多。现实市场中，昙花现象并不一定稍纵即逝，而是有可能在一定时间内长期存在。De Bondt 和 Werner（1987）将此解释为：虽然证券二级市场是有效的，但是市场对价格调整是需要时间的逐步调整过程，所以出现了 IPO 后市收益弱势的长期存在性。

3. 窗口机会理论（The Windows of Opportunity Hypothesis）。该理论指出，IPO 市场存在显著的热季周期与冷季周期交替现象，热季周期区间内投资者投资情绪高亢，以乐观预期为主导，促使企业上市发行的"机会窗口期"出现，如果企业在该周期区间内上市发行，由于投资者对未来的预期非常乐观，市场需求规模将会显著增加，大大提升企业上市成功概率，而且发行企业能够获得高于企业内在价值的市场估值。所以当企业选择"机会窗口期"进行 IPO 发行时，由于发行窗口期受到投资热情高涨的影响较为明显，随着高亢的投资情绪逐步消退，IPO 上市后的股票价格也随之回落，IPO 后市收益弱势异象产生。事实上，IPO 后市弱势异象并不仅仅存在于热季发行周期，在冷季发行周期也同样存在（Ritter，1991），所以该理论应用受到了限制。

4. 其他观点

（1）Jain 和 Kini（1994）认为 IPO 后市收益弱势异象是因为 IPO 上市年轻

---

① Aggarwal, R. and P. Rivoli, "Fad in the Initial Public Offering Market?" Financial Management 19, 1990, 45 – 57. Ritter, "The Long – run Performance of Initial Public Offerings", Journal of Finance 46, 1991, 3 – 27.

企业上市前的快速成长，使得投资者更愿意对其进行高估值，上市后的现金流与上市前相比显著下降，即使上市后能够实现销售增长，但是总现金流仍无法支撑 IPO 期初的高估值（Mikkelson 和 Shah，1994），后市收益弱势现象产生了。

（2）Fama 和 French（1993）提出三因素模型，指出 BM 比代表的是一种没有被以往风险因子（Beta 系数、市盈率、公司规模等）捕捉到的风险，在考虑市场系统风险的前提下，增加了小市值风险因子和 BM 比风险因子，认为小市值股票和高 BM 比股票的收益率系统性收益会更高。不过对该因素进行了单独验证发现（Loughran 和 Ritter，1995），使用 BM 比只能部分解释后市收益弱势性。

（3）Tinic（1988）怀疑是 IPO 市场的投机泡沫短期内过多地推高了股价造成的，但其文中同时指出，这一解释无法找到经验数据的支持。

2.2.4 IPO 后市收益中国市场研究成果述评

针对我国 A 股市场后市收益研究开展于 21 世纪初期，研究方法以实证检验为主，就有限的研究成果来看，也存在相对立的两种结果：一类研究者认为我国 IPO 后市收益存在弱势现象；另一类则完全否认我国 IPO 后市收益弱势异象的存在性。其中较有影响的研究成果有：

（1）王美今和张松（2000）最早就中国证券市场展开研究指出，我国大多数上市 IPO 在刚上市一段时间内走势显著弱于市场指数，第二年起不再出现弱势现象，这主要是因为股票定价高于其内在价值造成的。股票市值对于后市长期绩效有显著影响，市值越小，弱势性越强，二级市场操作资金的大小仍然是二级市场投资者投资决策的重要因素，市值越大，所需炒作资金越多，股票也就难以得到投资者的青睐。

（2）刘力和李文德（2001）分别使用 BHAR 和 CAR 指标研究我国 1992 ~ 1996 年 398 个样本，指出我国 IPO 上市后在第一年内没有明显的正收益异常，但是第 2、3 年后表现出显著的正收益，即后市收益强势现象。BM 比对于后市收益并不存在影响。

（3）Kalok Chan 等（2004）研究 1993 ~ 1998 年中国 A、B 股 IPO 发行上市公司的 1 ~ 3 年期的后市收益，以相对财富指数考察 A 股后市收益与非上市公司相匹配，则后市几乎都表现为弱势性，而 B 股上市企业以同样标准考量却表现出后市收益强势性。

（4）杨丹和林茂（2004，2006），在 2004 年研究发现，上市企业 7 个月内表现出强势性，而后进入弱势阶段。2006 年进一步研究指出长期绩效研究的关键点在于异常收益率的测度方法选择，选择方法不同，可能得出不同的研究结论，使用等权平均指数调整的 BHAR 测度法得出，我国存在长期弱势性，而使用 CAR 方法测度则显著表明我国后市 3 年内呈现强势性。

（5）阎大颖（2005）研究上市公司首次发行股利分红后的长期绩效发现，公司的盈利能力、增长能力均显著下滑，股利分配和分红策略并不能向市场传递积极信号。

（6）蒋顺才（2006）对沪、深两市 1991～2001 年上市企业 3 年期长期绩效进行了统计研究指出，以首日收盘价买入并持有三年的异常收益为27.77%，我国 A 股 IPO 公司后市收益显示了长期强势的特征。

（7）张跃龙和谭跃（2011）运用 Fama 三因子模型，选取非上市公司作为匹配样本，研究了我国保荐制推行后的 250 家上市公司，认为我国实施保荐制后，上市企业的后市收益与上市窗口的选择显著相关，牛市发行 IPO 后市收益弱势现象更为显著，熊市发行 IPO 不容易发生后市收益弱势现象，而且还与定价制度显著相关，认为是市场状态和定价制度的缺陷推高了股票上市初始价格，使得 IPO 在后市交易中出现了收益弱势现象。

鉴于以上研究成果可以看出，我国 IPO 后市收益研究结论大相径庭可归因为：研究样本差异、匹配数据基准差异，以及后市收益时长选择不同等因素。

2.3　本章小结

从中国 A 股市场的现有研究来看，将 IPO 首日收益异象与后市收益异象单独进行研究的较多，一起研究的较少；对二者进行实证研究的较多，理论分析的较少。就研究的切入点而言，现有研究多是从市场单一参与主体角度切入，例如，承销商声誉模型仅关注中介市场及中介行为，投资者异质性集中解释投资者非理性行为对 IPO 影响等。

本文认为，IPO 首日收益与后市收益二者之间是存在必然联系的，是 IPO 市场股票定价问题的短期收益与长期动态趋势的两方面表现。将二者一并研究，并同时考虑 IPO 市场参与主体各自的目标函数、行为选择以及相互间博弈，有可能发现一些新问题、带来一些新思路。

通过文献整理还发现，想要完成本文的研究设想，不得不结合传统金融理论与行为金融学各自的优势，不得不采用先实证研究、后理论分析的逻辑顺序，不得不同时兼顾中国 IPO 宏观发展水平和微观主体行为。

所以本文拟选择如下的研究脉络：首先，从实证研究出发，分别研究 A 股市场 IPO 首日收益与后市收益，比较计量方法对研究结果的影响，得到对 IPO 市场收益率较为客观的计量与评价；其次，从理论探索出发，剖析中国制度对宏观市场的影响、政府角色扮演、市场参与主体目标函数与占优策略，以及在以上因素综合影响下，尝试展开对 IPO 首日收益与后市收益的经济学解释；最后，在总结本文研究结论的基础上，提出具有现实意义和可操作性的政策措施。

3

A 股市场制度、热季周期与承销中介

本章将分析对中国 A 股 IPO 首日收益与后市收益存在影响的相关领域。具体包括 A 股发行制度方面、新股发行热季方面以及 IPO 发行中介市场三方面。其中，A 股发行制度包含了发行方式、定价制度、发行配置方式等一系列因素；新股发行热季是 IPO 发行市场投资者情绪的反应；IPO 发行中介市场是 IPO 发行的必须环节和承销商声誉变量的组成部分。以上相关领域是后续文中展开 IPO 首日收益与后市收益研究的必要前提。

3.1 发行制度变迁与市场发展

3.1.1 IPO 发行制度变迁

1. 先有"场"后有"市"的中国 A 股市场。市场一般是指为了实现商品交换，把卖方和买方组织在一起进行商品交换的集市。一般由需求产生的自发贸易行为萌芽，随着集市扩大和繁荣，对集市的管理要求出现，所以市场交易行为构成了市场中的"市"，集市交易的制度构成了市场中的"场"。

中国证券市场是伴随着中国经济体制改革而产生的，就其产生的社会与经济背景来看，中国证券市场的产生是为了缓解改革开放初期，财政收入缩减与财政支出增加的双重压力，满足国有企业体制改革的迫切需要应运而生的。与此同时，建立证券市场也是普通企业融资愿望的表达和资金盈余企业、居民增加投资渠道心声的流露。

1990 年下半年，上海证券交易所（1990 年 11 月 26 日成立）和深圳证券交易所（1990 年 12 月 1 日成立）相继成立。成立之初，沪、深交易所因属地方政府管理，市场定位相互交错，造成了沪、深交易所正面竞争，直接体现为沪、深市场强弱转换，例如1991～1992年是深强沪弱阶段，1993～1995年属于沪强深弱阶段。随着证监会采取统一管理、发行企业上市地分配制度，以及明确划分沪、深交易所上市企业类别后，沪、深证券市场开始进入了平衡发展格局。

就沪、深证券市场构成的中国A股市场而言，成立之初，始终面临着是否符合社会主义经济体制、是否具有长期存在意义的大讨论。1992年，邓小平同志南巡谈话才使得这一争论停息，同年10月，中国证监会的成立标志着中国证券发行和管理制度的统一，也表明了中国发展证券市场的决心。中国证券市场形成了边试点、边发展、边改革的发展基调。中国A股市场"新兴＋转轨"的双重特征使得完全市场化的证券市场难以满足历史赋予的使命要求。

回顾我国证券市场的创建历史，不难发现，我国证券市场是先有场后有市，是在"场"引导下的"市"者行为博弈过程，所以有必要分析我国证券市场制度对证券市场的影响，比较不同制度对IPO发行首日收益及后市收益差异，找出我国证券市场有别于他国证券市场的特殊性。

2. 制度变迁关键时点。二十多年发展历程中，中国证券市场始终与中国特色的制度如影随形，中国证券市场发展路径表现出"先制度后市场、先试验后规范、先摸索再改革"的特征。迄今为止，无论是审批制，还是通道制、保荐制，实质上都属于核准制的范畴，都是对证券发行申请进行实质性条件核查、审批的一种发行管理制度。所不同的是从审批制到保荐制，发行的运作机制发生了改变，从政府直接控制股票发行、政府通过证券公司间接控制股票发行演变为通过自然人为主体的证券公司实施对股票间接控制。此外，通道制与保荐制分别承载的是计划体制与市场机制。

鉴于发行制度内涵的不同，本文为了比较发行制度对IPO收益率的影响，按照发行制度改革时点将本文研究制度区间划分为如下四个阶段：1993年之前，发行试点阶段；1993年4月至2001年3月，发行审批制阶段；2001年4月至2004年1月，发行通道制阶段；2004年2月1日至今，发行保荐制阶段。

（1）发行试点阶段（1990年12月至1993年3月）。1990年末，随着沪市和深市的相继挂牌营业，迎来了中国证券市场14家首批上市企业。其中，上交所8家，深交所6家，具有国有控股或国企关联性质的11家，占发行总量的78.6%。

在1993年之前，股票发行处于尝试探索的萌芽阶段，市场管理比较混乱，上交所由中国人民银行上海分行代为管理，深交所由深圳地方政府负责发展。

上市发行采取计划管理、审批发行，上市交易不存在涨跌幅限制，上市企业首日价格暴涨，IPO市场首日收益均值达到700%以上。上市企业发行规模较小，平均每家发行股数1991年为812万股，1992年为1 873万股。市场供需严重失衡，配售机制难以兼顾效率与公平，市场出现黑市交易和徇私舞弊现象，甚至发生了"8·10事件"抢购风潮，造成社会动荡。

所以说，发行试点阶段市场极不完善，市场诸多方面均是在尝试中前行，出现问题较多。上市企业以国企股为主，A股市场以发行规模小、缺乏流动性和市场割裂为主要特征。

（2）发行审批制阶段（1993年4月至2001年3月）。1993年4月22日国务院令第112号《股票发行与交易管理暂行条例》，规定实行额度管理制。①

额度管理下，企业获得上市资格需通过层层审批，拟上市企业不仅要满足三年盈利、净资产比重不小于30%的总资产等条件，而且更为关键的是能够获得地方政府或中央政府的发行指标和额度，并要通过证监会的相关审批。

企业为了获得上市机会，出现了过度粉饰企业财报、分拆上市等现象，甚至一些劣质企业动用非市场化手段，通过关系，最终也能顺利通过层层审批，获得了上市资格，拥有了特许融资权。

此时，中央政府发行指标和额度采用大部分向地方政府划拨的方式，所以地方政府在IPO发行上担任了双重角色，一方面，向中央政府努力争取本地区发行指标和额度；另一方面，为了争取更多的企业上市，地方政府就获得的总额度采用缩减单个额度，增加上市企业数量的方法进行操作。在这样的大背景下，面对供需严重不均衡的市场，所有企业为了获取上市资格而努力，上市目标凸显为争取上市指标，追求获得融资金额最大化。

该做法使得上市企业上市融资规模严重不足，上市企业为了弥补这一缺陷，纷纷采用"先上市，再扩股；先A股，后B股"的方法加以补救。也就是说，上市企业先采取A股上市，上市后或通过再融资扩大股本，或使用B股解决融资额度不足问题，所以市场上出现了"小A股，大B股，小首发，大增发"的企业融资次序。

---

① 《股票发行与交易管理暂行条例》第十二条规定：在国家下达的发行规模内，地方政府对地方企业的发行申请进行审批，中央企业主管部门在与申请人所在地方政府协商后对中央企业的发行申请进行审批；地方政府、中央企业主管部门应当自收到发行申请之日起30个工作日内作出审批决定，并抄报证券委；被批准的发行申请，送证监会复审；证监会应当自收到复审申请之日起20个工作日内出具复审意见书，并将复审意见书抄报证券委；经证监会复审同意的，申请人应当向证券交易所上市委员会提出申请，经上市委员会同意接受上市，方可发行股票。

政府管理当局为了避免此类现象，1996 年开始实行"总量控制，限制家数"的做法，不过这并没有对行政审批程序产生影响，行政力量对证券发行依旧起着决定性作用，同时企业发行定价也需要证监会核准是否合理。

所以在审批制下，IPO 发行是资格和价格的双审批制度，发行规模和发行定价均属于非市场化行为。

（3）发行通道制阶段（2001 年 4 月至 2004 年 1 月）1998 年 12 月《证券法》颁布实施，确定股票发行采用通道制。2000 年 3 月 16 日证监会颁布了《中国证监会股票发行核准程序》，宣布一年后通道制正式实行。从 2001 年 3 月起，正式进入了通道制阶段。

通道制的实施，突破了严格的额度控制和总量控制限制，改由主承销商推荐，上报证监会核准的方式发行股票。通道制向发行市场化迈进了试探性的一步，虽然上市资格仍需要通过证监会的相关核准，但是通道制放宽了 IPO 上市的定价方式，放松了发行市盈率管制。

2000 年，闽东电力上市定价，采用承销商和发行人只确定发行底价，竞价向法人配售的方法，以达到申购限额的报价为发行价格，最终高达 88.69 倍的发行市盈率引发市场一片哗然。

2002 年，证监会不得不重新启动发行市盈率上限的方法管理发行定价，并推行通道限制配合通道制。所谓通道制，是指按要求每家具有主承销商资格的券商一次只能推荐一定数量的企业申请发行股票，而且所推荐的企业每核准一家才能再上报下一家。通道制期间，具有主承销资格的券商拥有通道数最多为 8 条，最少为 1 条。

通道制是 IPO 发行市场化的尝试，但是在我国证券市场不完善，股票作为稀缺资源的条件下，投资者较多地关注于一级市场申购、二级市场售出的短期获利，而忽视企业未来的成长性和股利分成。发行人过度追求融资金额最大化，而忽视企业的融资成本和事后投资方向。因而 IPO 发行价格存在浮夸现象，企业价值往往被过于乐观估计。

（4）保荐阶段（2004 年 2 月至今）。2003 年 12 月 28 日，证监会令第 18 号《证券发行上市保荐制度暂行办法》颁布，经中国证监会注册登记并列入保荐机构、保荐代表人名单的证券经营机构或个人，可以依照本办法规定从事保荐工作。①

IPO 发行实行由保荐机构和保荐人为主导的发行方式，监管部门审核能力

---

① 证监会令第 18 号《证券发行上市保荐制度暂行办法》第八条。

被进一步弱化，保荐机构和个人承担发行推荐以及后市保荐责任。具体说来，监管部门审核保荐人资格，获得资格的保荐人对符合上市条件的企业进行上市指导和推荐，上市后保荐机构负责继续督导上市当年剩余时间及其后两个完整会计年度，确保上市企业遵守上市法规，兑现招股承诺等。

随着深交所在 2004 年、2006 年、2009 年先后推出中小企业板、中关村科技园区的非上市公司股份报价转让试点，以及创业板，证券市场的企业规模与发行数量大幅增加，政府直接参与证券市场行为进一步弱化。可见，保荐制是我国证券市场进一步实行市场化的尝试，进一步弱化了监管部门发行审批权利，截至目前，较多体现了市场化行为的制度，其提供给中小企业上市机会，促进了证券市场的繁荣。

从中国 IPO 发行制度变迁的路径的梳理过程可以看出，政府作为制度的建设者和监管者，同时又充当了重要的市场参与者，制度因素长期影响着证券市场的供给，这必将影响市场参与各方的行为决策。所以说，研究中国 A 股市场 IPO 首日收益与后市收益必然要承载制度因素，才能保证研究结论的正确性。

3.1.2　IPO 定价和配置方式演变

Ritter 和 Welch（2002）指出发行方式的不同，将影响 IPO 的首日收益和后市收益。在全球范围内主要的发行定价方式有固定发行方式、竞价发行方式、累计投标发行方式三种。（1）固定发行方式的发行价格由发行人、承销商或是上级管理部门根据相应的标准确认，投资者不参与定价过程，体现为供给方定价方式。根据定价后是否具有配置权利，固定发行方式进一步划分为发行配售（承销商拥有配售权）与公开认购（承销商不拥有配售权），实践中较多地采用公开认购方式。（2）竞价发行方式也称为拍卖发行方式，由承销商对所有的有效申购根据价格从高到低进行累计，达到 IPO 发行数量的均为有效价位，获得该股申购权利。这一方式大大削弱了承销商的股票分配权。（3）累计投标方式又叫簿记投标方式，主承销商在初步确定股价区间后，通过路演方式，征集需求信息，建立簿记记录，并根据簿记确定最终发行价格。在累计投标方式下，承销商一般拥有股票分配权利，承销商有将发行股票配置给机构投资者的倾向。

在借鉴国际惯用定价方法的基础上，我国 A 股 IPO 发行定价方式和配置方式呈现出多样化，并经历了多次变革。比例配售、抽签配售、上网定价、上网竞价、上网询价的不断创新，呈现出调整频繁、兼具中国特色的定价与配置方式。

表 3 -1　　　　　　　　　　　　IPO 发行制度改革脉络

时期	试行阶段 (1993 年 3 月前)		审批制 (1993 年 4 月至 2001 年 3 月)	通道制 (2001 年 4 月至 2004 年 1 月)	保荐制 (2004 年 2 月至今)
监管部门	地方人民银行	人民银行	证监会	发行审核委员会	发行审核委员会
定价方式	固定定价		相对固定市盈率定价 (1996 ~ 1999 年) 放开市盈率定价 (1999 ~ 2000 年)	控制市盈率定价 (2001 ~ 2004 年)	市场询价 (2006 年至今)
配置方式	自办发行 (1980 ~ 1991 年) 固定价格、限量发行、抽签配置 (1991 ~ 1992 年) 无限量发行、与储蓄挂钩 (1993 ~ 1997 年)		无限量发行、与储蓄挂钩 (1993 ~ 1997 年) 上网竞价 (1994 ~ 1995 年) 全额预缴、比例配售 (1995 ~ 2004 年) 上网发行 法人配售 (1999 年) 上网发行 市值配售 (2000 ~ 2005 年)	上网发行 市值配售 (2000 ~ 2005 年)	上网发行 市值配售 (2000 ~ 2005 年) 网下询价、网上申购资金预缴 (2006 年 5 月至今)

资料来源：根据收集的资料整理获得。

结合我国发行制度的划分区间，具体来看（见表 3 - 1）：

（1）1991 ~ 1992 年，采用限量发行认购表，抽签配售方式。由于投资需求旺盛，市场供给严重不足，出现了投资者排队抢购，加之内部截留、营私舞弊的不正当行为，最终导致深圳"8·10"事件发生。

（2）1993 年起实行无限量发行与银行储蓄挂钩的方式，摇号中签配售。这一方法避免了市场抢购风潮，杜绝了内部违规行为，同时还鼓励了储户存款。但是这种配售方式，有利于资金雄厚的储户，导致了高价转售中签资格盛行，1998 年之后被摒弃。

（3）1994 ~ 1995 年我国短时间内试行了上网竞价方式。四家企业（哈岁宝、青海三普、厦华电子、琼金盘）试行了该方法。其中三家破发，一家

（琼金盘）由承销商包销 52.3%。由于上网竞价发行透明度差，投机性强，发行方式不可控因素过多，适合市场化程度高和监管严格的证券市场，在我国股票市场供需失衡、市场化程度受限的条件下，投资者和券商均承担很大风险，最终经短暂的试行后，不得不终止。

（4）1995 年 10 月 20 日证监会下发《关于股票发行与认购办法的意见》的通知，股票发行可继续采用与储蓄存款挂钩方式，推荐采用上网定价。上网定价方式采用"全额预缴、比例配售、余额退还"方式，投资者在申购委托前，将申购款全额预存到与该次发行联网的证券营业部指定账户，在上网认购期内，以固定价格，按委托买入股票的方式，填写委托单，根据申购金额与发行规模的比例进行相应的配售。此后上网定价成为 IPO 市场的主要方式，但是因为一级市场高收益性，使得大量资金囤积一级市场，形成了一级市场打新股，二级市场套利的现象。

（5）1999 年 7 月 28 日，证监会下发《关于进一步完善股票发行方式的通知》，为了增加向机构配售，削减大盘股对二级市场的冲击，特别提出：股本在 4 亿元以上的企业上市发行，可采用"上网发行和法人配售"相结合的方式。2000 年 4 月，取消了 4 亿元的额度限制，企业发行股票均可向法人配售。该方式赋予发行方和承销商一定的股票分配权利，机构投资者以法人身份介入 IPO 的定价过程，较为适合大盘股发行定价，但是对于小盘股容易造成市盈率偏高，增加市场非理性行为，2000 年的闽东电力就是很好的例子。

（6）2000 年 2 月 13 日，证监会下发《关于向二级市场投资者配售 IPO 有关问题的通知》，试图改善 IPO 申购对个人投资者的公平性，试行将部分上网发行改为二级市场配售，即"上网定价与市值配售"相结合的方式。采用自愿申购 IPO 的原则，根据投资者持有上市流通证券的市值，按 10 000 市值限购 1 000 股，折算其相应的申购限量。2002 年 6 月为了进一步照顾中小投资者的利益，均衡一级市场与二级市场资金配置，二级市场配售比例放大至 100%，即只有二级市场投资者才能参与一级市场股票投资。然而事与愿违，市场资金并未由此进入二级市场，反而大量资金流出了市场，保证金存量由 2001 年 7 000 亿元下降到 2004 年底不足 2 600 亿元。

（7）2006 年 5 月 17 日，证监会颁布 32 号令《首次公开发行股票并上市管理办法》，废除了市值配售方式，改用"网下询价配售与网上申购资金"相结合的发行方式。该方案的实施，体现了投资者的主动需求，投资者根据发行价格和数量自主决定是否参与该 IPO 申购，能够体现投资者的投资意愿，发挥市场的机制作用。同时也降低了市值配售下认购漏缴的承销风险，是我国使用较为长期的定价与配置方式。

（8）2009 年 6 月 11 日，证监会制定了《关于进一步改革和完善 IPO 发行体制的指导意见》，完善网下询价配售与网上申购资金机制，规定网上、网下不能同时申购，若出现二者同时申购，网上申购视为无效，并对单个账户设置了上限。这一政策体现了 IPO 配置更加偏向个人投资者，减少了大资金客户和机构客户对 IPO 申购的垄断优势。

3.1.3　A 股市场发展评价

在中国证券市场发展的过程中，就市场制度引发的各种批评和指责声不断。与发达国家成熟市场相比较，我国证券市场的确存在诸多问题和制度缺陷，但是将一个"新兴 + 转轨"的欠发达证券市场与成熟市场作比较，是片面的。现实的研究中多将中国 A 股市场与欧美发达市场国家比较，这固然可以看出 A 股市场的不足之处，但是无法客观评价 A 股市场发展历程和发展水平。

为了从历史发展的角度合理评价中国股票市场的发展水平，本文选择股市建立时间相近、制度转轨制相同的一些国家进行动态跟踪比较。经过筛选，本文选取了 20 世纪 90 年代转轨制国家建立的新兴股票市场作为匹配样本加以比较，具体包括捷克、爱沙尼亚、匈牙利、波兰、俄罗斯、斯洛伐克以及乌克兰七国。

评价证券市场发展水平的指标较多，如果选择单一性指标较容易产生片面和偏激的结论，有失客观性和公允性。所以本文选择股票市场发展规模和市场活动性两方面的四个指标展开比较与分析。

1. 股票市场发展规模。股票市场具备一定的规模，以及一定的扩张速度才能更好地为融资企业和投资者提供服务，因此股票市场发展规模是证券市场发展的重要衡量指标之一。

现有的研究常选用市场资本化率（市值/GDP）和上市公司数量指标对股票市场发展规模进行刻画。其中，市场资本化率指标是指一国国内股票市价总值与国内生产总值比值的百分数。上市公司数量是指截至该自然年年末，证券市场发行上市公司总数。虽然股票市场的规模并不能直接表示市场的运行效率，但是该指标能从一定程度上反映出以下的经济联系：市场规模越大，资本转移和风险分散能力越强（Levine 和 Zervos，1998）。

表 3 - 2			证券市场规模指标：市值/GDP				单位：%	
年份	中国	捷克	爱沙尼亚	匈牙利	波兰	俄罗斯	斯洛伐克	乌克兰
1991	0.5	/	/	1.5	0.2	0.0	/	/
1992	4.3	/	/	1.5	0.3	0.0	/	/
1993	9.2	/	/	2.1	3.2	0.0	/	/
1994	7.8	14.5	/	3.9	3.1	0.0	5.5	/
1995	5.8	28.3	/	5.4	3.3	4.0	4.9	/
1996	13.3	29.2	/	11.7	5.4	9.5	8.0	/
1997	21.7	22.4	21.8	32.8	7.7	31.7	6.8	7.3
1998	22.7	19.5	9.3	29.8	11.8	7.6	3.3	1.4
1999	30.5	19.6	31.4	34	17.6	36.9	3.5	3.5
2000	48.5	19.4	32.5	25.1	18.3	15.0	4.2	6.0
2001	39.5	15.1	23.8	19.5	13.7	24.9	5.1	3.6
2002	31.9	21.1	33.2	19.7	14.5	36.0	5.5	7.4
2003	41.5	19.3	38.5	19.8	17.1	53.6	6.1	8.6
2004	33.1	28.2	51.6	28.1	28.1	45.3	7.9	18.2
2005	34.6	30.8	25.1	29.6	30.9	71.8	7.2	29.0
2006	89.4	34.1	35.9	37.2	43.6	106.8	8.1	39.8
2007	178	42.1	28.2	34.6	48.7	115.6	8.3	78.3
2008	61.8	22.6	8.3	12.0	17.0	23.9	5.2	13.5
2009	100	27.7	13.9	22.0	31.4	70.5	5.2	14.3
2010	81.0	22.4	12.1	21.2	40.6	67.9	4.7	28.6

注：市值是股票价格乘以已发行股票的数量。数据表示截至年末在国内注册成立的公司在该国股票交易所挂牌的数量，不包括投资公司、共同基金或其他集体投资工具。"/"表示该项数据缺失。

资料来源：World Development Indicators Database；http：//data. worldbank. org. cn。

从八国证券市场资本化率指标的同期比较来看（见表 3 - 2），中国证券市场的资本化率指标绝大多数年度处于前 2 位水平，仅有两年处于第三位。在1996 年之前，捷克证券市场资本化率高于中国，这是因为其完成大规模私有化的公司集中在布拉格证券交易所上市导致；2002 年后一些年度，俄罗斯市场资本化率高于中国，这是因为俄罗斯的私有化和国际石油价格高涨导致。Pistor 和 Xu（2004）曾指出，采用激进转轨制的国家，其证券市场资本化率水平容易产生高估，夸大证券市场规模，而且规模增速往往无法保持快速稳定增长。俄罗斯市值/GDP 的比值确实在 2002～2007 年曾出现过快速的增长期，但

2008 年起开始显著下降。所以从纵向发展来看，中国资本市场的发展相比更为平稳，且保持了较高增速，从市值/GDP 比值指标看，中国 A 股证券市场的增长具有长期的可持续性。

表 3 - 3　　　　　　证券市场规模指标：上市公司总数　　　　单位：家

年份	中国	捷克	爱沙尼亚	匈牙利	波兰	俄罗斯	斯洛伐克	乌克兰
1991	14	/	/	21	9	13	/	/
1992	52	/	/	23	16	26	/	/
1993	183	/	/	28	22	51	/	/
1994	291	1 024	/	40	44	72	18	/
1995	323	1 635	/	42	65	170	18	/
1996	540	1 588	/	45	83	73	816	/
1997	743	276	22	49	143	208	872	/
1998	852	261	26	55	198	237	837	125
1999	950	164	25	66	221	207	845	125
2000	1 086	131	23	60	225	249	838	139
2001	1 154	94	17	57	230	236	844	286
2002	1 235	78	14	48	216	196	354	184
2003	1 296	63	14	49	203	214	306	149
2004	1 384	54	13	47	225	215	258	155
2005	1 387	36	15	44	248	196	209	221
2006	1 440	29	16	41	267	309	173	249
2007	1 530	32	18	41	328	328	153	276
2008	1 604	28	18	41	349	314	120	251
2009	1 700	16	16	43	354	279	107	288
2010	2 063	16	15	48	569	345	90	183

注：上市公司总数是指截至年末在国内注册成立的公司在该国股票交易所挂牌的数量。此项指标不包括投资公司、共同基金或其他集体投资工具。"/"表示该项数据缺失。

资料来源：World Development Indicators Database；http：//data. worldbank. org. cn。

从八国证券市场上市公司数量指标比较来看（见表 3 - 3），只有捷克股市成立早期的上市公司数量高于我国，其他国家上市公司数量均少于中国，因为各国股市成立时间存在差异，所以比较年均上市公司数量更为合理。

中国的年均上市公司数量最高为 991 家，其次是斯洛伐克为 403 家，中国是其上市公司数量的两倍多。就年平均增速来看，中国为 42.4%，低于斯洛伐克 266%，位居第二。不过斯洛伐克是因为 1996 年上市公司大幅增加 4 433% 所致，此后年份的增长率多为负数，中国证券市场则始终保持了稳定的持续增长速度，捷克早期的上市公司数量虽然大于中国，但是后期却出现了上市公司负增长现象。

所以说，无论从市场资本化率指标还是上市公司数量指标的评价来讲，中国证券市场的市场规模和发展增速均优于其他"新兴＋转轨"国家证券市场。

2. 市场活动性。即使市场的规模再大，如果市场活动能力较差，也不利于股票价值的发现和证券市场的健康持续发展。

从理论上讲，市场活动性指标反映了市场资源配置能力和市场反应速度，另一方面过于激进的市场活动性也表明市场投机严重，市场风险居高不下，不利于市场的稳定与发展（Allen et al.，2004）。

表 3－4　　　　　证券市场活动性指标：总成交金额/GDP　　　　　单位：%

年份	中国	捷克	爱沙尼亚	匈牙利	波兰	俄罗斯	斯洛伐克	乌克兰
1991	0.2	/	/	0.3	0.0	/	/	/
1992	4.0	/	/	0.1	0.2	/	/	/
1993	9.9	/	/	0.3	2.5	/	/	/
1994	17.4	3.2	/	0.7	5.2	0.1	0.6	/
1995	6.8	6.6	/	0.8	2.0	0.1	3.3	/
1996	29.9	13.6	/	3.6	3.5	0.8	8.5	/
1997	38.8	12.4	29.4	16.3	5.1	4.0	8.0	/
1998	27.9	7.8	16.5	34.1	5.2	3.9	3.5	0.2
1999	34.8	6.8	5.0	30.0	6.6	1.4	1.6	0.4
2000	60.2	11.6	5.7	25.4	8.5	7.8	3.1	0.9
2001	33.9	5.4	3.5	9.1	3.9	7.5	3.2	0.6
2002	22.9	8.4	3.3	8.9	2.9	10.5	2.3	0.3
2003	29.1	9.6	5.7	9.8	3.9	18.8	1.5	0.2
2004	38.7	16.1	6.9	12.7	6.6	22.1	1.2	0.3
2005	26.0	33	17.8	21.7	9.9	20.9	0.1	0.8
2006	60.3	23.1	5.9	27.6	16.1	52.0	0.1	1.1
2007	223.0	24.1	9.8	34.4	19.9	58.1	0.0	1.4
2008	121.0	19.9	3.3	19.8	12.8	33.9	0.0	1.4
2009	179.4	10.8	2.0	20.1	13.0	55.9	0.2	0.5
2010	136.6	7.3	1.7	20.3	16.5	54.0	0.2	1.5

注："/"表示该项数据缺失。

资料来源：World Development Indicators Database；http：//data. worldbank. org. cn。

表 3-5　　　　　　证券市场活动性指标：股票周转率　　　单位：%

年份	中国	捷克	爱沙尼亚	匈牙利	波兰	俄罗斯	斯洛伐克	乌克兰
1991	/	/	/	/	/	/	/	/
1992	164.4	/	/	7.1	91.3	/	/	/
1993	147.4	/	/	14.4	148	/	/	/
1994	231.9	/	/	22.4	178	317.2	/	/
1995	116.4	33.6	/	17.8	72.7	5.8	71.6	/
1996	328.6	50.0	/	42.8	85.5	11.1	135.9	/
1997	230.9	45.8	/	73.8	77.5	19.6	107.5	/
1998	130.1	38.7	113.8	110.6	54.7	14.1	74.0	4.4
1999	134.2	34.6	24.7	94.9	44.6	6.1	46.8	14.7
2000	158.3	57.7	18.0	85.8	48.1	36.6	78.7	19.2
2001	81.3	32.9	13.2	43.0	25.9	39.8	69.6	13.9
2002	67.5	48.2	12.3	50.6	21.3	36.1	45.6	5.7
2003	83.3	52.4	18.1	55.6	25.8	45.6	28.4	2.8
2004	113.3	72.8	16.6	57.3	30.6	52.5	18.2	2.5
2005	82.5	118.4	51.1	78.0	36.3	39.0	1.6	3.6
2006	102	75.6	20.5	83.7	45.3	64.1	1.8	3.5
2007	180.1	68.7	34.9	106	47.5	58.9	0.5	2.6
2008	121.3	70.4	19.6	93.0	45.7	59.2	0.4	3.7
2009	229.6	40.6	16.2	110.7	49.5	108.5	3.6	2.9
2010	164.4	29.4	13.1	94.5	47.6	85.7	3.9	7.5

注：周转率是一定时期内股票交易总额除以该时期上市公司平均市值的结果；平均市值是当前时期期末市值与上个周期期末市值的平均值。"/"表示该项数据缺失。

资料来源：World Development Indicators Database；http://data.worldbank.org.cn。

市场活动性指标一般可用成交金额与国内生产总值的比率指标和市场周转率指标加以衡量。其中，"总成交金额/GDP 指标"，从交易总量角度来刻画市场活动能力。市场周转率指标，从市场交易成本角度和市场投机活跃程度角度来反映市场交易频率。

从"总成交金额/GDP"指标和周转率指标来看（见表 3-4 和表 3-5），中国证券市场的市场活动性指标，除了个别年度低于个别国家外，85% 的时间内，市场的活动性指标显著优于其他新兴市场。这说明我国证券市场的市场流动性和活跃度均优于其他转轨制国家，然而过高的周转率也表明我国市场的投机行为盛行，市场风险较高。

综上四项指标的比较来看，中国证券市场无论从单一测度还是综合评价，无论从横向比较还是纵向发展，均处于"新兴 + 转轨"国家证券市场领先地位，发展速度和发展水平均是其他转轨制国家无法比拟的。虽然中国证券市场制度历经频繁改革和诸多的批评，但是成绩是不容忽视的。因而对于中国证券市场的发展与市场制度的评价，应当辩证、客观且兼顾时代和制度的特殊性。这也从某种角度上说明，中国证券市场制度是市场内生性需求的表现，在当期市场边界的约束条件下，获得如此的快速成长与规模扩容，很可能存在着某种特殊的制度安排对其产生作用。

3.2 A 股市场 IPO 发行周期

3.2.1 IPO 发行市场概况

1. 发行规模。从我国股市成立到 2011 年 5 月，2 179 家企业选择在 A 股市场上市发行股票，经整理剔除数据严重缺失样本，共获得有效数据 2 070 个，样本总体募集资金总额达到 20 187.65 亿元（见图 3 -1 和表 3 -6），平均每月发行 10.53 家。从试行期间、审批制期、通道制期、保荐制期各分区间来看，各阶段 IPO 发行数量分别为 49 家、967 家、195 家和 968 家，月度发行家数最多为 48 家。

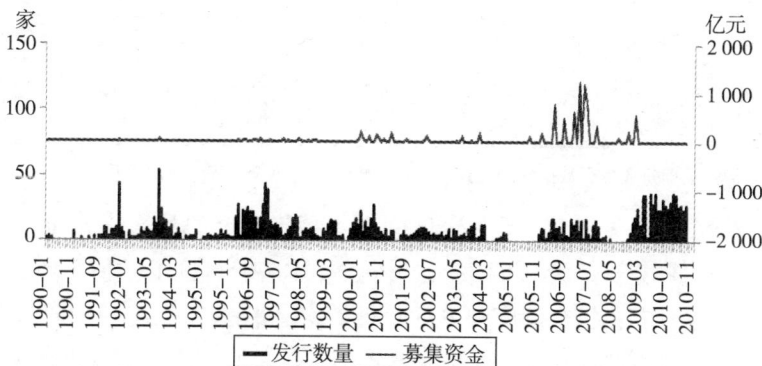

资料来源：根据 CSMAR 和 Wind 数据库获得原始数据，统计整理得到。

图 3 -1 1990 年 1 月至 2010 年 11 月中国 A 股市场 IPO 发行规模和发行额度

从IPO发行数量的历史发展角度（见表3－6）来看，月均发行家数整体呈现稳步增加趋势，但是在通道制期间，有明显回调，月均发行仅为5.74家。这与通道制区间时间较短和通道限制等因素有关，其共同导致了IPO发行数量的下降。审批制和保荐制阶段发行家数均值较高。其中，审批制发行聚簇现象的集中度更高。这主要是因为国有企业集中上市和行政审批制度下，集中审批行为所致。例如，1994年1月3日和1994年2月24日单日上市企业分别为10只和11只。保荐制阶段，发行密度较高主要受到了行政管理弱化，中小企业板块和创业板的发行数量快速增加的影响。

表3－6　1990年12月至2011年5月中国A股发行规模与发行家数统计

参数	时间段	均值	中位数	最大值	最小值	标准差
月度 发行家数 （家）	全区间	10.53	8	48	0	8.885
	试行期间	3.06	2	8	0	2.380
	审批制期	10.21	8	48	0	8.290
	通道制期	5.74	5	13	0	2.655
	保荐制期	14.89	12	37	0	10.484
每月 募集金额 （亿元）	全区间	98.63	29.95	892.88	0.00	160.689
	试行期间	1.58	0.77	6.17	0.05	1.773
	审批制期	24.49	19.37	179.63	0.00	26.263
	通道制期	43.31	29.03	214.58	3.95	43.474
	保荐制期	243.85	222.87	892.88	0.00	218.466
每只平均 募集金额 （亿元）	全区间	9.84	3.93	223.14	0.05	20.530
	试行期间	0.48	0.52	0.88	0.05	0.282
	审批制期	2.72	2.24	8.37	0.37	1.752
	通道制期	7.73	5.60	31.09	0.72	7.100
	保荐制期	22.54	12.09	223.14	1.71	32.684

资料来源：根据每股发行数据整理得到。其中平均每股募集金额剔除了缺失数据。

从IPO发行募集资金来看，全区间样本募集资金的月均值为98.63亿元，单只IPO平均募集资金为9.84亿元，不过样本各分区间的数值差距较大：保荐制期间的单月募集资金额度和单只股票平均募集额度分别是试行阶段的154倍和46倍，审批制阶段的9.96倍和8.3倍。从单股募集资金额度的增长率来看，审批制比试行阶段增长了466%，通道制比审批制增长了184%，保荐制比通道制增长了192%。这说明在A股市场发展的20多年间，中国A股市场的市场容量和融资规模呈现了快速递增的走势，体现了中国A股证券市场作为新兴证券市场的快速成长性。

随着保荐制实施，中小企业板块和创业板块的相继开通，A 股市场 IPO 标的更加丰富，企业自主融资决策功能开始初步显现，单股融资规模的样本离差也明显增加。保荐制的推行也显示出政府对上市企业隐性担保的弱化，相比其他制度区间，A 股市场 IPO 首日收益率出现了显著下滑，甚至在 2010 年后出现 IPO 发行大规模破发现象。具体来看，自 2010 年 1 月 28 日中国西电首日发行跌破发行价以来，A 股市场首日跌破发行价的 IPO 越来越多，2010 年 1 月 1 日起至 2011 年 6 月 22 日，共计发行 510 只新股，新股首日股价平均跌幅为 7%，IPO 上市首日破发规模达到 88 只，占比 2010 年后 IPO 发行总量的 17.3%，虽然导致 IPO 发行破发的因素复杂，但发行制度对新股破发的影响是不容忽视的。

2. 市场发行周期。从我国 A 股市场成立至 2011 年 5 月底，共计有 246 个发行月，有 39 个月 IPO 发行量为 0。其中，因行政关停造成零发行的有 36 个月，占发行空挡期的 92.3%。由此可见，行政关停对我国 A 股 IPO 发行市场的影响较大，本文收集整理了管理当局对 IPO 市场关停的相关资料，对具体的关停原因和对 IPO 发行周期的影响进行阐述与分析（见表 3 - 7）。

表 3 - 7　　　　　　　　行政关停 A 股 IPO 发行原因的统计

关停期间	关停理由	对市场周期的影响
1994 年 7 月 21 日至 1994 年 12 月 7 日	股市暴跌	继续下跌直至 1995 年 2 月，大盘继续下挫 100 点
1995 年 1 月 19 日至 1995 年 6 月 9 日	股市多次巨幅波动	继续下跌直至 1995 年 7 月，大盘继续下挫 100 点
1995 年 7 月 5 日至 1996 年 1 月 3 日	股市暴跌	继续低位徘徊，直至 1996 年 4 月
2004 年 8 月 26 日至 2005 年 1 月 23 日	股市暴跌	反弹 2 个月，上涨 120 点，随后继续下探
2005 年 5 月 25 日至 2006 年 6 月 2 日	股市暴跌	继续下挫近 200 点，直至 2006 年 8 月
2008 年 9 月 16 日至 2009 年 6 月 17 日	股市暴跌	大幅震荡，位于 2 400~3 200 点波动

资料来源：根据历史资料和股指波动整理得到。

从表 3 - 7 可见，这 36 个月行政关停是分 6 次进行的，每次关闭时长在半年左右，最长持续期为一年。从触发行政关停 A 股 IPO 的原因来看，均是由于股市大幅下挫或是市场大幅频繁波动。一般来讲，证券市场广度越宽、深度越大，市场抗冲击力越强，市场自我调节能力也越强，需要政府参与市场的行为越少。所以说，快速的市场自我修正能力是一国股市成熟度的重要指标，A

股市场频繁巨幅波动恰恰说明中国证券市场是欠发达的，市场成熟度不佳，对政府调节市场行为有一定的需求。由此来看，政府参与股市调节行为是从稳定市场、避免市场情绪的大起大落、维护社会稳定的全局目标出发。

检验行政参与是否严重扭曲市场机制，可观察行政指令启停 IPO 发行前后市场走势变化。从本文收集资料来看，6 次行政关停中的 5 次，证券市场重启后均延续了关停前市场自身的走势，市场周期并未因行政关停指令的出现而发生显著的转变。6 次行政关停中的另一次是 2004 年 8 月至 2005 年 1 月的关停，启停后的 A 股市场曾出现过 2 个月的短期反弹，不过反弹幅度非常有限，随后进入较长的下降通道。由此可见，行政关停行为并未改变市场自身的走势，仅仅是使用行政手段满足市场和社会安定的目标，所以对于行政关停期间的 A 股市场新股发行家数和资金规模，可按照市场发行规模为零进行相应的处理。

因此，本文有理由相信，在我国 IPO 市场的 6 次关停中，行政关停对股市周期的影响主要表现为对投资者心理冲击的平复作用，并未改变市场方向。行政关停操作后延续了行政关停之前的市场趋势，可以考虑为市场自身的调节过程，将该月发行数量视做零。对行政关停期间的发行数量进行零处理后，我们可以获得连续的市场规模曲线，这是本文后续展开 IPO 发行市场周期研究的基础。

3. 2. 2　IPO 发行市场周期特征及原因分解

1962 年美国股市危机后，证监会（SEC，1963）发布报告指出，在美国 1952 ~ 1962 年完成 IPO 上市的企业中，有 29% 发生倒闭，58% 企业被分拆，5% 企业被兼并。Brown（1970）受这份报告的启发，根据美国商务部的股票市场景气指数，考察 1948 ~ 1955 年美国 IPO 发行市场后得出结论：上市企业破产率的确存在一定的周期性，并将上市后破产概率较高区间称为接受期（Receptive Period）、破产概率较低区间称为排斥期（Unreceptive Period）。从此之后，研究者开始关注市场周期对 IPO 收益和破产的影响。

Ibbotson 和 Jaffe（1975）观察 20 世纪 60 年代（1959 ~ 1961 年和1968 ~ 1969 年）的 IPO 市场发现，随着证券市场发行家数的增加，IPO 首日收益率将更高。Ritter（1984）研究 1980 年美国 IPO 市场时，使用热季周期和冷季周期表达接受期和排斥期的含义，并指出热季周期市场的发行规模与首日超额收益相联系，认为这是由于自然资源股票的集中发行导致的。从此之后，研究者开始习惯使用"热季"（Hot Issue）一词来代表新股发行聚簇和 IPO 较高首日超额收益并存的现象，并更为广泛地接纳了热季周期与冷季周期的提法。

随后的研究又发现（Ritter，1995；Brav，Geczy 和 Gompers，2000），IPO

发行热季周期还表现出比其他周期更加显著的长期收益的弱势现象。由此可见，"热季"一词同时表达了热季周期的 IPO 首日收益偏高现象、长期收益偏低现象，以及 IPO 发行市场的群聚现象。更为关键的是，热季现象并非某一个证券市场特有个例现象，而是在各个国家均存在的普遍现象（Ibbotson，Sindelar 和 Ritter，1994；Lowry 和 Schwert，2000；Helwege 和 Liang，2004）。

学者们试图找出热季周期的规律性，Lee 和 Henderson 认为，经济周期的变化对 IPO 市场发行规模存在显著影响，但又不与市场经济周期完全同步，不能用市场投资和市场资金需求增加来解释发行热季现象。Lowry（2002）指出，热季周期市场还具有延续性的特征，如果当期市场 IPO 首日收益升高，那么下一时期的市场发行规模将趋于更大。Boehmer 和 Ljungqvist（2004）发现，鉴于热季周期股票获得的估值更高，市场购买需求更旺盛，所以拟上市企业选择热季周期上市，发行成功的可能性较大，上市时机成为拟上市公司考虑的重要因素之一。

综上所述，IPO 热季周期是指在 IPO 发行市场中，IPO 发行首日收益相比其他区间更高，长期收益弱势现象表现更显著，且发行数量和发行规模显著增加的一段时间区间。冷季周期与热季周期相对，该时期 IPO 上市首日收益率相对较低，甚至为负，新股后市收益弱势现象弱于热季周期发行的新股，该周期发行上市公司数量和规模均显著下降。

为了解释这一异象，研究者们经历了多方尝试，通过文献收集与整理，现有的理论解释大约有如下四种：

1. 经典资本市场理论。可惜的是，经典资本市场理论假定市场是完全竞争的，一旦出现市场不均衡，即套利机会，就会被市场趋之若鹜的套利行为快速抹平，使市场价格回归到均衡位置。在经典理论中，投资者是理性的，投资决策是最优的。所以投资者了解上市企业的内在价值，其根据市场价格对内在价值的偏离作出相应投资决策，或是买入，或是卖出，市场并不会出现追涨杀跌的行为，自然就不会出现股票收益的显著左偏走势，或是显著右偏走势。该理论下，企业融资行为也是理性的，其融资决策是经投资预算和融资成本综合考虑后作出的，企业按需融资，并不会一味地追求融资规模最大化，所以企业融资行为不会存在显著的逆经济周期和逆行业发展周期的热季周期或冷季周期。不幸的是，现实市场中投资者非理性行为和企业集中上市融资行为真实存在，并且普遍和长期的存在。

2. 有效市场假说（Fama，1970）。从弱有效、半强有效市场角度加以解释，掌握信息优势的投资者可以获得超额收益，因为具有信息优势的投资者是理性的，拥有完全投资分析能力，是市场的主导因素。信息优势投资者主导市场是通过市场选择完成的，市场将摒弃非理性的投资者，直到无套利市场均衡出现为止，这一过程中价格逐步趋于内在价值。鉴于该理论下，发行方拥有信息优势，所以其在非有效市场中发行股票，任何时机均可获得超额收益，也不会存在市场冷季、热季周期的差别。

3. 新兴行业理论（Maksimovic 和 Pichler，1998；Stoughton、Wang 和 Zechner，2001；Benveniste、Busaba 和 Wilhelm，2002）。该理论指出，当一个新行业出现，通过领先企业的上市使得领域的产品和价值被公众所接受，随后该行业中较多的企业出现跟随所导致的发行群聚现象。2000 年左右的互联网泡沫似乎可以验证这一理论，但是市场的热季周期并非仅出现在新行业蓬勃发展的阶段，而是以一定的周期规律交替出现的，显然这一理论缺乏普遍适用性。

4. 窗口机会理论（The Windows of Opportunity Hypothesis）。该理论指出，IPO 市场存在显著的热季周期与冷季周期交替现象，热季周期区间内投资者投资情绪高亢，以乐观预期为主导，促使企业上市发行的"机会窗口期"出现，如果企业在该周期区间内上市发行，由于投资者对未来的预期非常乐观，市场需求规模将会显著增加，大大提升企业上市成功概率，而且发行企业能够获得高于企业内在价值的市场估值。所以当企业选择"机会窗口期"进行 IPO 发行时，由于发行窗口期受到投资热情高涨的影响较为明显，随着高亢的投资情绪逐步消退，IPO 上市后的股票价格也随之回落，IPO 后市收益弱势异象产生。事实上，IPO 后市弱势异象并不仅仅存在于热季发行周期，在冷季发行周期也同样存在（Ritter，1991），所以该理论应用受到了限制。

无论热季周期现象能否被合理解释，在现实世界中，新股发行的热季周期现象确实存在，而且显著影响了股票收益。所以有必要对 A 股市场 IPO 热季周期进行分析。

3.2.3 马尔科夫区间转换模型下的 IPO 热季周期

传统的对 IPO 市场周期的描述，根据 IPO 发行数量、首日平均收益状况，以及针对发行额度总量等，通过 χ^2 检验、残值平方和检验对 IPO 市场进行检验。但是 χ^2 检验需要事先知道转换点，至少可以进行事先猜测，否则该测试方法失效（Gujarati，1995）。残差平方和方法适合研究时间序列的状态转变，但是如果时间序列存在多个转换状态，则需要传统的残差和统计方法协助。所以本文在此不选择以上的分析方法。

本文选用马尔科夫区间转换模型能有效避免传统方法的弱点。同时采用动态比较分析方法，使用上证 A 股指数（000002）和深证 A 股指数（399002）

分别作为首日收益率调整的匹配样本。其中，沪市上市企业选用上证 A 股指数，深市上市企业选用深证 A 股指数，分别考量我国的 IPO 发行市场首日收益率相关状况。

1. 参数选择。在此我们选择三个参数，对我国 IPO 市场发行周期进行刻画，并以月度数据作为基准，三个参数分别是每月相对发行数量（NOIPO）、IPO 价值权重的首日收益（VWUP）、市场活动参数（VUP）。

NOIPO 表示每月发行数量规模与整个市场周期发行数量规模总和的比率（例如：Ibbotson 等，1994；Loughran 等，1994），该参数反映了市场发行数量的密度分布状况，如式（3.1）。

$$NOIPO = \frac{(NUM)_t}{\sum_{t=1}^{246} (NUM)_t} \times 100 \qquad (3.1)$$

其中，$t = 1$，2，…，246，表示从 1990 年 12 月到 2011 年 5 月的月份数；$i = 1$，2，…，N，表示第 t 个月第 i 家 IPO 企业；$(NUM)_t$ 表示第 t 个月 IPO 发行家数。

VWUP 表示当期通过价值权重调整的首日收益占本月度发行规模的相对值，使用价值权重法，能够更好地体现各股首日收益率对当月平均首日收益率的影响，避免算术平均测度方法造成的"小盘低价股"首日波动过大对市场整体平均收益过强的影响（Ibbotson 和 Ritter，1995），如式（3.2）。

$$VWUP_t = \frac{\sum_{i=1}^{N} (proceeds)_{i,t} \times (IPO\ adjusted\ return)_{i,t}}{\sum_{i=1}^{N} (proceeds)_{i,t}} \times 100 \qquad (3.2)$$

其中，$t = 1$，2，…，246，$(proceeds)_{i,t}$ 表示第 t 个月第 i 家公司发行股票数量；$i = 1$，2，…，N，表示第 t 个月第 i 家 IPO 企业；P_0、P_1 分别表示股票的发行价和上市首日收盘价，I_0、I_1 分别表示该股招股日、上市首日所对应的股票市场股指，$(IPO\ adjusted\ return)_{(i,t)} = [(P_1 - P_0)/P_0 - (I_1 - I_0)/I_0]$。

IPO 市场活动性比率（VUP），使用价值权重的月度首日收益在全样本的占比表示，评价该月在整个周期的重要程度，表示该月市场活动性。该参数可以更加贴切地描述特定月份下，该月首日收益状况对整个数据周期的影响（Loughran 和 Ritter，2000），如式（3.3）。

$$VUP_t = \frac{\sum_{i=1}^{N} (proceeds)_{i,t} \times (IPO\ adjusted\ return)_{i,t}}{\sum_{t=1}^{T} \sum_{i=1}^{N} (proceeds)_{i,t} \times (IPO\ adjusted\ return)_{i,t}} \times 100 \qquad (3.3)$$

从三个参数的统计可以看出（见表3-8），*NOIPO* 的上边界为2.29%，均值为0.408%，最大值是均值的5.6倍，发行数量表现出较大的波动性。*VWUP* 均值111.6%小于算术平均231.9%（见第3章统计），说明使用价值权重法均衡小盘股的超额首日收益是有意义的。*VWUP* 最大值是均值的15.6倍，*VWUP* 边界从 -38.4% 到 1 745.9%，最大值是均值的15.6倍。

表3-8   **IPO 发行周期参数统计**

参数	均值	中位数	最大值	最小值	标准差
NOIPO	0.408	0.303	2.291	0.000	0.419
VWUP	111.585	66.815	1 745.887	-38.438	209.559
VUP	• 0.408	0.244	6.386	-0.141	0.767

资料来源：1990年12月至2011年5月中国A股市场每股IPO数据整理获得，共涉及2 179个样本；对于行政暂停月度数据以0补齐。

从三个参数月度走势图可见（见图3-2），*NOIPO* 参数具有明显的阶段波动性，但是 *VWUP*、*VUP* 波动性具有前显著、后平缓的特征，在证券市场成立早期两参数波动性显著较大，后续区间波动性较平稳。这可以说明我国证券市场成立初期IPO发行首日收益率高，后期两参数的波动率显著下降，但是却不能说明我国IPO首日收益率较低。这是因为从我国的IPO发行首日收益率来看，截至2011年，我国IPO上市首日收益年度均值最低在40%以上，显著高于其他国家证券市场IPO上市首日收益。所以后期市场收益率表现与证券市场成立早期超高首日收益相比，显得微不足道，存在A股市场成立早期的异常超高首日收益率抑制后期数据的可能性，对此在下文将进行进一步的分析。

2. 模型构造。对于IPO发行市场周期我们定义两个状态，热季状态 $state_0$ 和冷季状态 $state_1$。因此区间参数 S_t，当市场处于冷季周期其取值趋向于1，反之，当市场处于热季周期，其取值趋向于0。假定该期市场处于热季（或冷季）周期，而下一阶段依然处于热季（或冷季）周期的概率为 q（或 p），那么下一时点，市场将会从热季周期转向冷季周期的概率为 $1-q$，而市场从冷季周期转向热季周期的概率为 $1-p$。状态变量是不可预知的，而且是与时间无关的。对于每种状态，各观察值是符合正态分布密度函数的，其均值分别为 a_1 和 a_2，标准差为 σ_1 和 σ_2，因此在热季周期下，对IPO市场描述的概率分布均值为 a_1，标准差为 σ_2；冷季周期下，对IPO市场描述的概率分布均值为 a_2，标准差为 σ_1。

使用 Y_t 表示IPO市场行为，那么，

$$Y_t = a_1(1-S_t) + a_2 S_t + [(\sigma_1(1-S_t)) + \sigma_2 S_t]\varepsilon_t \tag{3.4}$$

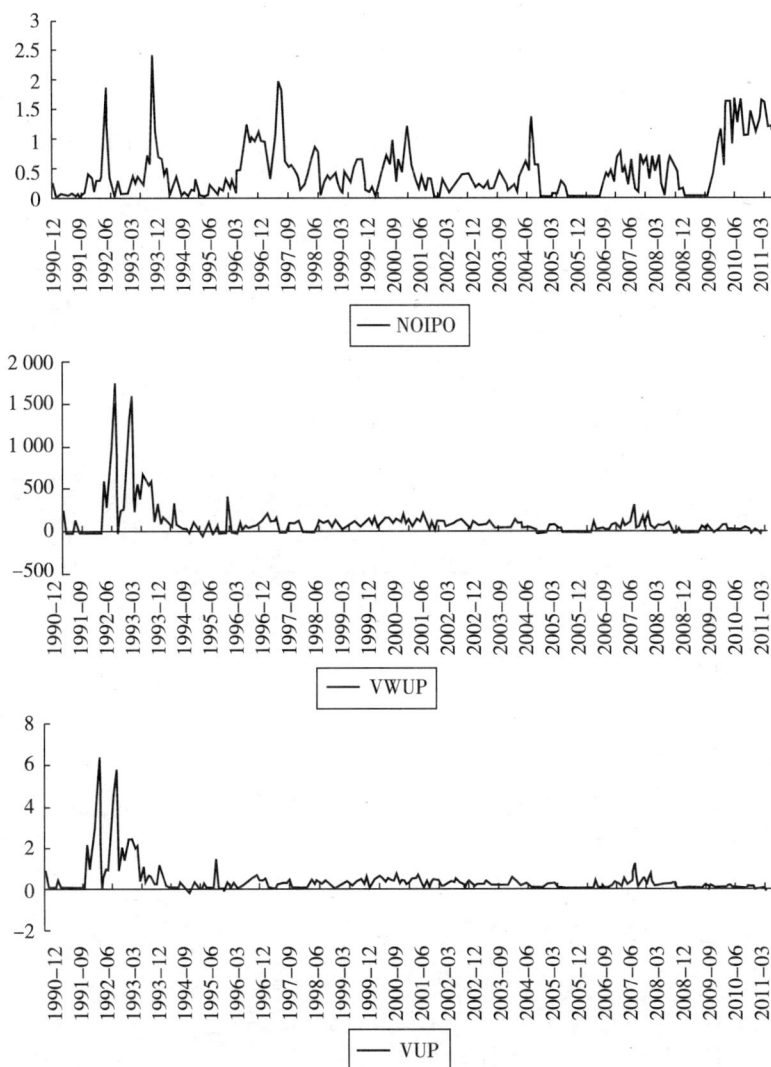

图 3-2　A 股市场 IPO 发行周期各参数月度统计

其中 S_t 是一个冷、热周期的二进制状态变量，服从一阶马尔科夫链方程：

$$P_b(S_{t+1} = 0 \mid S_t = 0) = q$$

$$P_b(S_{t+1} = 1 \mid S_t = 0) = 1 - q$$

$$P_b(S_{t+1} = 1 \mid S_t = 1) = p$$

$$P_b(S_{t+1} = 0 \mid S_t = 0) = 1 - p$$

而且残差 $\varepsilon_t \sim N(0, \sigma^2)$。

对于参数估计，使用极大似然估计（Hamilton，1989），获得参数矩阵的各相关值，以及状态转换概率 $1-q$（下一时刻从冷季转换到热季的概率）和 $1-p$（下一时刻从热季转换到冷季的概率）。

3. 模型结果。全区间运行马尔科夫区间转换模型得到的结果见图 3 - 3，

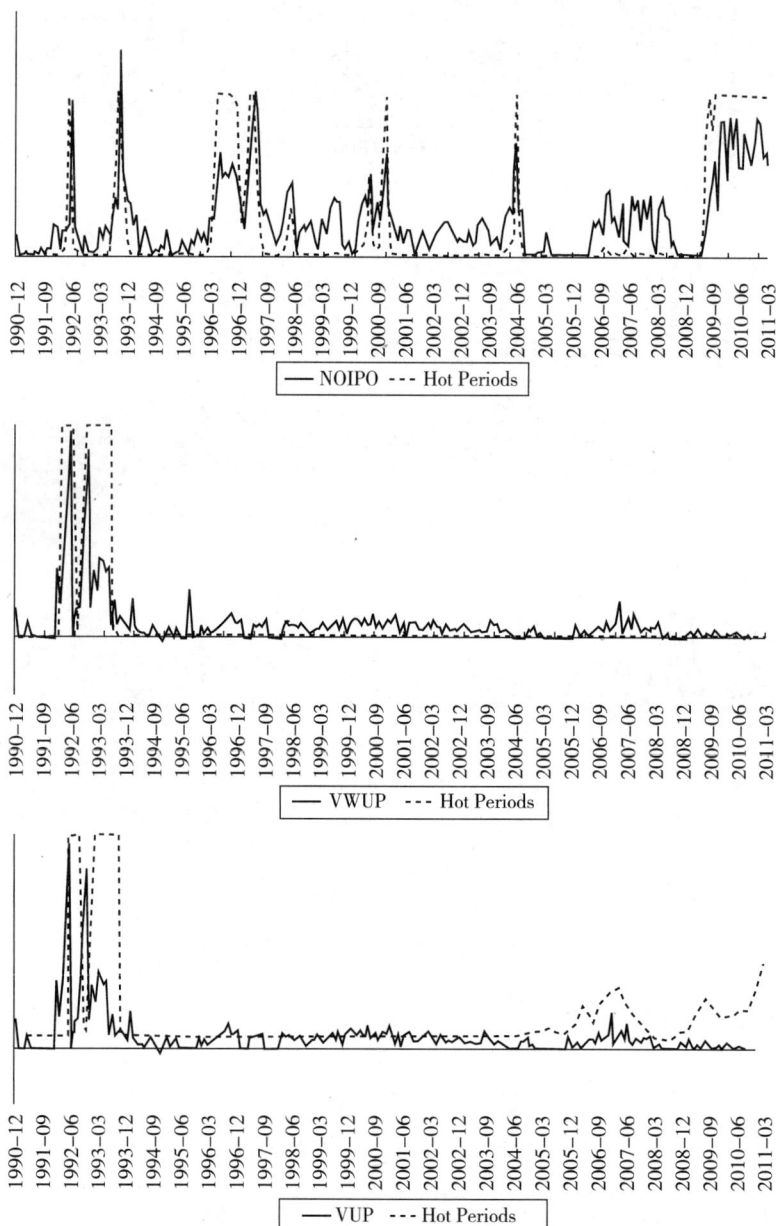

图 3 - 3　全区间冷、热周期马尔科夫区间转换模型结果

从首日收益率参数和市场活动性参数模型结果来看，在 1994 年后我国 IPO 市场均处于冷季周期。这很可能是因为股市成立早期 IPO 首日收益过高的抑制作用造成的。试行阶段，IPO 首日收益非常之高，最高曾达到 2 327.5%，为了验证结论可靠性和稳定性，采取剔除早期首日收益异常数据，再次运行模型的方法。

本文剔除证券市场成立初到 1994 年前的 IPO 上市数据，重新构建 A 股市场发行周期马尔科夫区间置换模型。为了以示区别，称该模型为后区间冷热周期马尔科夫区间置换模型，选取样本区间为 1994 年 1 月至 2011 年 5 月底，样本共涉及 209 个发行月，期间共计 2 039 家企业上市。将三参数统计描述（见表 3 - 9）与全区间参数统计相比发现，各项参数的离差均有所缩小。

表 3 - 9　　　　　　　　　　IPO 发行周期参数统计描述

参数	均值	中位数	最大值	最小值	标准差
NOIPO	0.421	0.302	1.856	0.000	0.404
VWUP	67.973	63.02	408.96	-38.438	62.240
VUP	0.247	0.229	1.496	-0.141	0.247

资料来源：根据 1990 ~ 2011 年 5 月 A 股 IPO 市场个股数据整理获得。

剔除试行阶段与审批制早期异常数据后的区间模型运行结果见图 3 - 4。该结果证实了前文的顾虑，我国股市成立早期市场收益异常超额收益导致了后期市场区间转换状态被屏蔽，使得全区间运行结果显示 1994 年后的市场均处于冷季周期。当剔除异常数据后，我国 A 股市场投资者情绪波动导致的热季周期与冷季周期转换清晰可见，说明试行阶段市场的不完善性，使得该区间数据值与其他区间相比具有突出异常性。鉴于试行阶段数据研究参数缺失也较为严重，其与审批制区间、通道制区间、保荐制区间可比性较差，后文对试行区间研究中，仅以描述性统计为主，不进行实证模型分析。

从后区间马尔科夫区间转换模型参数估计来看（见表 3 - 10），比较冷季周期和热季周期发行数量参数发现，热季周期发行数量均值是冷季周期发行均值的 2.55 倍。从市场首日收益参数和市场活动性参数来看，热季周期是冷季周期均值的 3.6 倍，热季周期市场首日收益率显著高于冷季周期，而且热季周期三参数统计方差也明显高于冷季周期。总而言之，在 IPO 热季市场中，市场发行量和首日收益均更高，波动率更大。

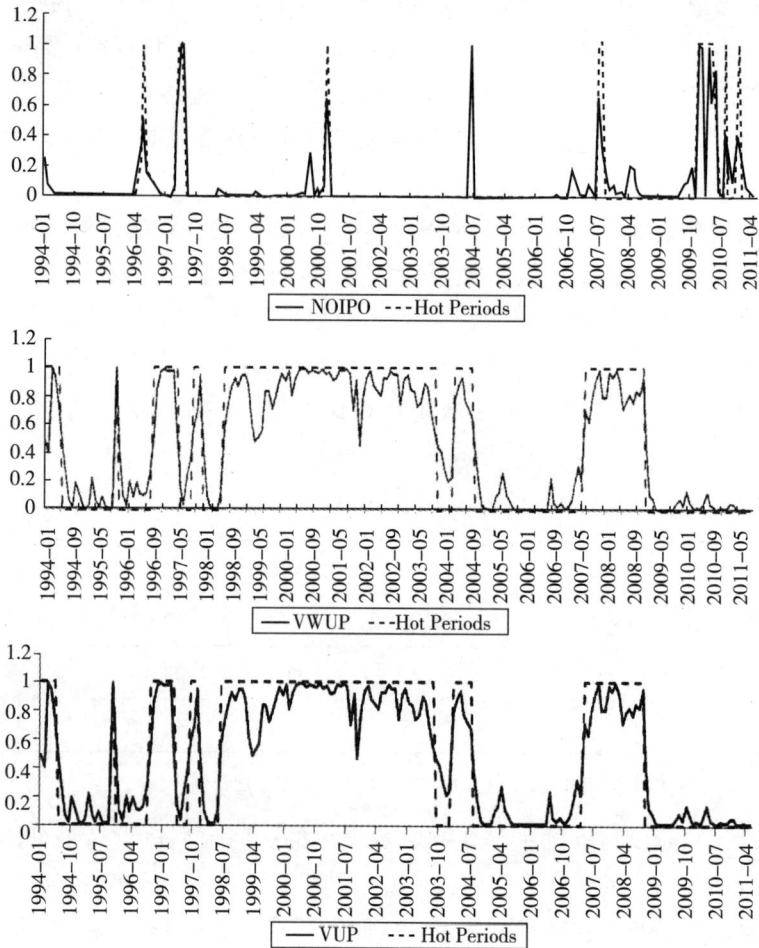

图 3-4   后区间冷、热周期马尔科夫区间转换模型结果

表 3-10   马尔科夫区间转换模型参数估计结果

参数	NOIPO		VWUP		VUP	
	估计值	标准差	估计值	标准差	估计值	标准差
$1-p$	0.0442	0.0112	0.0587	0.0099	0.0587	0.0097
$1-q$	0.5373	0.1308	0.0674	0.0101	0.0666	0.0124
a_1	1.0081	0.1819	107.0245	13.5493	0.6365	0.0807
a_2	0.3951	0.152	29.731	8.6498	0.1760	0.0513
σ_1	0.7577	0.3161	0.7310	0.2744	0.7250	0.2714
σ_2	0.1075	0.0615	0.0691	0.0670	0.0686	0.0670

注：参数估计均在1%显著性水平下显著。

为了明确辨别我国 A 股市场热季周期与冷季周期，我们设定区间转换条件为：转换概率触发概率为 50%，而且转换后的市场周期应当具有 3 个月以上的持续期。选定 3 个月的原则是因为经济实体因素变化或是市场情绪的积累、触发以及转变需要时间，过短的状态转换并不能真实反映市场情绪的变化，很可能是市场的短期噪声，而且企业管理层根据市场状况采取上市决策、上市发行到最终上市也需要筹划。根据历史统计，这需要 3 ~ 6 个月的时间（Lipman，1997）。

表 3 – 11   基于马尔科夫区间转换模型的 A 股市场热季周期

参数	NOIPO	VWUP	VUP
热季 周期	1997 – 04 ~ 1997 – 06	1994 – 01 ~ 1994 – 05	1994 – 01 ~ 1994 – 05
	2007 – 07 ~ 2007 – 09	1996 – 09 ~ 1997 – 04	1996 – 09 ~ 1997 – 04
	2009 – 12 ~ 2010 – 05	1997 – 09 ~ 1997 – 11	1997 – 09 ~ 1997 – 11
		1998 – 06 ~ 2003 – 08	1998 – 06 ~ 2003 – 08
		2004 – 02 ~ 2004 – 07	2004 – 02 ~ 2004 – 07
		2007 – 04 ~ 2008 – 09	2007 – 04 ~ 2008 – 09

资料来源：根据图 2 – 4 区间转换节点获得。

将中国 A 股市场冷、热周期的区间转换模型结果结合以上约束条件后可获得，我国 A 股市场不同参数指标下的热季周期市场区间（见表 3 – 11），不过市场发行规模参数所获热季周期与首日收益参数、市场活动性参数获得的热季周期有所差别。从发行规模参数所获热季周期来看，存在热季周期持续区间较短、翻转较快的特点，这恰恰说明我国 A 股 IPO 发行市场长期受到行政行为影响，集中审批行为导致了月度发行规模离差较大，出现发行家数单月猛增现象。我国单月发行最大规模为 53 家，单月平均发行家数均值和中位数仅为 9.09 家和 7 家。

在审批制与通道制下，IPO 发行的集中审批制度扭曲了 IPO 市场自主发行机制，使用该参数获得的市场热季周期有所失真，所以我国的 A 股热季周期以首日收益率参数和市场活动性参数为准。并且冷、热周期转换的现象也证实，我国 A 股市场存在非理性投资者，非理性投资者情绪存在明显起伏，具有一定周期性。

3.3　IPO 中介市场

3.3.1　A 股中介市场发展

IPO 发行活动中，承销商中介是发行企业与投资者之间有效的对接者，其不但履行发行企业 IPO 承销业务、信息发布职能，而且一定程度上承担价值认证、信用担保责任，是 IPO 市场不可或缺的部分。中介市场的发展与完善可以从侧面反映一国证券市场的发展水平，承销商声誉模型的有效运行可以提升对市场投资者保护的水平，降低 IPO 首日收益率，减少市场波动。

产业组织理论（Bain，1968）从发展与博弈角度提出，市场结构影响市场竞争者经营，随市场竞争者份额的趋向集中，市场竞争者会相互勾结，导致市场效率下降。中国 A 股市场承销机构，随着证券市场的成立应运而生，并从规模上实现了快速增长，从 1990 年的上海申银万国证券一家，发展到 2011 年近 200 家。本文选用赫芬达尔—赫希曼指数（Herfindahl - Hirschman Index，HHI）对我国 A 股中介市场效率进行评判。

从中国 A 股市场年度 HHI 指数走势来看（见图 3 - 5），1990 年承销中介市场 HHI 为 10 000，2010 年为 416.3，市场集中度出现显著下降。其中，1993年之后 HHI 基本在 1 000 ~ 2 000 之间波动，其间也存在波动现象，如 2002 年 HHI 指数上升为 2 185，2004 年 HHI 指数跌落到 292。本文分析原因发现，这是中国国际金融有限公司承销 IPO 上市公司的占比波动较大造成的（2002 年承销金额占市场总额的 45%，2004 年占比 7.1%）。从整体上来说，除 A 股市

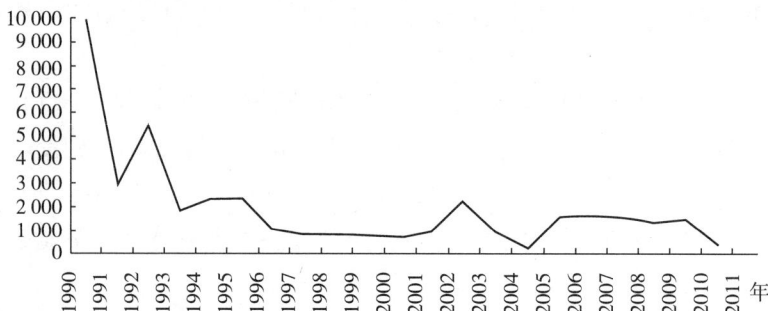

资料来源：根据每年市场各承销商承销额占比计算获得。

图 3 - 5　1990 ~ 2011 年中国 A 股承销市场 HHI

场成立首年外,我国承销市场介于自由竞争和垄断竞争之间的徘徊状态,短期内出现一定幅度的波动,从发展的视角评价中国 A 股承销中介市场,其发展趋势是向好的:承销机构快速增加,中介市场竞争程度有一定的加强趋势。

不过就中国 A 股承销商市场展开分区间统计发现,绝大多数市场份额掌握在前十大承销商手中,按发行数量计算的前十大承销商市场份额均值达到49.9%,按发行募集资金额计算的前十大承销商市场份额均值更高达75.2%。其中,试行阶段为92.9%,审批制阶段为69.1%,通道制阶段为71.1%,保荐制阶段为84.5%。可见,虽然中国 A 股承销中介市场存在向好的一面,但是截至目前来看,IPO 市场承销份额仍然主要集中在前十大承销商手中,中介市场结构偏向于集中,排名靠后的承销商缺乏与前十大承销商竞争抗衡的能力,承销中介市场竞争仍然有限。

进一步分析排名靠前的承销商市场份额发现(见表3-13),在各制度区间内,排名前20位的承销商 IPO 业务承销收入占比市场发行总额均达到80%以上。其中,试行期间最高(达到98.6%),其他三区间依次为83.8%、87.7%、85.5%。排名前10大承销商在各制度区间承销占比依次达到92.91%、69.1%、70.6%和68.1%。排名前2位的承销商在各制度区间承销占比依次达到70.5%、26.3%、39.7%和33.3%。由此可见,我国的 IPO 发行承销业务基本垄断于前20位承销商手中。其中,排名前2位的承销商又占有绝对优势。HHI 指标显示我国的承销市场竞争度增加主要是因为排名前20位承销商市场竞争度有所加强导致。事实上,排名20位之后的承销商,无论是按承销数量市场份额计量,还是按承销金额市场份额计量,所占比例一直都很少。

表 3-12　　　　　　　　　中国 A 股承销市场分区间统计

区间	HHI	排名前十大承销商(%)			
		发行数量市场份额	发行募资市场份额	承销费	首日收益
试行期间	5 029.619	78.80	92.90	4.7	362.90
审批制期	1 255.963	38.54	69.10	4.29	148.27
通道制期	1 127.848	31.84	71.10	4.40	48.97
保荐制期	1 364.316	50.30	67.64	6.23	84.50
平　　均	2 194.437	49.90	75.20	4.92	161.16

注:承销费为承销费与实际募集资金的占比;首日收益为经市场指数调整后的收益率均值。

资料来源:根据所有承销商各年度承销 IPO 业务量所占市场份额的平方和加总获得。

所以说，对 A 股 IPO 中介市场的竞争度的客观评价是：新股发行承销中介市场发展是向好的，但是截至目前，承销中介市场仍然缺乏竞争，市场份额集中于前十大承销商手中，前十大承销商共谋的可能性较大。

3.3.2　A 股市场 IPO 承销商声誉评判

承销商声誉是由其承销 IPO 业务的历史绩效逐步累积形成的，一项承销任务中，主承销商的声誉对整个承销团有决定作用。承销商声誉越高，表明其定价能力越高，也即其新股定价越接近该股内在价值，所以拟上市公司更偏重于选择声誉较高的承销商。这就意味着其市场规模越大，发行额度占市场比重越多，其声誉就越高（Dunbar，2002）。

常用的承销商声誉评价体系有两种。一种是由 Megginson 和 Weiss（1991）提出的根据承销商承销家数、承销金额占市场总份额比例，以及上市首日收益率情况进行排名的方法。另一种是专业机构排名法（Carter 和 Manaster，1990），该方法主要应用于发达市场国家，其根据市场权威机构公布的承销商的排名进行评级。

表 3 - 13　　　　　　　承销商承销业务前二十位排名

试行期间			审批制阶段		
机构名称	市场份额（%）	家数（个）	机构名称	市场份额（%）	家数（个）
申银万国证券	62.20	54	国泰君安证券	16.83	150
海通证券	8.28	7	申银万国证券	9.45	129
巨田证券	6.15	8	南方证券	8.41	74
华润深国投信托	5.35	8	中信证券	6.93	45
国泰君安证券	4.12	2	海通证券	6.54	43
招商证券	2.16	3	广发证券	5.76	55
山东省齐鲁资产管理有限公司	1.74	1	中信建投证券	5.67	52
彩虹显示器件股份有限公司	1.03	1	国信证券	4.09	34
英国渣打银行	0.95	1	中国国际金融有限公司	2.79	25
中国工商银行深圳信托投资公司	0.92	1	光大证券	2.67	21
健桥证券	0.74	1	中国银河证券	2.15	34
齐鲁证券	0.74	1	长江证券	1.99	21
南方证券	0.63	1	招商证券	1.83	24
安信信托投资股份有限公司	0.55	1	华泰证券	1.59	19

续表

试行期间			审批制阶段		
机构名称	市场份额（%）	家数（个）	机构名称	市场份额（%）	家数（个）
西南证券	0.54	4	华泰联合	1.49	12
中国农业银行上海市信托投资公司	0.52	2	北京证券	1.44	1
招商银行股份有限公司	0.51	1	大鹏证券	1.34	16
中国银河证券	0.50	2	湘财证券	1.22	12
交通银行股份有限公司	0.49	1	兴业证券	0.83	8
海南省证券公司	0.47	2	天同证券	0.82	5
通道制期			保荐制期		
机构名称	市场份额（%）	家数（个）	机构名称	市场份额（%）	家数（个）
中国国际金融有限公司	28.35	7	中国国际金融有限公司	19.76	25
中信证券	11.30	10	中信证券	13.51	48
国泰君安证券	8.19	13	中国银河证券	8.40	21
南方证券	6.40	9	瑞银证券	5.28	12
中信建投证券	3.57	7	国信证券	4.61	95
广发证券	2.92	9	平安证券	3.98	96
东方证券	2.66	4	中银国际证券	3.84	12
中国银河证券	2.47	3	国泰君安证券	3.19	15
招商证券	2.36	7	海通证券	3.09	41
大鹏证券	2.34	6	招商证券	2.41	48
国信证券	2.20	5	广发证券	2.36	56
中银国际证券	2.12	2	安信证券	2.30	21
海通证券	2.05	6	中信建投证券	2.09	24
华泰证券	1.81	9	申银万国证券	1.78	16
兴业证券	1.79	6	中国建银投资证券	1.65	18
平安证券	1.62	8	华泰联合证券	1.63	39
湘财证券	1.47	5	信达证券	1.48	7
长江证券	1.39	5	高盛高华证券	1.44	3
西南证券	1.34	3	华泰证券	1.41	28
华泰联合证券	1.29	4	光大证券	1.27	32

资料来源：根据各年度承销按发行家数市场份额和按承销金额市场份额的综合评价，整理计算获得。其中，各承销商年度市场份额数据来自 Wind 数据库。

　　目前，由于中国证券市场缺乏权威的承销商声誉评价体系，所以本文参照
Megginson 和 Weiss（1991）方法对中国证券市场承销商声誉进行评价与排名。
从评价结果来看，中国证券市场试行阶段的前十大和二十大承销商，进入审批
制区间后仍然处于前十位和前二十位的仅有50%和45%；试行阶段前十大承
销商进入通道制区间后仍处于前十大的仅有3家，排名10～20位的承销商全
部未能进入通道制前二十位排名，甚至有些承销商已经更名、合并甚至倒闭。
由此可见，不同制度区间，承销商声誉排名波动较大，本文选择分区间评价方
式来减小承销商排名波动对结果的影响。

　　承销商声誉是长期积累的过程，所以其声誉排名波动越小，说明其声誉越
高、越稳固，越经得起市场的考验。从我国承销商的长期声誉积累来看，除了
试行阶段存在较多不确定性外，审批制、通道制、保荐制区间我国IPO发行市
场，排名前十位承销商声誉稳固度达到70%，前十五位稳固度达到60%。结
合承销商排名和声誉的稳定度，本文将试行阶段（包括审批制、通道制、保
荐制三阶段），各个分区间排名前15位的承销商认定为高声誉承销商，排名落
于15位之后承销商认定为低声誉承销商。经整理，最终得到中国A股IPO市
场承销商各分区间下声誉排名见表3-13。

3.4　分析结果述评

　　本章从宏观市场的视角和市场发展的视角出发，就中国证券市场的概况和
发展情况进行梳理与分析，就中国证券市场制度因素改革进行了区间划分与对
比，就IPO市场投资者情绪波动进行了区间转换模型验证与热季周期划分，就
IPO发行中介市场概况与发展进行评价，就A股市场IPO业务承销商声誉排名
进行整理。

　　本章得到的主要结论与收获如下：

　　1. 中国A股证券市场根据制度变迁脉络可以清晰地划分为四大区间，分
别是试行阶段、审批制区间、通道制区间和保荐制区间。按照制度变迁划分的
研究区间，为后文研究IPO市场首日收益与后市收益提供可比区间，这也给A
股市场制度效率评价奠定了基石。

　　2. 文中认为，将中国证券市场与发达证券市场比较是有失公允的，与同
属"新兴+转轨"制国家证券市场比较，才能更加客观地评价我国A股市场
的发展水平。比较结果说明，无论从发展规模指标，还是市场效率指标出发，

A 股市场的发展规模和市场效率均是优于其他"新兴 + 转轨"国家证券市场的。由此引出对中国 A 股发展制度因素的思考：在证券市场可能性边界的约束下，中国 A 股市场为何能够获得如此快速的成长与规模扩容？文中推断有可能存在着某种特殊的制度安排对此产生作用。

3. 中国 A 股市场存在显著的热季现象。通过马尔科夫区间转换模型分析可知，在 50% 的转换概率下，中国 A 股市场的热季周期与冷季周期的转换边界清晰可见。对于上市企业来说，热季周期上市企业首日收益显著增高，说明 A 股市场存在 IPO "上市机会窗口期"，这是后文研究投资者情绪对 IPO 异象影响的代理变量。对市场投资行为而言，热季周期的投资者情绪被极大激发，处于高亢状态，不过我们也不能忽视中国 A 股市场 IPO 热季周期是基于中国 A 股 IPO 冷季周期而言的，属于相对概念。如果下文中我们能够证明中国 A 股 IPO 冷季周期的新股发行收益率远远高出其他国家，我们就可以得出这样的结论：中国 A 股 IPO 发行市场属于"冷季不冷、热季暴热"的市场。所以这部分的研究是后续研究的必要铺垫。

4. 中国 A 股中介市场是缺乏竞争的欠发达市场。虽然 A 股 IPO 中介市场 HHI 指数存在显著下降趋势，但这主要是因为前 20 大承销商之间出现份额集中度下滑导致的，事实上，中国 A 股 IPO 中介市场还是非常缺乏竞争的。这将是后文分析承销商目标函数偏移现象的重要依据之一。

5. 鉴于承销商声誉需要长期的积累过程和 A 股市场制度变迁对承销商声誉排名的影响，本文选择排名前 15 位的承销商作为高声誉承销商，否则为低声誉承销商。这部分是后文承销商声誉模型参数的来源，同时也是研究承销商目标函数的必要积累。

总而言之，本章 IPO 相关领域的讨论主要完成了后文研究的各项必要准备工作，是展开后续实证研究和理论研究的前提条件和重要基础。

4

A 股市场 IPO 首日收益分析

本章主要就中国 A 股成立之日起到 2011 年 5 月 31 日止的所有 IPO 有效数据展开研究，分析 IPO 首日超额收益，构建以 A 股市场制度改革为划分的各制度区间多因素回归模型。通过研究分析，甄别影响 A 股 IPO 首日收益的主要因子，验证各研究理论的中国 A 股市场适用性。通过各分区间多因素模型结果比较，讨论中国 A 股市场制度改革对 IPO 首日收益率的影响。

4.1 IPO 首日收益分类统计与比较分析

4.1.1 首日收益统计方法

未经市场指数调整的首日收益率法在度量上存在一定缺陷，当 IPO 发行日与上市日存在较大时间间隔时，该收益率包含了较多的时间价格信息，适用于发行日与上市日间隔较短的 IPO 发行市场。由于中国 A 股的制度特殊性，A 股市场发行的股票中，有部分存在历史遗留问题，其发行日与上市日间隔最长达到 927 天（见表 4 - 8）。未经市场指数调整的 IPO 首日收益率法未能考虑长期时间间隔和市场因素波动对股票价格的影响，所以未经市场指数调整的 IPO 首日收益率法不太适用于中国 A 股发行市场。

经市场指数调整的首日收益率法是相对于市场指数的 IPO 上市首日超额收益率计量方法。该方法对 IPO 首日收益评价排除了市场指数波动的影响，是更为客观有效的新股收益方法，也是当前较为常用的考量新股首日收益率的方法。

所以本文选用经市场指数调整的首日收益率法作为 IPO 首日收益率计量方法。在本文后文中如无特别说明，涉及的 IPO 首日收益方面所指均为经市场指数调整的 IPO 首日收益率。

就（2.2）式而言，本文选择参数具体如下：$\text{Adj}_{\text{Retrn}}$ 为 IPO 上市首日经市场指数调整的收益率，P_0、P_1、I_0、I_1 分别表示该股 IPO 上市发行价、IPO 首日收盘价、IPO 发行日市场指数和 IPO 上市日市场指数。沪市发行新股采用上证 A 股指数作为市场匹配指数，即 000002，深市发行新股采用深证 A 股指数作为市场匹配指数，即 399002。

4.1.2 热季周期与冷季周期 IPO 首日收益分类统计分析

从第 3 章证券市场 IPO 发行市场周期讨论可知，中国证券市场存在着显著的热季周期和冷季周期转换。根据冷、热季周期划分对 IPO 发行首日收益率进行分区间对比（见表 4 - 1），在 IPO 热季周期区间，首日收益率样本总体均值为 138.01%，显著高于冷季周期样本均值 62.58% 和总样本均值 99.88%，热季周期 IPO 首日收益率总体均值为冷季周期的 2 倍以上。从冷、热周期整体比较来看，选择 A 股市场 IPO 热季周期上市企业的首日超额收益现象更为突出。

表 4 - 1　　　　A 股市场热季周期与冷季周期 IPO 首日收益统计

类别	时段	均值（%）	中位数（%）	极大值（%）	极小值（%）	标准差	发行家数（个）	持续周期（月）
热季周期	1994 - 01 ~ 1994 - 05	150.96	100.00	678.69	- 121.1	144.28	83	5
	1996 - 09 ~ 1997 - 04	158.91	142.20	459.34	41.30	73.07	133	8
	1997 - 09 ~ 1997 - 11	114.54	97.75	252.89	40.41	54.99	27	3
	1998 - 06 ~ 2003 - 08	128.93	114.15	823.22	- 1.41	87.70	484	63
	2004 - 02 ~ 2004 - 07	82.48	75.89	329.85	7.30	54.46	78	6
	2007 - 04 ~ 2008 - 09	169.68	150.96	516.01	23.56	107.85	174	18
	热季周期总体	138.01	117.96	823.22	- 121.1	95.87	979	103
冷季周期	1994 - 06 ~ 1996 - 08	72.21	63.01	1 278.9	- 38.44	124.58	119	27
	1997 - 05 ~ 1997 - 08	145.76	130.63	403.12	22.64	72.78	101	4
	1997 - 12 ~ 1998 - 05	121.12	123.31	361.41	- 370.4	109.75	43	6
	2003 - 09 ~ 2004 - 01	63.71	56.23	181.69	11.01	40.01	25	5
	2004 - 08 ~ 2007 - 03	73.63	63.94	333.52	- 7.24	57.89	126	32
	2008 - 10 ~ 2011 - 05	39.60	29.86	275.12	- 22.29	41.59	587	32
	冷季周期总体	62.58	45.29	1 278.9	- 370.4	74.30	1 001	106
总计		99.88	80.33	1 278.9	- 370.4	93.57	1 980	209

注：首日收益统计单位为%，发行家数单位为家，持续周期单位为月。

资料来源：个股数据选自 Wind 数据库与 CSMAR 数据库的综合，表中数据根据第 3 章市场发行周期划分，计算相应区间 IPO 超额收益率得到。

　　不过从各分段的热季周期与冷季周期比较来看，我国A股市场冷季周期也存在IPO超高首日收益现象。如1997年5月至1997年8月的冷季周期IPO首日收益均值高达145.76%，中位数高达130.63%，高于部分热季周期IPO上市首日收益。即使排除特例，冷季周期收益率均值最低值仍超过39%以上。这说明按照50%转换概率划分下的冷季周期并非绝对意义上A股IPO发行的投资情绪低落市场，选择A股市场IPO冷季周期发行IPO，相比欧美发达证券市场而言，仍可获得超过欧美发达证券市场的IPO首日超额收益。从首日收益分布离差来看，热季周期首日收益均值标准差为95.87%，与冷季周期74.3%差异不大，有悖于冷季周期市场收益低迷、波动率低的描述。以上数据充分说明我国IPO发行冷季仅仅是与A股发行热季相比而言的冷季。与其他市场热季周期相比，中国A股市场IPO冷季周期发行的股票甚至能够获得更为丰厚的IPO首日超额回报。所以说，与全球其他市场相比而言，中国A股IPO发行市场实属"冷季不冷，热季暴热"市场，A股IPO市场的冷季周期仅仅是相对于A股市场的热季周期而言的。

　　按照发行家数汇总，本文可知A股市场热季周期发行总家数为979家，反而低于冷季周期发行总家数1 001家，2008年后的冷季周期共有587家企业上市，占冷季周期发行总量50%以上，当然这与创业板块开通以及上市审批制度放宽影响不无关系。因此本文排除创业板对发行规模的影响，得到A股市场冷季周期发行总家数为777家，略低于发行热季周期。由此可见，发行热季对上市公司数量与意愿存在一定影响，但是基于我国IPO发行行政管理制度和发行市场冷季不冷的现状，IPO发行市场的自发调节作用受到了明显的抑制。

　　综上所述，对于我国拟上市企业而言，面临着的是"热季暴热，冷季不冷"的IPO发行市场，选择"上市机会窗口"的重要度随之下降，上市本身就意味着"机会窗口"和丰厚的首日收益回报。所以拟上市企业着力于获取上市资格，为了获得上市通行证甚至不惜使用寻租方式来打通上市行政程序，与此同时，投资者着力于获取IPO申购的中签指标，中签意味着高回报，所以认购市场上出现了投资者对IPO申购趋之若鹜的火爆场面。不过就A股市场本身而言，比较A股市场的热季周期和冷季周期有助于认清中国证券市场的投资者情绪对于股票价格波动的影响，将A股市场的冷、热周期作为影响新股首日收益的哑元变量是有意义的。

4.1.3　沪、深股市IPO首日收益分类统计分析

　　按照风险匹配的"高风险、高收益，低风险、低收益"原则，与大盘股

相比，中小盘股的风险更高，相应获得的补偿收益也应当更高。由表 4-2 可见，绝大多数年份，沪市上市企业市值大于深市上市企业，特别是 2004 年、2009 年中小企业股和创业板相继在深圳证券交易所开通，深市与沪市 IPO 上市市值差异更为明显。所以可以预判深市上市企业首日收益应高于沪市上市企业。

比较沪、深两市各年度的首日收益率不难发现（见表 4-3），A 股证券市场基本遵循了风险匹配原则，符合信息不对称假设，除了通道制阶段外，其他制度区间内，经市场指数调整的首日收益均值全部显示出，深市高于沪市（沪、深两市各制度区间经市场指数调整的首日收益率如下：试行阶段沪、深两市依次为 306.63%、568.95%；审批制阶段沪、深两市依次为 126.15%、148.27%；保荐制阶段沪、深两市依次为 56.4%、82.75%）。

表 4-2   沪、深股市年度上市家数与市值统计

年度	沪市		深市	
	上市家数（个）	单股市值（万元）	上市家数（个）	单股市值（万元）
1990	6	2 819.935	1	9 000
1991	0	0	4	5 862.5
1992	14	81 494.71	12	6 113.196
1993	70	36 491.85	48	15 383.99
1994	59	18 223.44	41	12 095.8
1995	11	16 891.82	8	5 316.25
1996	92	13 263.25	84	10 424.2
1997	83	28 986.82	115	31 002.61
1998	52	44 628.17	50	32 161.58
1999	44	54 601.42	52	48 640.04
2000	87	65 364.21	46	53 239.24
2001	75	76 469.25	0	0
2002	70	71 317.12	0	0
2003	67	70 511	0	0
2004	61	40 137.49	39	29 798.9
2005	3	95 151.33	12	24 237.75
2006	13	861 070.2	52	31 050.9
2007	23	1 904 314	100	39 090.89
2008	5	1 467 073	71	42 371.79
2009	9	1 390 275	90	69 747.81
2010	26	716 773.8	321	93 179.84
2011	19	264 321.7	121	87 287.3

资料来源：根据 CSMAR 数据库个股数据整理得到。2011 年数据为 1~5 月上市 IPO 市值均值。

在此需要说明的是通道制阶段出现沪市年度收益均值大于深市的现象不无IPO 停发政策因素。事实上，自 2001 年后深市就停止了 IPO 发行，2001 年京东方上市是 2000 年 12 月招股，2011 年 1 月上市，属于 2000 年的遗留问题。吉电股份于 2002 年上市发行，其前身是通海高科（2000 年上市发行），2002年 9 月经 1:3.8 换股后于深市上市的。2011 年后，深市再次出现 IPO 首日收益低于沪市的现象，这是因为 2011 年初到 5 月 31 日共有 140 家上市公司，沪市主板市场仅占 19 家，深圳上市企业占比达到 86.4%。其中，中小企业 50 家，创业板 71 家，受到 2008 年金融危机影响，市场投资情绪较为低落，市场处于冷季周期，加之创业板超高的市盈率，导致创业板和中小企业板出现了较多破发现象。

表 4 – 3　　　　　　A 股市场沪、深两市 IPO 首日收益统计

区间	未经调整的首日收益（%）	经市场指数调整的首日收益（%）		
		全样本	沪市样本	深市样本
1990	285.52	285.52	285.52	/
1991	640.63	640.63	/	640.63
1992	293.89	293.89	167.45	851.26
1993	425.02	365.16	466.92	214.96
1994	124.17	129.44	171.08	63.85
1995	97.50	172.17	80.53	318.79
1996	112.14	105.28	95.73	115.08
1997	150.92	147.54	147.45	147.59
1998	136.05	130.06	134.21	125.55
1999	110.85	110.85	105.01	116.12
2000	145.91	149.69	149.03	150.90
2001	137.92	139.60	140.99	34.28
2002	131.41	132.30	133.34	41.90
2003	72.03	72.02	72.02	/
2004	70.14	72.21	73.27	70.56
2005	45.12	52.51	76.33	46.55
2006	83.58	77.73	30.69	90.40
2007	193.07	184.24	112.71	201.24
2008	114.87	120.83	54.13	126.47
2009	74.15	73.10	54.91	74.91
2010	41.90	42.03	29.22	43.06
2011	9.82	9.92	17.09	8.79

注：2011 年数据为 5 月 31 日前数据均值。

资料来源：根据每年发行 IPO 的个股超额收益数据，计算整理获得。

由此可见，除通道制存在特殊原因外，我国 A 股证券市场 IPO 发行符合风险匹配原则和信息不对称原则。上市企业发行规模越大，对市场信息不对称的改善越大，IPO 首日收益率越低。所以上市企业发行规模对 IPO 首日收益是存在显著影响的。

4.1.4 不同制度区间 IPO 首日收益分类统计分析

A 股市场制度因素不但影响市场规模、上市节奏，而且也有可能对上市发行企业、投资者投资预期产生作用，并由此影响上市 IPO 首日收益率。根据第3章对我国 A 股市场发行制度变迁的梳理，整理获得各个制度区间内 IPO 上市首日收益统计，见表 4 - 4。

表 4 - 4　　　　　　　　不同制度区间的 IPO 首日收益统计

	均值（％）	中位数（％）	极大值（％）	极小值（％）	标准差	样本量（个）
全区间	118.78	84.36	2 327.51	-370.38	156.48	2 123
试行阶段	399.03	267.62	1 965.00	-42.18	414.87	55
审批制	153.63	120.95	2 327.51	-370.38	174.99	909
通道制	113.86	92.85	426.39	7.04	81.10	194
保荐制	70.96	47.38	516.01	-22.29	78.61	965

资料来源：根据发行制度区间划分，对个股数据整理计算得到。

从表 4 - 4 中清晰可见，IPO 首日收益随着 A 股制度改革的变迁呈现逐步走低的趋势，但是就保荐制区间上市首日收益率来看，也仍高于其他发达市场国家。具体来说，经市场指数调整后的 IPO 发行样本全区间首日超额收益均值为 118.78％，试行阶段 IPO 首日收益率最高，平均为 399.03％；进入审批制阶段，IPO 首日收益率显著下降为 153.63％；通道制阶段，IPO 首日收益率年度均值出现小幅下降，为 113.86％；实施保荐制后，IPO 首日收益年度均值再次跌落到 70.96％。IPO 首日收益均值的标准差也存在明显减小，均值标准差从试行阶段的 414.87％下降到保荐制阶段的 78.61％。由此可见，我国 A 股市场 IPO 发行制度改革对 IPO 首日收益的抑制作用较为明显，说明制度约束对 IPO 发行市场存在影响。

4.2 影响 IPO 首日收益率因素分析

本小节将结合西方 IPO 定价原则和首日收益相关理论，分析影响中国 A

股 IPO 首日收益的可能因素，并提出研究假设，为下一节的分区间统计模型分析提供必要依据。

4.2.1　企业财务指标

企业上市前财务状况是股票估值的重要因素，IPO 估值的高低将直接影响 IPO 上市首日收益率。具体来说，对 IPO 估值产生影响的因素大体包括企业的营运能力、企业未来的成长能力、杠杆水平等多方面。企业主营业务收入水平越高，持续增长能力越强，杠杆水平越低，越有利于企业估值。这是因为主营业务收入水平和利润水平说明了企业的盈利能力，企业盈利能力是企业收益和股东分享企业利润的基础。持续增长力说明了企业未来保持高速盈利的时间长短，持续成长能力越强，企业为了保持高速增长的时间越长，企业的价值越高，估值也相应越高。杠杆水平的高低影响企业未来融资能力，企业杠杆水平越低，未来可用的融资资源越丰富，融资灵活度越高，面对发展机遇时遭遇资金瓶颈的风险越低。

表 4－5　　　　　按财务指标分类 A 股市场 IPO 首日收益统计

类别	区间	样本量（个）	均值（%）	中位数（%）	极大值（%）	极小值（%）	标准差
资产规模（亿元）	Asset < 5	1 089	117.70	97.74	823.22	-12.75	96.559
	5 ≤ Asset < 10	504	88.53	78.50	477.22	-24.94	74.257
	10 ≤ Asset < 20	214	84.04	64.79	478.79	-38.44	79.280
	20 ≤ Asset	204	59.01	44.87	265.37	-22.29	57.473
主营业务收入（亿元）	Income < 1	138	151.28	131.72	459.34	-10.38	95.623
	1 ≤ Income < 2	365	132.65	111.98	823.22	-24.94	101.992
	2 ≤ Income < 4	551	102.87	84.36	678.69	-38.44	88.848
	4 ≤ Income < 7	388	90.39	73.61	478.79	-15.54	79.306
	7 ≤ Income	552	71.61	52.99	414.36	-22.29	68.063
债务比率	D/A < 0	14	217.03	184.68	477.22	105.88	104.032
	0 ≤ D/A < 0.01	631	95.67	73.94	516.11	-24.94	84.581
	0.01 ≤ D/A < 0.05	379	96.92	76.19	516.01	-22.29	92.615
	0.05 ≤ D/A < 0.1	289	104.72	86.48	477.55	-11.79	92.679
	0.1 ≤ D/A < 0.3	580	105.57	88.61	823.22	-38.44	89.299
	0.3 ≤ D/A	119	95.01	80.33	312.69	-9.23	66.217

资料来源：根据样本数据整理获得。资产规模、主营业务收入以及债务比例均为企业上市前一年指标。

本文通过统计 A 股市场样本的 IPO 发行前一年财务指标（见表 4 - 5）发现，中国 A 股上市公司的 IPO 首日收益率与上市前公司的资产总规模、主营业务收入可能存在一定的负相关关系，资产规模小于 5 亿元上市 IPO 收益率是资产规模大于 20 亿元的将近 2 倍，主营业务收入小于 1 亿元上市 IPO 收益率是主营业务收入大于 7 亿元的 2 倍多。不过我国 A 股市场上市企业资产规模主要集中在 5 亿元以下，小规模 IPO 发行占样本总量的 54.2%，说明上市企业的股票价格更容易受到操纵因素、市场情绪等非理性因素的影响。

另外，IPO 发行规模也常常作为信息不对称理论和赢者诅咒模型的代理变量。这是因为，第一，发行规模较大的公司资产规模和企业知名度也相对较高，一般受到投资者的关注度也较高，信息传递与沟通较为广泛；第二，通常来说，发行规模较大的企业受到政府监管也更为严格，信息不对称问题相对较弱；第三，发行规模较大企业不容易被市场操纵行为所控制，能够降低"赢者诅咒"风险。所以拟上市企业的规模越大，IPO 首日收益越低。在保荐制前，上市公司首发规模受到了政府管制，发行规模无法真实反映市场信息不对称的程度，而且股权分置政策也导致发行规模与流通股的不一致。为了减小这些因素的影响，本文选择上市公司上市前一年资产规模作为发行规模代理变量。

综上所述，提出以下三种假说：

假说 1：上市前企业的资产规模与 IPO 首日收益呈负相关。

假说 2：上市前企业主营业务收入与 IPO 首日收益呈负相关。

假说 3：上市前企业负债率与 IPO 首日收益呈正相关。

4.2.2 公司治理结构

通常来说，公司治理结构包含两个层面，第一层面是股东与公司管理层之间的代理问题，主要涉及所有者与公司经营者之间的监管机制、激励机制、股权结构，以及董事会与监事会等方面；第二层面是控股股东与中小股东利益冲突问题，主要指控股股东对中小股东的掏空行为，主要涉及财务透明、信息披露等。

在股权较为分散的英美公司治理中，市场机制较为成熟，公司治理的核心主要致力于第一层面，而对于东亚国家不健全市场则以第二层面的大股东对小股东的掏空性掠夺行为为主（Claessens 等，1999b），在东亚一些国家和地区，中小股东利益难以保障，企业大股东可以轻易通过任命高层控制企业决策权进而谋取私利（Laporta 等 1999；Claessens 等，1999a）。

中国 A 股证券市场长期存在一股独大、证券市场法律、法规不健全等问题，加之国有股与非国有股、股权分置等中国特有的制度因素影响，使得在中国 A 股证券市场中，公司治理两个层面的问题都比较突出。

1. 公司治理第一层面。集中的股权结构使得大股东拥有过多的话语权和决策权，就可能以牺牲其他股东利益为代价，谋取自身利益最大化。对于大股东非理性行为能够提供较好监督和制衡作用的最直接方法就是依靠第二大股东对第一大股东的制衡能力（Shleifer 和 Vinshny，1986）。

在我国上市企业的股权结构中（见表 4-6），第一大股东一股独大，掌握企业的绝对控制权现象普遍。试行阶段，第一大股东股权均值超过其他制度区间第一大股东股权均值 40% 以上。国有性质上市企业中，政府代理所有者权力，容易造成第一、第二大股东对所有者的负责制转向对政府的负责制，进而形成第一大股东与第二大股东共谋，甚至掏空企业行为。所以使用第二大股东股权比例作为第一大股东制衡能力的代理变量，有失允妥。另有研究指出（Zwiebel，1995；Pagano 和 Roell，1998；Bennedsen 和 Wolfenzon，2000；Cronqvist 和 Nilsson，2001；Gomes 和 Novaes，2001），第二大股东及其他股东对第一大股东的制衡性以及相互监督作用能够评价公司治理结构第一层面水平。

表 4-6　　　　　　上市公司控股股东性质与大股东持股比例统计

制度区间	参数	国有控股（%）		非国有控股（%）	
		第一大股东持股比例	第二至第十大股东持股比例	第一大股东持股比例	第二至第十大股东持股比例
试行阶段	均值	37.4235	17.65728	23.82288	22.71288
	中值	32.133	15.65	25.45	24.28
	极大值	83.75	59.44	54.24	40.98
	极小值	7.08	0.97	7.02	3.273
	标准差	16.1316	13.68354	11.55923	11.27799
	家数（个）	36		17	
审批制	均值	46.60124	15.48344	35.58376	23.43585
	中值	46.89	11.54	29.85	23.08
	极大值	85	54.44	80	56.75
	极小值	10.05	0.43	7.62	0.44
	标准差	17.15814	13.31439	16.3117	13.83701
	家数（个）	711		201	

续表

制度区间	参数	国有控股（%）		非国有控股（%）	
		第一大股东持股比例	第二至第十大股东持股比例	第一大股东持股比例	第二至第十大股东持股比例
通道制	均值	49.669	19.60761	38.62568	31.32128
	中值	52.7	13.972	36.12	33.65
	极大值	97.55	59.34	80	67.51
	极小值	14.29	0.937	6.14	1.31
	标准差	16.96205	15.10494	17.51884	16.10158
	家数（个）	138		47	
保荐制	均值	45.58956	30.16562	40.3813	36.5015
	中值	44.87	30.51	38.395	36.54
	极大值	98.86	68.67	95.95	80.34
	极小值	7.01	1.14	8.43	2.498
	标准差	18.59125	15.81823	16.50928	13.97843
	家数（个）	297		668	

资料来源：根据样本数据整理统计得到。

所以本文选取第二至第十大股东持股比例作为第一大股东控制力的制约参数，预计第一大控股股东对企业的控制权越大，第二至第十大股东的股权比例越小，对大股东制约能力越差，投资者对其公司治理能力的评价也越低，IPO估值越低。

由此提出假说。

假说 4：第一大股东持股比例越高，第二至第十大股东持股比例越低，公司治理越差，对于 IPO 定价的影响是负向的。

另外，控股股东性质也对大股东决策行为产生影响。众所周知，我国设立证券市场的初衷是为国有企业解困，深层次看是经济转型下国家财政和商业银行不堪重负的必然选择，因此证券市场的功能也发生了由资源优化配置向获取融资资金的倾斜。在政府大政方针指引下，大量国有企业实现了上市，从试行阶段到通道制阶段（见表 4-6），国有上市企业上市数量占有绝对比重，分别达到 68%、78%、74.5%。与此同时，政府通过控股上市公司作为实现政策目标的手段，造成了国有企业一股独大与预算软约束、所有者缺位等问题并存。国有企业第一大控股股东持股比例平均为 44.8%，高于非国有企业（均值为 34.6%）。在这种历史条件下，国有控股上市企业融资的动机必然与广大的流通股中小股东产生利益冲突，因而投资者对国有企业的首日收益期望降低。综上分析，可以预期国有性质控股企业的 IPO 首日收益率较低。

由此提出假说。

假说 5：国有控股企业性质对 IPO 首日收益率存在抑制作用。

2. 委托代理第二层面。大股东可以通过对公司的绝对控制力，以减小第一层面的公司治理问题，但是大股东也可以利用这一控制力对中小股东进行掠夺（Zingales，1995），特别是在一个缺乏对中小股东利益进行法律保护的资本市场环境下，控股股东的掏空行为将更为猖獗（La Porta 等，1998a，1998b，1999）。由此可见，委托代理第二层面，首先依赖于市场法律制度的约束，即对中小股东权利的保障法规；其次是企业财务透明度，公司对中小股东权利的保障制度。

我国以股份制为主体的企业制度历史并不长，无论是外部制度约束还是公司内部自律均处于较低水平。即便《证券法》和《公司法》实施后，信息披露过程中，虚假陈述、延时披露、内幕交易等违规行为也时有发生。这主要因为证券市场缺乏退市机制，企业退市成本远远低于其带来的社会成本，政府迫于社会成本不得不对一些上市公司进行注资和重组，例如，四大国有银行的多次注资（张杰，2004）、郑百文重组（谢茂拾，2011）等。

表 4 - 7　　　　　　2004 ~ 2008 年各省市的公司治理 CCGI 指数

省份或地区	2004 年	2005 年	2006 年	2007 年	2008 年
西藏自治区	55.61	53.9	54.89	55.62	54.83
甘肃省	53.68	52.7	54.01	55.85	55.18
海南省	54.84	52.11	52.28	55.33	55.33
宁夏回族自治区	51.96	52.84	53.7	56.1	56.02
吉林省	53.46	52.98	54.43	55.62	56.12
陕西省	56.23	55	54.95	55.47	56.22
新疆维吾尔自治区	55.2	53.93	56.6	57.55	56.9
黑龙江省	54.08	52.89	53.06	54.67	57.06
上海市	56.37	56.03	57.05	57.52	57.16
四川省	53.98	54.01	54.99	55.63	57.37
贵州省	53.4	54.86	56.25	57.31	57.44
广西壮族自治区	56.62	56.28	56.41	56.35	57.45
山西省	55.05	54.6	56.31	58.36	57.47
浙江省	55.72	56.67	55.86	57.4	57.48

续表

省份或地区	2004 年	2005 年	2006 年	2007 年	2008 年
河北省	55.73	57.51	56.46	56.99	57.55
辽宁省	54.01	53.97	55.43	56.86	57.56
天津市	54.94	56	57.61	57.05	57.57
湖北省	53.95	55.42	55.65	57.09	57.61
重庆市	51.95	53.72	54.9	56.04	57.65
江苏省	57.56	57.16	57.27	56.93	57.74
山东省	55.6	55.44	56.18	57.28	57.8
内蒙古自治区	53.69	55.19	55.74	56.2	57.9
湖南省	54.2	54.25	55.36	56.42	57.91
福建省	53.36	53.92	56.36	56.85	58.05
青海省	54.42	54.67	52.87	55.36	58.07
河南省	55.47	56.15	57.06	57.25	58.13
北京市	56.92	56.7	57.96	58.3	58.19
安徽省	55.78	56.68	56.96	56.86	58.23
云南省	55.37	57.95	58.44	56.91	58.35
江西省	55.14	54.19	57.11	56.99	58.54
广东省	53.61	55.38	55.72	56.68	58.62
均值	55.2	55.33	56.08	56.85	57.59

资料来源：根据南开大学公司治理研究中心公司治理评价课题组相关公开报告整理得到。

从公司内部自律来看，自从南开大学公司治理中心于 2003 年开展较为全面的中国公司治理结构指数（见表 4 - 7），我国公司治理指数整体均值从 2004 年 55.2% 上升到 2008 年 57.59%，但是从 CCGI 评价体系等级划分来看，我国公司整体治理水平一直处于欠佳的 CCGI Ⅴ 水平①，与发达国家公司治理水平相比仍然有较大差距。各地区公司治理结构存在较大的差异化，上海、江苏等公司治理水平相对较高，西藏、宁夏等公司治理水平相对较低。从各年度公司治理水平发展来看，不同省市地区的公司治理指数在 2004 ~ 2008 年均有不同程度的提升，但总体公司治理水平仍然偏低。从单个公司治理水平报告来看，2004 年公布的经理层治理 100 佳排名中，排名第一的经理层治理企业为鲁泰

---

① 南开大学公司治理研究中心公司治理评价课题组，2006：中国公司治理指数 CCGI 采用百分制形式 最高值为 100，最低值为 0。具体评价等级为 CCGI Ⅰ 级 90 ~ 100；CCGI Ⅱ 80 ~ 90；CCGI Ⅲ 70 ~ 80，CCGI Ⅳ 60 ~ 70，CCGI Ⅴ 50 ~ 60；CCGI Ⅵ < 50。

A，指数水平为77.74%，而排名第100名的东风科技仅为53.79%，说明公司间个体差异化较大①，公司治理水平较高的企业并不多，绝大多数上市企业的公司治理水平有待进一步提升。

因遵从更为严格的市场监管要求和上市公司治理约束，在A股上市之前已经实现了海外上市或是香港上市的企业，公司治理水平普遍高于A股市场初次发行上市的企业。因面对的海外投资者专业水平较高，且B股市场是我国证券市场对外窗口，其公司治理水平可等同为海外上市企业，所以对于上市企业首发B股再发A股企业而言，其公司治理水平普遍高于首次发行选择A股的上市企业。因此，本文选取企业A股上市之前是否已经在H股、B股或是海外上市为委托代理第二层面代理变量，公司治理水平越高，信息披露得越完整、越及时，IPO上市首日收益率越低。

所以提出假说。

假说6：企业A股首发上市前，完成了海外上市、香港上市或是B股发行，上市首日的收益率更低。

4.2.3　市场与制度因素

1. 投资者情绪与IPO首日收益。投资者非理性是行为金融研究IPO首日收益的主要假设之一，也是投资者情绪理论和从众理论的主要着眼点。投资者非理性行为主要表现为投资者受个人情绪或是其他干扰因素作出投资决策，如果投资者预期市场高涨的投资情绪在下一时点将持续，那么股票价格将向较高市场预期价格逼近，投资者倾向于持有手中的股票，或是倾向于买入该股，这会造成股票价格的过度上升，反之亦然（Ljungqvist等，2004）。鉴于第3章市场发行周期的讨论，选取市场热季和冷季作为投资者投资情绪高亢和低落的代理参数，当市场处于热季周期时，投资者投资情绪高涨，拟上市企业IPO"窗口机会"出现，上市股票的首日收益将更高。

由此提出假说。

假说7：热季周期上市企业的IPO首日收益率更高。

2. 承销商声誉与IPO首日收益。在承销商声誉理论下，承销商声誉越高，其为了维护自身声誉，更加严格控制事前不确定性，努力挖掘企业信息，对发行价格定价更趋于企业内在价值，表现为市场首日的收益率较低，即承销商声

---

① 资料来源：南开大学公司治理研究中心：《中国上市公司治理指数经理层治理100佳》，载《经济》，2004（3）。

誉与 IPO 首日收益呈现负相关（Logue，1973；Neuberger 和 Hammond，1974；Beatty 和 Ritter，1986；Carter 和 Manaster，1990；Michael 和 Shaw 等，1994）。假定承销商声誉模型在中国证券市场适用，我们由此可知，承销商声誉越高，IPO 首日收益率越低。

因而提出假说。

假说 8：承销商声誉越高，IPO 首日收益率越低。

3. 承销费与 IPO 首日收益。鉴于直接成本与间接成本替代理论，发行费是 IPO 发行中的直接成本，IPO 上市发行费用包括承销费、律师费、审计费、宣传费等多项费用。鉴于我国承销费的可获性和数据的准确性问题，而且中国 A 股市场中，承销费大体占据了发行总费用的 90% 左右的现实情况，本文选用总发行费用作为承销费的代理变量。

承销费是承销商参与 IPO 业务的主要收入来源，当然承销商参与 IPO 后市交易也可能获取额外收益，获得后市收益的渠道有合法和非法两种。合法渠道通过超额配售权通道获得，这对 IPO 价格稳定有益，非法渠道通过操纵市场、内幕交易获得。Ritter（2000）研究美国 IPO 历史指出，承销费占比的增加对于 IPO 发行首日收益有一定的抑制作用，市场成熟度越高，法律法规越健全，承销费比例也越高，IPO 上市首日收益率就越低。所以从 IPO 市场承销费占比与 IPO 首日收益的动态改变，能够反映一国 IPO 市场的发展程度和中介市场的规范程度。

从我国承销市场的承销费与首日收益走势来看（见图 4-1），在证券市场

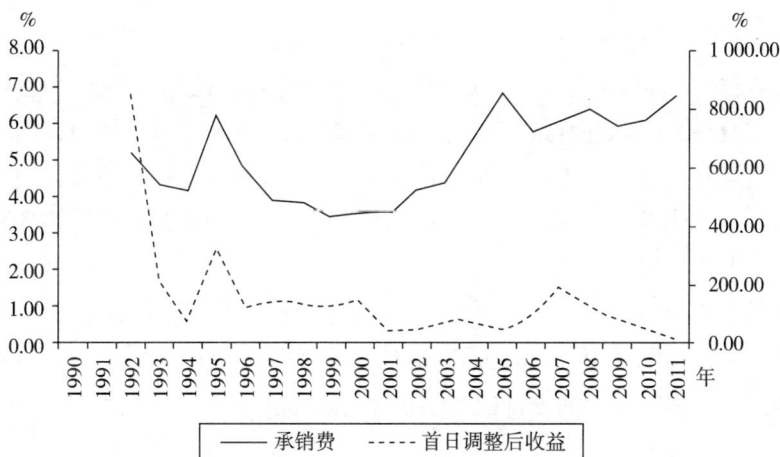

注：承销费以 IPO 承销费的年均值为准。2011 年数据是 1～5 月样本数据的均值。

图 4-1 1990～2011 年 IPO 发行承销费和经市场指数调整的首日收益

试行阶段，承销费和首日收益形成双降趋势，尤其是首日收益率实现了快速大幅下降；进入审批制阶段，首先出现了短期承销费和首日收益的双升现象，随后又进入双降通道；进入通道制阶段，承销费对首日收益的抑制作用逐步显效，而且这一趋势在2007年后更为明显。由此也可进一步证明，中国A股IPO承销市场的发展存在向好的一面。

根据本文掌握的文献，关于中国证券市场承销费研究领域，或是讨论我国上市企业发行费用占比（刘鑫宏，2010），或是研究发行制度对发行费的影响（杨记军、赵文昌，2006），或是单独分析影响发行费的因素和首日收益率因素（王军、王平，2008）。在此本文从直接成本与间接成本替代理论角度出发，假设承销费占比的提升有助于降低首日收益率。

由此提出研究假说。

假说9：新股承销费占比增加对A股市场IPO首日收益有抑制作用。

表4-8　　　　　　　　　发行日与上市日之间的等待期

区间	均值（天）	最大值（天）	最小值（天）	中位数（天）
试行期间	208.73	927	12	195
审批制	34	277	7	23
通道制	17.58	89	11	15
保荐制	16.84	44	10	16

资料来源：根据样本数据整理统计得到。

4. 发行等待期与IPO首日收益。发行等待期是指股票发行日与上市日之间间隔天数。发行等待期与IPO首日收益率正相关，即发行等待期越长则上市首日收益越高（Su和Fleisher，1999）。上市等待期也被称为锁定风险（Tian，2003），较长的等待期使得投资人越发担心企业大股东的掏空行为，削弱了投资者对该只股票的投资热情，增加了IPO发行失败概率。所以投资人要求该风险在二级市场获得补偿，IPO首日收益更高。与发达证券市场发行等待期（美国、加拿大等待期一般小于7天）比较可知，我国上市发行的确存在较长的等待期（见表4-8），尤其在试行期间和审批制期间，等待期均值分别达到208.73天和34天；实行通道制后，等待期显著缩小为17天左右，不过这仍然显著高于发达国家7天的等待期期限。

由此提出假说。

假说10：上市等待期与A股市场IPO首日收益正相关。

5. 换手率与上市首日收益。换手率是指一定时间内股市总成交股数与总流通股份的比率。适度换手率提升能够改善市场流动性指标，不过超高的换手率则说明股票市场中非理性成分占据上风，投机气氛浓厚。从我国 IPO 发行市场来看，首日换手率长期居高不下（见表 4 - 9），从统计数据的中位数看出，随着发行制度的改革，首日换手率具有攀升态势。

表 4 - 9   上市首日换手率

制度区间	均值	最大值	最小值	中位数
审批制	59. 34	88. 44	26. 94	58. 2
通道制	58. 93	198. 07	0. 8	60. 58
保荐制	70. 59	94. 05	17. 99	74. 37

资料来源：根据样本数据整理计算获得。

换手率越高说明该股上市首日市场的套现行为更加迫切（Krigman、Shaw和 Womach，1999），投资者更加期望获得短期资本利得，而非看重股票价值提升，投资者的投资策略越发倾向于投机。市场价格越高，对未来市场价格预期不确定性越大，持投机策略的投资者越倾向于选择股票套现行为。

因而提出假说。

假说 11：换手率与 IPO 首日收益正相关。

4.3   A 股市场 IPO 首日收益实证分析

4.3.1   样本与参数选取

1. 样本选择与数据处理。样本区间选取从 1990 年 12 月中国 A 股市场成立，截至 2011 年 5 月 31 日，在此期间，我国 A 股市场累计共有 2 316 家企业进行了 IPO 发行。

样本数据主要来源于 Wind 数据库和 CSMAR 数据库的综合，对于缺失数据以巨灵数据库、天相数据库以及发行企业的招股书进行相应补齐，对于依旧存在数据缺失的样本进行删除处理。最终，本文共获得研究样本 2 019 个。其中试行阶段 6 个、审批制期间 868 个、通道制期间 181 个、保荐制期间 964个。可以看出，试行阶段数据量仅为 6 个，这主要是因为早期统计数据缺失严重造成的，该数量无法达到实证模型构建的要求，所以在此只能对试行阶段做统计性分析，不建立统计模型。

综上所述，事实上模型研究数据区间涵盖了 1993 年 4 月至 2011 年 5 月底，共涉及 216 个月，有效数据 2 013 个，占 A 股上市股票累计总量的 86.9%，共存在审批制、通道制和保荐制三个制度比较区间。

2. 参数定义。鉴于上一小节的统计与研究假说，本文选择的参数涉及企业内在价值指标、市场发行周期指标、承销商声誉指标、公司治理结构指标、市场制度指标几个方面。具体来说如下：

Adj_{retrn} 表示经市场指数调整后的首日收益率；

$LNAsset$ 表示上市前一年企业资产总规模；

$LNIncome$ 表示上市前一年的主营业务收入；

$Leverage$ 表示上市前一年企业资产负债率；

One 表示公司第一大股东持股比例；

Two 表示公司第二至第十大股东持股总比例；

$State$ 哑元变量，表示该企业性质，国有性质企业取值为 1，否则为 0；

HB 哑元变量，表示该企业 A 股上市前是否已在 B 股市场、H 股或其他海外市场上市，已上市企业取值为 1，否则为 0；

Hot 表示 IPO 上市所处市场发行周期，处于热季周期取值为 1，否则为 0；

$Honor$ 哑元变量，表示负责该股上市的主承销商声誉。排名前 15 名作为高声誉承销商，取值为 1，否则为 0；

$LNFee$ 表示上市企业的承销费；

Lag 表示上市等待期，即发行日与上市日之间的时间间隔；

CHA 表示上市首日换手率。

4.3.2　回归模型与检验结果

1. 回归模型与计量技术。鉴于 4.3.1 小节的论述，以经市场指数调整后的首日收益为被解释变量，影响我国 A 股 IPO 首日收益的可能因素为解释变量，分别构建审批制、通道制和保荐制下的多因素线性回归模型和全区间多因素线性回归模型如下：

$$Adjretrn = C + \beta_1 LNAsset + \beta_2 LNIncome + \beta_3 Leverage$$
$$+ \beta_4 One + \beta_5 Two + \beta_6 State + \beta_7 HB + \beta_8 Honor \qquad (4.1)$$
$$+ \beta_9 LNFee + \beta_{10} Lag + \beta_{11} CHA + \xi_i$$

多元线性模型各参数间可能会存在多重共线性问题，对此本文对各变量进行了相关分析与多重共线性验证，发现除了个别变量内生性问题外，多重共线性并不明显。为了减少模型异方差，对相关的资产规模、发行费、主营业务收入进行了对数处理。

2. 模型结果分析。全区间以及各个分区间的模型运行结果参见表 4 − 10。从模型运行结果来看，模型调整后 R^2 在审批制下为 16.1%，通道制下为 55.4%，保荐制下为 41%，说明参数对 IPO 首日收益具有明显的解释力。在各制度区间内均显著的解释变量按照解释变量对模型贡献率由大到小顺序排列为：市场投资者情绪参数、承销费参数、上市前一年主营业务收入、上市首日换手率、第二大股东至第十大股东持股比例和上市时间间隔。其中，又以投资者情绪参数、承销费参数和上市前一年主营业务收入参数的相关性最显著。就各个参数模型运行结果逐一来看，本文可得出：

（1）市场投资者情绪指标。投资者投资情绪越高亢，IPO 上市首日收益率越高，与研究假设一致。该指标与被解释变量的相关性最大，说明市场非理性投资情绪是影响我国 A 股 IPO 首日收益的最主要因素之一。不同制度区间模型运行结果表明，该参数数值不断上升，投资者情绪对 A 股市场 IPO 首日收益率的影响力有渐强趋势，新股发行受到非理性投资者情绪的影响较大，这与 A 股市场投资者人数不断增加，投资者投资水平不高有关（参见第 6 章投资者构成）。

（2）承销费指标。该指标运行结果显著，证实了直接成本与间接成本替代理论在中国市场的适用性。这说明 IPO 上市直接成本随着市场约束、法律法规健全，承销费比例逐步增加，这能够有效抑制 IPO 发行首日超额收益现象。

表 4 − 10　　A 股市场 IPO 发行首日超额收益模型回归结果

参数	全区间	审批制区间	通道制区间	保荐制区间
C	301.6709	355.3497	359.4402	245.5616
	(15.8386 ***)	(38.4167 ***)	(5.1663 ***)	(7.051179 ***)
LNAsset	− 10.4924	− 2.1223	− 17.6394	− 11.4116
	(− 3.7601 ***)	(− 0.4276)	(− 2.1097 **)	(− 3.0722 ***)
LNIncome	− 13.3085	− 14.5626	− 14.2384	− 10.3197
	(− 5.0723 ***)	(− 3.6033 ***)	(− 1.9678 *)	(− 2.8081 ***)
Leverage	− 53.1984	− 74.7521	− 49.2851	− 23.5077
	(− 3.4275 ***)	(− 3.0112 ***)	(− 1.2110)	(− 1.1422)
One	0.1174	0.6029	− 0.4872	− 0.0389
	(0.8994)	(2.5461 **)	(− 1.3554)	(− 0.2454)

续表

参数	全区间	审批制区间	通道制区间	保荐制区间
Two	0.1095	1.0055	0.6517	0.2661
	(0.7351 ***)	(3.4517 ***)	(1.6043 ***)	(1.4314 ***)
State	4.7465	5.3586	8.6428	1.4603
	(1.2372)	(0.7514 *)	(0.8227 *)	(0.3055)
HB	−32.2354	−11.2667	−24.3776	−42.5471
	(−3.3089 *)	(−0.1604 ***)	(−1.1291 *)	(−3.3341 *)
Hot	47.04668	22.3578	35.63562	74.4995
	(13.4353 ***)	(3.640579 ***)	(2.878569 ***)	(13.8441 ***)
Honor	1.6762	3.7170	−4.7108	−6.3319
	(0.4928)	(0.6313)	(−0.5191)	(−0.5099 *)
LNFee	−34.9668	−23.0492	−61.4264	−33.8026
	(−13.6933 ***)	(−4.5379 ***)	(−4.8563 ***)	(−8.0177 ***)
Lag	0.34521	0.1547	0.8339	0.722795
	(0.4068 ***)	(1.4789 *)	(1.5947 *)	(1.2025 ***)
CHA	0.9080	0.7215	2.7609	0.9406
	(10.7169 ***)	(5.5458 ***)	(7.4756 ***)	(8.1078 ***)
Adj R²	0.334666	0.160678	0.553868	0.409938
样本数	2 013	868	181	964

注：( ) 内表示参数的 t 统计量，*** 表示在 1% 显著性水平下显著，** 表示在 5% 显著性水平下显著，* 表示在 10% 显著性水平下显著。

（3）上市前一年主营业务收入指标、资产规模指标、债务比例指标。这三个指标体现了上市企业财务状况，与研究假设预期一致。主营业务指标是对 IPO 上市首日收益影响最为明显的财务指标，在各个制度区间参数均显著。资产规模指标在审批制下不显著。公司杠杆比率仅在审批制下显著，而在通道制和保荐制下并不显著。公司杠杆比例指标侧面也反映出我国公司融资渠道和融资方式日渐丰富，投资者越来越关注于企业未来融资能力，企业追求资产负债比例水平适当，并非绝对的低负债率。

（4）首日换手率指标。该指标与上市首日收益显著正相关，与研究假设一致。换手率越高说明两方面问题：一方面说明市场投机情绪严重；另一方面说明市场投资热情高亢，投资者异质性预期差异化较大，交易频繁。我国证券市场管理当局选择对 IPO 收益波动有抑制作用的 T + 1 交收制度恰恰是为了防止市场过度投机，抑制非理性投资情绪的极度蔓延和股票价格的巨幅波动。

（5）上市间隔期指标。上市间隔期越长，IPO 上市首日收益率越高，与假说一致。该指标随着制度改革的深入，其显著度增加。在保荐制前，上市间隔指标与 IPO 首日收益在 10% 显著度指标下显著；在保荐制后，在 1% 显著度指标下显著。

（6）承销商声誉指标。该指标对 IPO 首日收益显效存在一个渐进过程。首先，在审批制阶段表现为正相关，且不显著；其次，进入通道制，上市首日收益呈现出与承销商声誉负相关性；最后，在进入保荐制后，承销商声誉与 IPO 首日收益呈现出负相关关系，且在 10% 显著度水平下显著。由此看来，高声誉承销商对 IPO 首日收益的抑制作用在进入保荐制阶段后才初步显效。审批制阶段承销市场处于高垄断性，股票定价采用行政指导方式，不但导致了承销商声誉机制的失灵，而且使得声誉与 IPO 首日收益正相关。在通道制下，特别是实行券商上报通道制阶段，通道数量有限，券商采取抓大放小策略，以获得较大的承销费用总额，承销商声誉模型依旧失效。在保荐制下，承销商声誉模型开始显效，但其对 IPO 首日收益抑制效果仍然不强。

（7）公司治理指标。第一大股东持股比例越高，IPO 首日收益率越低的预期并不成立。在审批制阶段，行政指令对市场的扭曲作用最大，导致第一大股东持股比例与 IPO 首日收益呈现出正相关关系。这是因为审批制下，国有股占比越大，第一大股东持股比例越高，反而越能说明政府对该股的隐性扶持越大，投资者对企业未来预期越乐观。另外，第二大股东持股比例越高，对第一大股东的牵制性越强，与研究假设一致。

（8）HB 股提前上市指标。A 股市场 IPO 首发前已完成其他证券市场上市的企业，获得的估值较高，首日收益率较低，与事先假设一致。该指标在审批制区间，在 1% 显著度水平下显著；而在通道制和保荐制阶段，10% 显著度水平下显著。这说明随着我国 A 股市场的发展和公司治理水平的提高，投资者以是否海外上市来判断 A 股上市企业公司治理水平的依赖度在下降。

（9）控股股东性质指标。在审批制和通道制区间，该指标在 10% 显著度水平下显著，但是符号与研究假设相反。这说明国有性质上市企业并未受到市场排斥，而是获得了更高的 IPO 首日收益。由此可见，政府隐性担保的国有上市企业给了投资者异质性预期更加开阔的想象空间，是造成 IPO 首日收益更高的原因。

4.4　A 股市场 IPO 首日收益评价

本章的研究重心在于 A 股市场 IPO 首日收益，通过不同参数划分下的统计分析和相关实证模型讨论，获得对 A 股 IPO 首日收益较为客观和全面的评价。总的来说，A 股 IPO 市场既有令人可喜的一面，又有令人担忧的一面。

1. 从 A 股市场 IPO 首日收益研究的分区间比较和实证模型来看，我国 A 股市场 IPO 发行的多次发行制度改革是有效的。随着制度改革推进，IPO 首日收益率显现出逐步下降的趋势，证券市场规模在逐渐扩大，上市企业类别越来越丰富，市场制度改革是逐步向市场化靠近的。

2. A 股市场发展的进程中，始终充斥着大量的非理性投资者，就目前 A 股市场发展水平和现状来看，当前市场 IPO 上市首日超额收益现象依旧严重，市场仍然充斥着大量的非理性投资行为，承销商声誉约束机制效果有限，IPO 市场机制仍未能完全发挥作用。

3. 影响 A 股 IPO 市场首日收益率水平的因素，不仅仅局限于其财务状况、发展成长性、盈利能力、治理结构等企业内部指标，而且广受市场情绪、市场制度、中介效率等外部指标的约束。从参数对模型的贡献度来看，影响我国 A 股 IPO 市场首日收益最主要的三大因素依次为投资者情绪，承销费用，以及上市前一年主营业务收入。这说明我国 A 股 IPO 市场研究中，非理性投资行为是不可或缺的部分。

4. 验证各相关理论在中国市场的适用性。经实证研究证实，信息不对称理论、从众理论、直接成本与间接成本替代理论以及热季周期理论在我国市场具有适用性，而委托代理理论、承销商声誉模型经历了从不适用到逐步显效的转变过程，其他理论则完全不适用中国 A 股市场。

所以说，A 股市场 IPO 首日超额收益的研究，不仅要关注企业内在价值讨论上，同时要关注制度因素和非理性投资行为等方面。

5

A股市场 IPO 后市收益分析

本章主要针对 A 股市场 IPO 后市三年期内的绩效展开讨论。通过跟踪 A 股 IPO 后市月度绩效的走势，获得 A 股后市收益的统计结果；在此基础上分析影响 A 股后市收益的可能因素，获知影响 A 股后市收益的关键因素；并通过构建 A 股市场制度分区间多因素模型和模型运行结果，分析 A 股制度改革对 IPO 后市收益的影响。最终，结合本章获得的 A 股市场 IPO 后市收益存在弱势现象的结论和新股破发现象的统计，剖析中国 A 股后市收益弱势现象的原因。

5.1 计量方法与后市收益

5.1.1 后市收益考量方法选择及相关说明

1. 后市收益统计方法。为了对 IPO 后市收益进行比较和公正评价，一般选择相对收益法。常用的相对收益率法有上市累计平均调整收益法（CAR）和上市企业买入——持有平均收益法（BHAR），CAR 法根据权重方法不同，又可分为市值权重累计平均市场收益法（MCAR）和等权重累计平均市场收益法（ACAR），如式（5.1）和式（5.2），BHAR 法如式（5.3）。

$$CAR_{q,T} = \begin{cases} MCAR_{q,T} = \sum_{t=q}^{T} w_i \times \sum_{i=1}^{n} (r_{it} - r_{mt}) & (5.1) \\ ACAR_{q,T} = \sum_{t=q}^{T} \frac{1}{n} \times \sum_{i=1}^{n} (r_{it} - r_{mt}) & (5.2) \end{cases}$$

令 $ar_i = r_{it} - r_{mt}$

其中，（1）ar_i 表示第 i 只股票收益（r_{it}）在 t 时刻的经匹配样本收益（r_{mt}）调整后的相对收益。当 $ar_i > 0$，说明股票 i 在时间段 t 内收益率强于匹配样本，表现为强势；$ar_i < 0$，说明股票 i 在时间段 t 内收益率弱于匹配样本，表现为弱势。

（2）$MCAR_{q,T}$ 相当于第 q 个月到第 T 个月按市值权重（w_i）平均的累计平均市场调整后收益。如果忽略市值对收益率的影响，赋予每只 IPO 相同权重，可获得第 q 个月到第 T 个月的等权累计后市收益率 $ACAR_{q,T}$。

（3）$CAR_{q,T} > 0$，说明 IPO 在上市时间段（q，t）内收益率强于匹配样本，后市收益为强势；$CAR < 0$，说明 IPO 在上市时间段（q，t）内收益率弱于匹配样本，后市收益为弱势。$CAR_{1,12}$、$CAR_{1,24}$、$CAR_{1,36}$ 可依次表示 IPO 上市首年后市累计收益、两年期后市累计收益和三年期后市累计收益。

$$BHAR = \sum_{i=1}^{n} w_i \times \left(\prod_{t=1}^{T} (1 + r_{it}) - \prod_{t=1}^{T} (1 + r_{mt}) \right) \qquad (5.3)$$

令 $bhar_l = \prod_{t=1}^{T} (1 + r_{it}) - \prod_{t=1}^{T} (1 + r_{mt})$

其中，$bhar_i$ 表示第 i 只股票买入——持有策略下持有 T 期的经市场调整相对收益，所谓买入——持有方式（Buy – Hold Return），即以首日收盘价格买入并一直持有到 T 期的相对收益率；BHAR 是全部 n 只 IPO 按照市值权重的经市场调整的相对收益，同式（5.1），如果忽略市值对收益率的影响，也可获得等权重平均相对收益。

比较以上两类计量方法可以看出，CAR 方法使用单利计算后市累计收益率，BHAR 使用复利考量后市收益率。BHAR 方法更能代表复利收益，更加符合投资者收益现状（Barber 和 Lyon，1997），不过 BHAR 复利计量更加容易受到相对波动率影响，放大单期相对收益率对整个周期的影响，从而增加统计偏误。CAR 方法因为使用单利计量，反而能够较好地平滑各期收益情况，使得计算偏误更小（Fama，1998）。所以下文研究主要依据上市企业累计平均调整收益法，展开等权重和市值权重下的 IPO 后市收益率比较分析。

2. 匹配样本（r_{mt}）选择。参照样本的选择对后市收益测量存在显著影响，甚至会得出完全相反的结论（杨丹，林茂，2006）。匹配样本选取的方法常见的有三类，分别是 Rivoli 和 Ritter 的股票市场指数基准法、非上市公司基准法、Fama – French 基准法。其中，股票市场指数基准法是指以相对应的市场指数为基准，计算上市企业后市长期绩效相对于所属市场指数收益的相对收益率。该方法有助于市场参考指标的统一，但这种方法不够严格与缜密；非上市公司基准法选择同期、同规模、同类别的非上市企业作为对比坐标（Ritter，1991），能够使得不同类别企业匹配更加具有可比性的参考基准，不过参考基准因个体差异变化较大，不利于研究结论的可比性和一致性；Fama – French基准法以 Fama – French 模型经过 Beta 系数（β）调整的市场指数作为该只股票的匹配样本，更加严格意义上的市场指数匹配法。

鉴于我国的非上市公司信息隐蔽性较强，可获得的信息准确性有待考证，因而采用非上市公司匹配样本法不是本文的最优选择；鉴于 Fama – French 模型中涉及的 Beta 系数参数可获性受到现有条件的约束，所以下文展开 A 股 IPO 后市收益研究，主要选择市场指数基准匹配法，对于在上海证券交易所和深圳证券交易所上市企业，分别选择上证 A 股指数（000002）和深证 A 股指数（399002）作为匹配样本。与此同时，这也使得沪、深股市个股匹配样本保持与首日收益匹配样本的一致性，便于后市相对绩效与 IPO 首日超额收益进行对比。

3. 研究区间的选择。IPO 后市收益弱势问题被揭示后，Ritter（1991）发现，后市收益弱势现象往往在 IPO 上市后的 3～5 年内显现，5 年之后 IPO 收益弱势现象基本消失。针对我国 A 股 IPO 后市收益研究中，有些研究选择时点研究法，采用上市首日收盘价买入并持有一年后卖出，或三年后卖出的策略，考察 IPO 持有期间长期绩效，选择的时点不同，得到的研究结论也不尽相同。这是因为 IPO 上市后市收益是一个动态发展过程，时点研究法很可能遗失期间的重要信息，得到的结论容易存在以偏概全之嫌。所以本文对我国 IPO 市场后市收益研究，选择 3 年期作为研究区间，采用后市收益月度收益评价体系，就 IPO 上市后 36 个月的后市收益展开跟踪与对比，以捕捉 IPO 后市收益动态变化过程。

5.1.2　IPO 等权重后市相对收益率

为考察我国 IPO 上市后市收益的各月度动态走势，我们模拟一个包含 n 只 IPO 的投资组合，假定在 IPO 上市后 $t = T - 1$ 时点，以当日收盘价格买入该 IPO，并一直持有到 T 时刻，在 $t = T$ 时点，以证券市场该日收盘价格卖出，并对所有 n 只股票做相同的买入—卖出投资策略。

由此可以获得该投资组合在上市后区间（$T - 1$，T）内，相对于其上市市场指数的当期月平均收益率：

$$ar_T = \sum_{t=T-1}^{T} \frac{100}{n} \times \sum_{i=1}^{n} (r_{it} - r_{mt}) \tag{5.4}$$

其中，$ar_T > 0$，说明 IPO 上市后（$T - 1$，T）区间内 IPO 收益强于市场收益；

$ar_T < 0$ 说明 IPO 上市后（$T-1$，T）区间内 IPO 收益弱于市场收益。

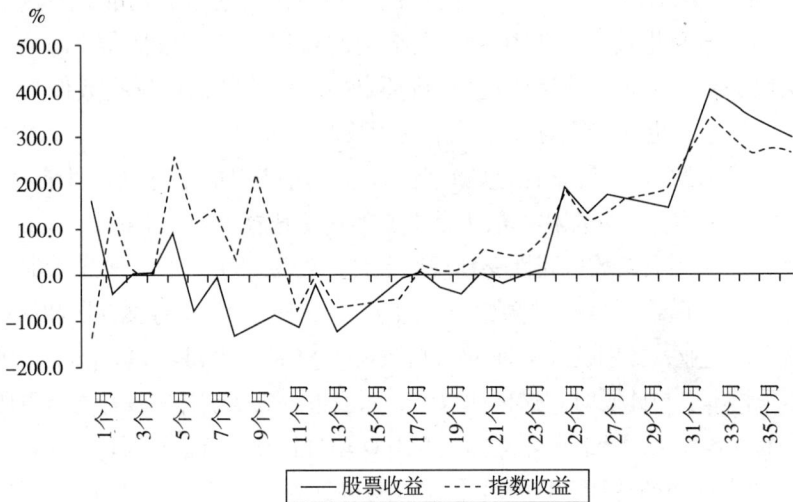

资料来源：根据样本数据后市各月收益均值与对应市场指数收益描绘得到。

图 5 - 1   IPO 后市收益与市场收益均值月度走势曲线

采用等权平均法（ar_T），计算 A 股市场 IPO 有效样本 1~36 个月的月度后市相对收益率，可获得 A 股 IPO 后市收益月度走势曲线（见图 5 - 1）。从图中清晰可见，A 股 IPO 后市收益与同期市场指数收益相比，在一定的区间内的确存在弱势现象，IPO 后市相对收益由二者的缺口表示。IPO 上市后 1~3 个月内，进入后市收益弱势区间；IPO 上市三年期间，后市收益与同期市场收益最大缺口出现在上市首年的 5~11 月之间，随后该缺口显著减小；在 IPO 上市 17~23 个月内，IPO 后市月度收益出现了强势现象，但是没有能够持续下去，IPO 上市 31 个月后，IPO 后市月度收益再次转强。由此可预判，A 股市场 IPO 月度后市相对收益弱势现象集中表现在 IPO 上市后两年期内，进入上市第三年后，IPO 后市月度收益逐步超过市场收益，第三年中期后 IPO 月度收益转为强势。

表 5 - 1   **A 股市场 IPO 等权重后市相对收益统计**

T	样本量（个）	ar_T			$ACAR_{1,T}$	
		均值	中位数	标准差	均值累计	中位数累计
1	1 614	2.966	4.203314	16.23186	2.966	4.203314
2	1 614	−1.71	−1.26303	19.31756	1.70297	2.940284
3	1 614	−0.003	−0.008	0.307256	1.69497	2.932284
4	1 614	−0.044	0.005021	0.247517	1.699991	2.937305

T	样本量 （个）	ar_T			$ACAR_{1,T}$	
		均值	中位数	标准差	均值累计	中位数累计
5	1 614	- 1.597	- 0.57553	20.69819	1.124461	2.361775
6	1 614	- 1.966	- 1.5208	14.64129	- 0.396339	0.840975
7	1 614	- 1.541	- 1.37915	13.3742	- 1.775489	- 0.53818
8	1 614	- 1.568	- 1.53493	14.33547	- 3.310419	- 2.07311
9	1 614	- 3.363	- 1.67522	15.13485	- 4.985639	- 3.74833
10	1 614	- 1.373	- 1.19542	12.74029	- 6.181059	- 4.94375
11	1 614	- 0.342	- 0.43456	11.46082	- 6.615619	- 5.37831
12	1 614	- 0.284	- 1.07207	12.59725	- 7.687689	- 6.45038
13	1 336	- 0.534	- 0.3508	11.32483	- 8.038489	- 6.80118
14	1 336	- 0.266	- 0.23803	11.16327	- 8.276519	- 7.03921
15	1 336	0.154	0.116336	11.44589	- 8.160183	- 6.92287
16	1 336	0.452	- 0.16117	12.24659	- 8.321353	- 7.08404
17	1 336	- 0.208	- 0.48906	11.09949	- 8.810413	- 7.5731
18	1 336	- 0.412	- 0.73926	12.00022	- 9.549673	- 8.31236
19	1 336	- 0.583	- 0.64682	11.11346	- 10.196493	- 8.95918
20	1 336	- 0.541	- 0.81689	12.15796	- 11.013383	- 9.77607
21	1 336	- 0.642	0.54523	11.00835	- 10.468153	- 9.23084
22	1 336	- 0.419	- 0.90522	11.70383	- 11.373373	- 10.1361
23	1 336	- 0.763	0.81139	12.64397	- 10.561983	- 9.32467
24	1 336	0.017	0.74555	11.30917	- 9.816433	- 8.57912
25	1 301	0.155	0.68596	10.96147	- 9.130473	- 7.89316
26	1 301	0.446	0.77212	11.15691	- 8.358353	- 7.12104
27	1 301	- 0.062	- 0.50107	11.62233	- 8.859423	- 7.62211
28	1 301	- 0.158	- 1.03871	10.11118	- 9.898133	- 8.66082
29	1 301	- 0.389	- 0.93819	10.82214	- 10.836323	- 9.59901
30	1 301	0.07	0.93496	11.98728	- 9.901363	- 8.66405
31	1 301	0.583	0.73708	13.20119	- 9.164283	- 7.92697
32	1 301	0.833	0.49586	11.68794	- 8.668423	- 7.43111
33	1 301	0.792	0.88884	13.11044	- 7.779583	- 6.54227
34	1 301	0.435	1.06133	13.23529	- 6.718253	- 5.48094
35	1 301	0.4	0.95862	12.11445	- 5.759633	- 4.52232
36	1 301	0.156	1.15669	12.34028	- 4.602943	- 3.36563

资料来源：根据 CSMAR 数据库获得的 IPO 后市交易数据计算整理得到。

由IPO 等权重后市相对收益率统计（见表 5 - 1）可知，（1）上市第一年，A 股市场 IPO 后市收益离差较大，最大离差为 20.7；（2）第二年到第三年月度后市收益离差介于 11 ~ 13 之间，这说明 IPO 上市后第一年收益率分布长尾现象更为突出。该现象很可能是因为市场对该 IPO 的信息掌握不够完全，市场预期异质性凸显，投资情绪容易受到外界影响起伏较大等因素所致。

从IPO 等权重后市累计收益可知，由于该统计方法存在累计效应，在月度收益强于当期市场收益之时，累计收益并不会立刻进入强势通道，而是继续维持后市累计收益弱势状态，直至累计效应填平弱势缺口为止。IPO 上市后，采用首日收盘价买入——持有策略下的 IPO 累计收益弱势现象最显著的区间位于 19 ~ 23 个月之间，从第 24 个月开始，IPO 累计收益弱势缺口开始缩小。

5.1.3　IPO 市值权重后市相对收益率

使用等权算术均值法考量 IPO 后市收益，往往容易造成单只股票的收益极值对市场整体走势产生显著影响，并有可能因此而获得错误结论，为此，考虑市值权重的 IPO 后市异常收益率。选择与等权 ar_T 相同方法构造投资组合，仅改变权重模式，以上市企业交易当年市值与总市值之比作为权重（w_i）。该投资组合在后市时间区间（$T-1$，T）相对于其上市市场指数的回报率为

$$war_T = \sum_{t=T-1}^{T} w_i \times 100 \times \sum_{i=1}^{n} (r_{it} - r_{mt}) \tag{5.5}$$

同理，$war_T > 0$，说明 IPO 上市后（$T-1$，T）区间内 IPO 收益强于市场收益；$war_T < 0$，说明 IPO 上市后（$T-1$，T）区间内 IPO 收益弱于市场收益。

根据以上公式和 CSMAR 数据库获得的 A 股市场 IPO 后市交易数据，可以得到市值权重下 IPO 月度后市相对收益率（见表 5 - 2），市值权重下 IPO 后市月度相对收益波动性显著减小，说明市值权重法能够有效平滑小市值股票收益波动性以及收益率极值现象。上市后 3 个月内，IPO 市值权重的月度收益均值仍优于对应市场指数收益，从第 4 个月开始出现后市收益弱势现象，与等权重月度收益法相比，进入后市收益弱势时间稍晚。第 27 个月 IPO 市值权重的月度相对收益进入强势，在第 4 ~ 27 个月之间，IPO 市值权重的月度相对收益存在多次的弱势与强势翻转现象。

表 5 – 2   A 股市场 IPO 市值权重后市相对收益统计

T	样本量	war_T			$WCAR_{1,T}$	
		均值	中位数	标准差	均值累计	中位数累计
1	1 614	0.004671	0.000351	0.153531	0.004671	0.000351
2	1 614	0.000192	– 0.000137	0.048868	0.004863	0.000214
3	1 614	3.37E – 05	– 7.19E – 07	0.000971	0.004897	0.000213281
4	1 614	– 8.52E – 04	4.10E – 07	0.00184	0.004045	0.000213691
5	1 614	– 0.000344	– 5.63E – 05	0.021598	0.003701	0.000157391
6	1 614	0.00093	– 0.00012	0.073464	0.004631	0.000037391
7	1 614	– 0.00623	– 0.000109	0.043506	– 0.0016	– 0.000071609
8	1 614	– 0.000415	– 0.000129	0.014588	– 0.00201	– 0.000200609
9	1 614	0.000169	– 0.000136	0.033392	– 0.00185	– 0.000336609
10	1 614	– 0.000491	– 0.000101	0.029835	– 0.00234	– 0.000437609
11	1 614	– 0.000456	– 3.18E – 05	0.036842	– 0.00279	– 0.000469409
12	1 614	– 9.40E – 05	– 7.35E – 05	0.034974	– 0.00289	– 0.000542909
13	1 336	0.000726	– 3.16E – 05	0.043621	– 0.00216	– 0.000574509
14	1 336	– 0.0004	– 1.76E – 05	0.022166	– 0.00256	– 0.000592109
15	1 336	– 0.001144	7.45E – 06	0.034931	– 0.0037	– 0.000584659
16	1 336	0.001729	– 9.63E – 06	0.037136	– 0.00198	– 0.000594289
17	1 336	– 0.001179	– 3.64E – 05	0.030617	– 0.00315	– 0.000630689
18	1 336	0.000507	– 5.49E – 05	0.030171	– 0.00265	– 0.000685589
19	1 336	0.000997	– 4.01E – 05	0.040055	– 0.00165	– 0.000725689
20	1 336	– 0.00041	– 5.28E – 05	0.0291	– 0.00206	– 0.000778489
21	1 336	– 9.90E – 05	– 4.17E – 05	0.018462	– 0.00216	– 0.000820189
22	1 336	– 0.000871	– 6.55E – 05	0.021305	– 0.00303	– 0.000885689
23	1 336	– 0.000822	– 5.44E – 05	0.021828	– 0.00385	– 0.000940089
24	1 336	– 0.000412	– 6.09E – 05	0.020188	– 0.00426	– 0.001000989
25	1 301	– 0.000106	– 5.59E – 05	0.014413	– 0.00437	– 0.001056889
26	1 301	– 0.000185	– 6.20E – 05	0.016183	– 0.00456	– 0.001118889
27	1 301	2.64E – 06	– 3.97E – 05	0.01335	– 0.00455	– 0.001158589
28	1 301	0.000358	9.13E – 05	0.017399	– 0.00419	– 0.001067289
29	1 301	3.37E – 05	8.84E – 05	0.017957	– 0.00416	– 0.000978889
30	1 301	0.000356	8.15E – 05	0.011867	– 0.0038	– 0.000897389
31	1 301	0.000137	6.53E – 05	0.011978	– 0.00367	– 0.000832089
32	1 301	0.000767	3.79E – 05	0.015771	– 0.0029	– 0.000794189
33	1 301	7.12E – 05	7.95E – 05	0.016753	– 0.00283	– 0.000714689
34	1 301	0.000999	0.000104	0.015597	– 0.00183	– 0.000610689
35	1 301	1.75E – 05	8.34E – 05	0.016536	– 0.00181	– 0.000527289
36	1 301	5.51E – 05	0.00011	0.015796	– 0.00176	– 0.000417289

资料来源：根据收集的 IPO 后市收益率按市值权重计算整理获得。

从 IPO 市值权重累计相对收益率走势来看，IPO 累计相对收益在第 7 个月进入弱势，与市场收益的最大缺口出现在第 26 个月和第 27 个月，随后该缺口逐步缩小，与等权重 IPO 累计相对收益率相比，最大缺口出现更晚。

由此可见，无论是从等权后市异常收益法出发，还是从市值权重后市异常收益法出发，都可以得出一致的结论：我国 A 股发行市场 IPO 后市收益存在较长期的弱势区间，从月度相对收益来看，IPO 后市收益弱势现象多出现在 IPO 上市两年半的时间内，随后，IPO 后市月度相对收益开始走强，IPO 后市累计相对收益率弱势缺口开始缩小。与发达证券市场 IPO 月度后市收益比较发现，我国 A 股市场 IPO 月度收益率逆转时点出现较早，发达证券市场国家 IPO 月度异常收益在第三年普遍表现为弱势①。由此可以证实，我国 A 股 IPO 后市弱势现象确实长期普遍存在，且后市弱势收益转强节点出现较早。

鉴于 IPO 后市异常收益的等权统计法与市值权重统计法的研究结论保持了一致性，在后文的研究中，笔者会将研究重心放在 IPO 后市收益影响因素的分析上，在不影响研究结论的前提下，不再详述因统计方法不同而导致的 IPO 后市收益率的具体数值差异。

5.2　IPO 后市收益分类统计分析

5.2.1　热季周期与冷季周期下 IPO 后市相对收益分类统计分析

中国 A 股市场发行存在显著的冷季周期和热季周期，在热季周期 IPO 首日收益显著高于冷季周期。为了比较 IPO 热季与冷季周期下 IPO 后市收益率的差别性，对 IPO 后市收益在冷、热季周期分别进行统计，结果见表 5 - 3。

热季周期与冷季周期发行 IPO 的后市收益相比而言，热季周期发行 IPO 后市首年收益弱势性表现更加突出，热季周期发行 IPO 第一年累计相对收益率中位数低于冷季一倍以上，第三年冷季周期发行 IPO 累计收益率中位数为正，优于热季周期。由此可见，热季周期发行 IPO 上市后的一年内存在显著的 IPO 效应耗尽现象，即随着非理性投资者投资热情耗尽，IPO 的价格显著回落，随着

---

① 发达证券市场 IPO 后市月度收益可参见 Ritter, 1994, "The Long - Run Performance of Initial Pub-lic Offerings", p. 10; Lee, Taylor & Walter, 1996, "Australian IPO pricing in the Short and Long Run", p. 1203 等。

上市企业信息不对称状况的改善，投资者投资异质性问题也逐步改善，出现了显著的收益率下降的现象。由于热季周期上市 IPO 首年累计收益回调幅度高于冷季周期，形成了较冷季发行 IPO 更大的收益弱势缺口，为了回填该缺口，热季周期 IPO 后市收益转强可能需要更长时间。

表 5-3　　　　按冷、热周期划分的 IPO 后市相对收益分类统计

发行周期	参数	均值	中位数	极大值	极小值	标准差
热季周期	$ACAR_{1,12}$	-24.98	-24.98	2.61	-52.58	39.02034
	$ACAR_{12,24}$	-1.36	-1.36	32.73	-30.02	44.3703
	$ACAR_{24,36}$	-1.62	-0.96	151.60	-385.46	48.3166
冷季周期	$ACAR_{1,12}$	-15.04	-10.43	137.16	-615.27	47.31326
	$ACAR_{12,24}$	-2.70	-3.93	11.63	-19.49	22.00372
	$ACAR_{24,36}$	-23.31	0.33	179.89	-684.64	76.9875

资料来源：根据前文热季与冷季周期划分下的样本个股后市收益计算整理得到。

5.2.2　沪、深股市 IPO 后市相对收益分类统计分析

选择等权重后市相对收益率法和市值权重累计后市收益率法，对沪、深两市三年内的 IPO 后市相对收益进行分类整理与统计，结果见表 5-4。

表 5-4　　　　按沪、深股市划分的 IPO 后市相对收益分类统计

市场	ACAR		WCAR		样本量
	参数	均值	参数	均值	
沪市	$ACAR_{1,12}$	-4.78314	$WCAR_{1,12}$	-0.00475	736
	$ACAR_{12,24}$	-15.2507	$WCAR_{12,24}$	-0.00464	719
	$ACAR_{24,36}$	-0.091044	$WCAR_{24,36}$	-0.00364	710
深市	$ACAR_{1,12}$	-17.3624	$WCAR_{1,12}$	-0.00289	878
	$ACAR_{12,24}$	-2.4	$WCAR_{12,24}$	$2.38E-05$	619
	$ACAR_{24,36}$	0.019347	$WCAR_{24,36}$	0.001507	591

资料来源：根据沪、深股市样本后市相对收益计算整理得到。

从 IPO 后市等权重相对收益率比较来看，在深圳证券交易所上市的企业，其新股后市首年收益弱势现象比上海证券交易所上市的新股表现得更为显著；从 IPO 后市市值权重相对收益率来看，沪、深两市上市新股后市首年相对收益率的差距并不明显，说明市值权重平抑了小市值股票收益率大幅波动过多的权重问题。IPO 上市后的第二年，深市上市新股的后市相对收益弱

势现象显著减少，而沪市上市新股的后市相对收益率弱势现象仍然突出。IPO 上市后的第三年，深市等权重相对收益率和后市市值权重相对收益率值均转为强势，而沪市则均为弱势，这说明小盘股更容易实现月度相对收益率由弱势向强势的转变。

5.2.3　不同制度区间 IPO 后市收益分类统计分析

在非完全有效市场和非理性投资行为影响投资决策的现实市场环境下，IPO 市场制度因素不但直接影响证券市场有效性和监管机制，而且也间接影响市场参与主体的行为方式和目标函数。因此，有必要按照我国 IPO 发行制度改革脉络，就各种不同制度下的 IPO 后市收益做进一步比较分析。

从 IPO 发行制度分区间统计的当期 IPO 后市相对收益均值走势来看（见表5-5），审批制、通道制和保荐制区间 IPO 后市收益均存在弱势现象，且在上市后第三年期间均有月后市相对收益率逆转为强势的现象发生。在保荐制区间发行上市的新股，其从新股上市后的第三年初开始表现出股票月度收益强于对应市场指数收益率，并就此一直保持 IPO 后市收益的相对强势状态；而审批制和通道制期间发行上市的新股，虽然其在新股上市后的第三年期间也分别出现月度后市相对收益强势现象，不过与保荐制区间新股相比，IPO 后市相对强势状态出现较晚，而且存在反复波动的现象。

从 IPO 后市当月收益与相应市场指数收益的缺口来看，保荐制区间发行新股的后市收益无论处于相对弱势，还是相对强势状态，其缺口均相对较小，而且走势也相对较为平稳；审批制区间与通道制区间发行的 IPO，其缺口本身以及变化幅度均较大，且缺口极值现象集中发生在 IPO 上市后的两年内。第 11个月至第 12 个月、第 23 个月至第 24 个月，IPO 月后市相对收益均出现了显著的上扬现象，并在随后出现明显回落，该现象可借鉴政治周期[①]对股票收益影响（Shen，Li 和 Huang，2009）进行解释，IPO 上市后的业绩披露时点对于上市企业颇具意义，特别是新股上市后的头几年的业绩，能够披露提振市场信心的业绩报告，不但有助于上市企业的业绩评价，而且对提振投资者信心和增加该股的未来价格预期均非常有利。所以这很可能是一种类似政治周期的周期性收益率上扬现象，该现象属于短期市场现象，不能支持上市企业业绩的长期增长，当然也不排除 IPO 首年绩效受粉饰、操纵等不正当行为的影响。

---

　　① 政治周期是指股票市场收益率随着中国全国人民代表大会召开的时间间隔，呈现出周期性变化；在大会召开前市场收益率上升，在大会闭幕后又下降的现象。

表 5 - 5　　　　按发行制度分类统计的 IPO 后市月度相对收益

时期	审批制			通道制			保荐制		
	ar_T	r_i	r_m	ar_T	r_i	r_m	ar_T	r_i	r_m
1 个月	2.011	0.599	-1.412	1.418	2.514	1.096	4.725	2.684	-2.041
2 个月	-1.504	-0.239	1.443	-0.133	-1.473	-1.340	-2.459	-0.355	2.105
3 个月	-0.011	0.018	0.029	-0.044	-0.012	0.032	0.020	-0.002	-0.022
4 个月	-0.036	0.024	0.060	0.013	-0.019	-0.033	-0.071	0.003	0.074
5 个月	-2.512	0.917	3.429	-1.579	-2.438	-0.859	-0.357	2.020	2.377
6 个月	-1.170	0.355	1.525	-1.475	-0.878	0.597	-3.195	-2.487	0.709
7 个月	-1.754	0.621	2.375	-1.378	-0.996	0.382	-1.300	-0.678	0.622
8 个月	-0.690	-0.626	0.064	-0.834	-1.431	-0.597	-2.983	-2.311	0.671
9 个月	-2.947	0.837	3.784	-1.525	-2.140	-0.615	-4.474	-3.482	0.993
10 个月	-0.099	1.499	1.598	-2.394	-2.464	-0.070	-2.805	-3.527	-0.722
11 个月	0.340	0.039	-0.301	-2.056	-2.724	-0.668	-1.116	-3.241	-2.124
12 个月	0.101	0.628	0.528	-2.316	-3.416	-1.100	-0.138	-0.557	-0.419
13 个月	-0.428	-1.196	-0.767	-0.919	-1.232	-0.313	-0.589	-1.543	-0.954
14 个月	0.257	-0.484	-0.740	-2.197	-2.960	-0.764	-0.525	-0.873	-0.349
15 个月	-0.415	-0.635	-0.220	-0.212	-1.119	-0.907	1.783	0.161	-1.622
16 个月	0.692	0.577	-0.116	-0.874	-1.797	-0.923	0.572	-0.765	-1.336
17 个月	-0.367	0.000	0.366	-0.585	-1.094	-0.509	0.396	0.741	0.344
18 个月	0.064	-0.010	-0.074	-0.857	-1.410	-0.553	-1.364	-0.445	0.919
19 个月	0.246	0.022	-0.224	-0.274	-0.800	-0.526	-2.837	-1.418	1.419
20 个月	0.406	0.672	0.266	-1.308	-1.497	-0.190	-2.502	-0.838	1.664
21 个月	0.021	0.741	0.720	-1.865	-2.795	-0.930	-1.638	-1.070	0.568
22 个月	0.120	0.280	0.160	-2.713	-3.887	-1.174	-0.517	1.399	1.916
23 个月	-0.696	-0.676	0.019	-2.266	-2.708	-0.442	-0.111	3.409	3.520
24 个月	-0.458	1.379	1.837	-0.025	-1.006	-0.981	0.542	3.861	3.319
25 个月	0.125	1.470	1.346	0.337	-0.099	-0.436	0.154	1.659	1.505
26 个月	-0.219	1.020	1.240	0.386	-0.339	-0.725	1.461	4.111	2.651
27 个月	-0.004	1.036	1.039	0.326	-0.569	-0.895	0.498	5.172	4.674
28 个月	-0.051	0.757	0.808	-0.103	-0.059	0.044	0.729	5.262	4.533
29 个月	-0.232	0.865	1.097	-0.476	-0.160	0.316	0.035	4.810	4.775
30 个月	0.056	2.050	1.994	-0.135	1.350	1.485	0.357	5.378	5.021
31 个月	0.527	3.578	3.051	0.385	1.574	1.189	0.555	6.325	5.769
32 个月	0.376	3.086	2.710	0.114	1.089	0.975	1.658	6.435	4.777
33 个月	0.711	3.301	2.590	0.053	0.819	0.766	1.662	5.474	3.812
34 个月	0.333	2.650	2.317	0.070	1.178	1.107	0.702	5.587	4.885
35 个月	0.118	2.151	2.033	0.517	1.293	0.776	0.475	5.654	5.179
36 个月	0.544	2.274	2.818	0.552	1.399	0.847	0.606	5.360	4.754

资料来源：根据收集的 IPO 后市收益率分区间计算整理获得。

5.3 IPO 后市收益影响因素分解

经上节的统计分析，本文认为中国 A 股市场 IPO 后市收益的弱势现象是清晰可见的。为了得到影响我国 A 股市场 IPO 后市收益弱势性的因素，本小节将借鉴 IPO 后市异象现有研究成果，结合中国市场制度因素，展开讨论与分析，并在此基础上，提出研究假设。

1. 上市企业规模。在美国证券市场，新股后市收益弱势现象主要集中于中小企业，而被机构投资者广泛持有的大企业股票后市收益弱势性并不显著（Dharan 和 Ikenberry，1995）。因此对中国 A 股上市企业，选择发行前一年的总资产、每股净资产作为发行公司规模的替代变量，分类统计不同公司规模的上市企业 IPO 后市收益率。

表 5 - 6   按企业上市前一年总资产规模分组统计的 IPO 后市相对收益

资产规模（亿元）	参数	ACAR		
		$ACAR_{1,12}$	$ACAR_{12,24}$	$ACAR_{24,36}$
Asset < 5	均值	- 0.772778	0.1981073	- 0.933416
	样本量	913	755	744
5 ≤ Asset < 10	均值	- 1.139589	- 0.500943	- 0.683203
	样本量	389	322	313
10 ≤ Asset < 20	均值	- 1.047656	- 0.594885	- 0.019004
	样本量	158	131	125
20 ≤ Asset	均值	- 0.851219	- 0.129136	0.0098609
	样本量	155	128	118

资料来源：按照个股资产规模分类整理、计算 IPO 后市相对收益率，并求均值得到。

从上市企业发行前一年总资产分类统计结果可知（见表 5 - 6），以 5 亿元总资产规模为界，A 股上市企业总资产规模高于和低于 5 亿元样本量各占 50% 左右。总资产规模高于 5 亿元的上市企业，其新股上市后的首年相对收益率均值存在递增趋势，即随着上市企业总资产规模的增加，新股后市相对收益弱势程度逐渐减弱。资产规模 20 亿元以上的上市企业，其新股上市后第三年的相对收益率均值表现出强势。

表 5 - 7   按发行前一年每股净资产分组统计的 IPO 后市月平均收益

每股净资产（元）	参数	ACAR		
		$ACAR_{1,12}$	$ACAR_{12,24}$	$ACAR_{24,36}$
每股净资产 <1	均值	1.526011	-0.99544	-0.93342
	样本量	9	9	6
1≤每股净资产 <2	均值	-6.86071	-0.27	-0.73276
	样本量	817	779	774
2≤每股净资产 <4	均值	-3.12577	-0.45938	-0.55234
	样本量	696	491	467
4≤每股净资产 <7	均值	-2.6943	-1.50916	-0.19836
	样本量	81	49	45
7≤每股净资产	均值	-2.18329	-1.08161	0.007389
	样本量	11	8	8

资料来源：按照个股每股净资产分类整理、计算 IPO 后市相对收益率，并求均值得到。

从上市企业发行前每股净资产分类统计结果可知（见表 5 - 7），在 A 股市场上市企业的每股净资产额绝大多数介于 1 元到 7 元之间，上市企业每股净资产额低于 1 元和高于 7 元的仅占总样本量的 1.24%。每股净资产大于 1 元的上市企业，随着每股净资产的增加，该股首年后市相对收益率弱势程度下降。

投资者预期异质性假说指出，投资者根据自身掌握的信息，对上市企业未来现金流进行各自判断和预期，即使是同一公司、同一时点的价格预期，也会因投资者异质性预期而千差万别。上市融资企业的公司规模越大，市场影响力越强，知名度越高，则信息不对称问题越不突出，也越有利于投资者价格预期的一致性。相反上市发行公司规模越小，市场信息不对称问题越严重，投资者价格预期分歧会表现得越大。如果该股上市时市场由持有乐观预期的投资者所主导，乐观预期投资者强烈的投资愿望将进一步推升 IPO 上市首日股价，产生 IPO 首日超额收益。随着时间推移，信息不对称问题得到改善，投资者异质性预期分歧逐步缩小，被推高的 IPO 首日股价会逐步回落。所以本文预期上市企业规模越小，IPO 后市长期绩效弱势现象越显著。

由此提出假说。

假说 1：IPO 后市相对收益与上市公司规模正相关。

2. 上市企业后市成长性。在股票估值模型中，企业可持续增长率对于股票价格的评估至关重要。在其他估值参数不变的条件下，如果企业能维持高增长，将显著提升股票估值。在中国，现代企业制度改革与证券市场是同步进行的,企业成立时间较短,重组并购较为频繁,可持续增长率稳定性很差。所以本文选择相对直观,且波动性较小的营业收入增长率指标 (Inc_G) 作为企业可持续增长率的替代变量。其中,营业收入增长率指标 (Inc_G) 可表示为

$Inc_G = $ (本年营业收入 – 上年营业收入)/上年营业收入

表 5 – 8   按主营收入增长率分组统计的 IPO 首年后市相对收益

主营业务增长率	家数 (个)	$ACAR_{1,12}$				
		均值	最大值	最小值	中位数	标准差
$Inc\_G < 0$	307	– 1.73824	7.54	– 51.2726	– 1.25068	4.563378
$0 \leq Inc\_G < 0.1$	200	– 0.81547	8.151366	– 29.4607	– 0.30175	3.880319
$0.1 \leq Inc\_G < 0.5$	647	– 0.69436	11.43024	– 32.3276	– 0.50569	3.308924
$0.5 \leq Inc\_G < 1.0$	175	– 0.63636	7.377632	– 30.4894	– 0.20758	3.613932
$1 < Inc\_G$	64	0.009428	8.805122	– 13.5305	0.485783	4.569115

资料来源:根据收集样本,计算 IPO 后市月平均收益率,按照主营业务增长率分类整理、计算获得。

主营业务增长率分类的 IPO 后市收益统计可表明(见表 5 – 8),上市企业首年主营业务增长率与新股上市后的第一年月平均收益存在正相关关系,即随着上市企业主营业务增长率升高,该新股上市后的首年收益弱势程度就会减弱。

因为在行业发展趋势保持不变的前提下,企业上市后经营业绩与上市前相比,确实存在显著下降(B. A. Jain 和 Kini,1994)。因此可推断,IPO 后市收益弱势现象与上市前过高预估企业持续增长率是有关的。当新股上市后实际经营业绩出现下滑时,投资者将会对上市企业未来的预期持续增长率回调,从而影响股票价格的上涨幅度,并最终影响该股票的后市收益。所以预期主营业务年增长率越高,IPO 后市收益越强,弱势现象越不明显。

由此提出假说。

假说 2:IPO 后市收益与公司主营业务增长率正相关。

3. 股票换手率。换手率增加,说明市场交易流动性较好,有助于股票价格提升(Ibbotson,1994),但换手率过高,则说明非理性行为充斥市场,不利于股票市场长期健康发展。经验统计表明,理性的成熟市场年换手率应在 30% 左右,2002 年起至今,世界银行发布的数据表明中国 A 股市场股票年换

手率一直高于世界各股市年换手率平均值①。从国家统计局股票市场年换手率整理数据来看，2009 年高收入国家股票年换手率为196%，低收入国家年换手率为124%，中国股市年换手率为229%。②Krigman、Shaw 和 Womach（1999）研究指出，首日交易越活跃的股票，其后市收益表现相对越差，即上市首日换手率越高的 IPO，其后市收益越差。所以预期 IPO 首日换手率与 IPO 后市收益呈负相关关系。

由此提出假说。

假说3：IPO 后市收益与 IPO 首日换手率呈负相关关系。

4. 热季周期发行。IPO 热季周期将出现拟上市企业的上市"窗口机会"，因投资者投资情绪高亢，IPO 发行首日收益率一般会很高，随着投资情绪回落，IPO 后市收益率出现下滑（Loughran、Ritter 和 Ljunggvist，1994）。所以预期热季周期发行上市的 IPO，其后市收益弱势现象将更为严重。

由此提出假说。

假说4：热季周期上市企业，其股票后市收益弱势现象更严重。

5. 承销费。IPO 发行过程中，承销费占比的高低可以从侧面反映出该证券市场制度完备程度和法律监管严格程度。承销费占比越高，说明承销商在发行 IPO 的过程中越谨慎，IPO 发行定价就越准确，上市新股的信息不对称问题改善程度越好，因而该股上市首日的超额收益现象不太显著，该股价格相应后市调控幅度较低，最终 IPO 后市收益的弱势现象就表现得不显著或是弱势程度较低。

由此提出假说。

假说5：新股首发承销费比例越低，IPO 后市收益弱势现象越严重。

5.4 A 股市场 IPO 后市收益实证分析

5.4.1 样本与参数选取

在 IPO 首日收益模型研究样本的基础上，本文收集整理了其后市区间收益

---

① 参考数据：http：//search. worldbank. org/quickview？ name = Market + capitalization + of + listed + companies。

② 数据来源：《国际统计年鉴2010》，http：//www. stats. gov. cn/tjsj/qtsj/gjsj/2010/t20110701 _402736012. htm。

率数据，共获得有效研究数据 1 563 个。其中，审批制区间有效样本 614 个，通道制区间有效样本 130 个，保荐制区间有效样本 819 个。

由本章前述统计与分析得知，A 股市场 IPO 后市收益弱势现象多在上市后 1 ~ 2 年内显现。为了验证后市收益率的研究假说，以及现有 IPO 后市收益理论在我国证券市场的适用性，本文构建相应的多因素统计模型和单因素模型。为了比较 A 股市场制度改革对 IPO 后市收益的影响，在此采用分区间单独建模的方法。选取 $ACAR_{1,12}$ 为被解释变量，鉴于上文的假说，本文选取相应的解释变量如下：

$Long-retrn$ 即 $ACAR_{1,12}$，表示 IPO 后市相对收益率；

$LNAsset$，表示 IPO 上市前一年公司总资产规模；

Inc_G，表示 IPO 上市企业主营业务增长率；

CHA，表示 IPO 上市首日换手率；

Hot，表示哑变量，热季周期发行 IPO 取值为 1，否则为 0；

$LNFee$，表示企业上市发行支付的承销费。

5.4.2　回归模型与检验结果

1. 模型构建。根据上文的讨论分析和研究假设，构造 IPO 后市收益多元回归模型：

$$Long-retrn = C + \beta_1 LNAsset + \beta_2 Inc\_G + \beta_3 CHA + \beta_4 One + \beta_5 LNFee + \xi_i$$

$$(5.6)$$

2. 模型结果。在式（5.6）的模型基础上，分别运行全区间多元回归模型和各个分制度区间多元回归模型，得到的模型结果见表 5 - 9。

从模型运行结果来看，无论是全区间多元回归模型还是各分区间多元回归模型，模型的 F 统计概率均显著，解释变量对 IPO 后市收益有一定的解释力。模型调整后的 R^2 在全区间为 1.24%，各分区间回归模型 R^2 与全区间相比显著增加，说明我国证券市场制度因素对 IPO 市场的后市收益存在差异化影响，分区间构建 IPO 后市收益模型是有必要的。

多元线性模型各参数间可能会存在多重共线性问题，对此我们对各变量进行了相关分析与多重共线性验证，发现除了个别变量内生性问题外，多重共线性并不明显。为了减少模型异方差，对相关的资产规模、发行费进行了对数处理。

表 5 – 9   A 股市场 IPO 后市收益多元回归模型结果

参数	全区间	审批制区间	通道制区间	保荐制区间
C	– 38. 45799	– 6. 697021	– 41. 94116	– 47. 60778
	(– 3. 349714 ***)	(– 0. 249848 ***)	(– 1. 606485 *)	(– 3. 494551 ***)
LNAsset	0. 64446	– 9. 952004	4. 228088	1. 159082
	(0. 58486)	(– 3. 779383)	(1. 863934 **)	(0. 843751 *)
Inc _ G	5. 360719	3. 251754	4. 007256	8. 623981
	(2. 35103 **)	(1. 031788 **)	(1. 066201 **)	(2. 933407 **)
CHA	– 0. 103281	0. 301743	– 0. 067263	– 0. 201081
	(– 1. 570349 **)	(3. 178847)	(– 0. 388231)	(– 1. 850724 **)
Hot	– 9. 029993	– 8. 100246	– 4. 590017	– 8. 055182
	(– 4. 020608 ***)	(– 2. 903524 ***)	(– 1. 277841)	(– 2. 733366 ***)
LNFee	3. 665117	2. 913699	5. 313688	6. 482725
	(1. 979662 **)	(1. 780588 *)	(2. 009277 **)	(2. 212804 **)
Adj R^2	0. 012998	0. 049013	0. 025894	0. 053937
样本数	1 564	615	130	819

注: ( ) 内表示参数的 t 统计量, *** 表示在 1% 显著性水平下显著, ** 表示在 5% 显著性水平下显著, * 表示在 10% 显著性水平下显著。

不同制度区间的解释变量符号和解释力度存在差异。其中, 企业主营收入增长率、热季发行区间以及发行费对模型的贡献度较大。具体来说:

1. 企业总资产规模因子 LNAsset, 在通道制、保荐制区间模型结果显著, 参数符号与预期假说相同; 审批制区间模型结果不显著, 且与预期假说方向相反。

2. 主营业增长率因子 Inc _ G, 在所有区间的结果均在 5% 显著性水平下显著, 参数符号与预期假说相同。参数值对模型贡献度相对较高, 说明该因子对IPO 后市收益的影响较大。

3. 换手率因子 CHA, 在审批制区间参数符号与预期假说相悖; 通道制区间符号方向发生改变, 但并不显著; 进入保荐制区间后, 参数符号与预期假说一致, 并在 5% 显著性水平下显著。

4. 热季周期因子 Hot, 除了在通道制区间不显著外, 在其他区间均显著, 参数符号与预期假说一致。通道制区间该参数不显著的原因在于通道制实行时间较短, 通道制多数区间处于马尔科夫区间转换模型的热季周期。该参数对模型的贡献也较大, 说明 IPO 发行市场的投资者情绪对 IPO 后市收益存在显著的影响，我国市场不符合理性预期市场假说。

5. IPO发行承销费因子 *LNFee*，在各分区间以及全区间内均显著，且与预期假说方向一致。参数对模型的贡献较大，特别是其具有现实意义，说明加强监管和完善法律，督促承销商中介认证职能的严格履行和加快重树承销商声誉体系等措施，将能够有效缩小IPO后市收益弱势缺口。

总之，从以上模型结果可以获知，除了企业内部质量因素对IPO后市收益存在显著影响，制度因素和行为因素对IPO后市收益的影响也不容小觑。所以解释IPO后市弱势现象，使用制度剖析、行为研究以及传统金融学相结合的方法是有必要的。

5.4.3 其他相关后市收益理论的中国适用性检验

1. IPO首日收益率。行为金融学在解释IPO首日收益与后市收益问题时，提出首日价格波动包含了投资者情绪、赶时髦行为等因素，首日收盘价是价值调整和情绪调整两方面共同决定的。如果因投资者情绪、赶时髦等行为因素造成上市首日超额收益率现象的产生，那么随着时间的推移，投资狂热情绪的消退，IPO价格将存在一个向企业内在价值回归的过程，表现为IPO上市后股价逐步下降。Ritter（1991）研究IPO后市收益实证分析后指出，IPO首日收益率越高，其后市收益的弱势性越显著。R. Rajan 和 H. Servaes（1997）进一步指出，首日收益率较高的IPO更容易受到市场投资者的关注，并导致投资者倾向于过高估计该股的盈利能力和发展能力，掺杂过多泡沫的预期价格必将破灭，终将由后市收益回补。所以短期非理性行为应是导致IPO首日高收益率和后市弱势性增加的主要因素。

表5-10　　　按IPO首日收益分组统计的IPO后市月平均收益

公司成立日与上市日间隔（年）	家数（个）	第一年（%）		第二年（%）		第三年（%）	
		均值	标准差	均值	标准差	均值	标准差
首日收益<0	15	-1.844	3.190	-1.451	3.294	0.164	2.611
0≤首日收益<20	103	-0.606	2.911	-0.864	2.405	0.051	3.428
20≤首日收益<50	270	-0.768	3.034	-0.785	2.900	0.711	3.174
50≤首日收益<100	471	-1.314	3.761	-0.344	3.024	0.398	3.015
100≤首日收益<200	533	-1.006	4.253	-0.261	2.579	0.825	2.971
200≤首日收益<300	141	-0.439	3.067	-0.349	2.725	0.862	3.023
300<首日收益	66	-0.377	3.397	-0.036	3.533	-0.505	3.143

资料来源：根据收集样本，计算IPO后市月平均收益率，按照IPO首日收益分类整理、计算获得。

　　我国 A 股市场经市场指数调整的 IPO 首日收益率主要集中在 20% ~ 200%（见表 5 - 10），该区间 IPO 占样本总量的 79.7%。IPO 上市后第一年弱势现象严重的个股首日收益主要介于 20% ~ 200% 的上市企业之间，同时此类企业第三年的月平均收益均值强势现象也明显优于其他企业。

　　本文剔除 IPO 首日收益极值情况，选取首日超额收益介于 0 ~ 200% 的样本，对 IPO 后市收益与 IPO 首日收益进行单因素检验发现，我国 A 股市场 IPO 首日收益与后市收益确实存在一定的负相关性，IPO 上市收益的超额收益越高，IPO 首年累计相对收益率弱势性也就越明显。

　　2. 承销商声誉。Cart、Dark 和 Singh（1998）指出，高声誉承销商与低声誉承销商承销 IPO 后市三年期收益相比，高声誉承销商承销股票的后市收益弱势性要弱一些。这是因为高声誉承销商更加注重维护自身的声誉，积极参与 IPO 后市监督与管理，以确保自身的声誉不受损失（Jain 和 Kini，1999）。然而该理论的实证结果也不尽然，在马来西亚证券市场的研究就得出了完全相反的结论（Jelic、Saaddounin 和 Briston，2001），即在马来西亚证券市场中，承销商声誉与 IPO 后市弱势性呈正相关关系。而在日本，由于承销商市场份额集中度较低，承销商声誉对于 IPO 收益的影响也不显著（Garner、Marshall 和 Okamura，2001）。

表 5 - 11　　　　　　　A 股市场 IPO 后市收益承销商声誉假说检验结果

参数	审批制区间	通道制区间	保荐制区间
C	- 8.847671	- 15.12838	- 18.13864
	(- 2.699763 ***)	(- 4.93525 ***)	(- 7.979544 ***)
Honor	4.562382	4.864028	4.236518
	(1.082735)	(1.298078)	(1.434205)
样本量	615	130	819
Adj R^2	0.000281	0.005282	0.00129
F - statistic	1.172316	1.685006	2.056945
Prob（F - statistic）	0.279352	0.196595	0.151896

　　注：( ) 内表示参数的 t 统计量，*** 表示在 1% 显著性水平下显著，** 表示在 5% 显著性水平下显著，* 表示在 10% 显著性水平下显著。

　　根据本文第 3 章得到的我国承销商声誉评价，构造单因素模型，检验承销商声誉对于 A 股市场 IPO 后市收益的影响。从模型结果（见表 5 - 11）可见，在任何制度区间下，承销商声誉与我国 A 股市场 IPO 后市收益的 F 统计和参数 t 统计均不能拒绝原假设，无法得到承销商声誉与 IPO 后市收益存在联系的结论。这就说明，承销商声誉对 IPO 后市收益不存在支持作用。

与此同时，本文也就企业性质、政府保护等相关理论（Shleifer 和 Vishny，1994，Bai 等，2000；Aharony、Lee 和 Wong 等，2000），进行了相关的统计验证，得出以上理论在我国 A 股市场均不适用的结论。

5.5　新股后市破发现象反观 A 股市场 IPO 异象

5.5.1　A 股市场 IPO 后市破发

从上节的统计模型结果与相关后市收益理论的中国市场适用性分析结论可知，A 股市场 IPO 后市收益弱势现象的显著影响因素，除企业内部质量因素（利润、资产、企业持续增长能力等），还有投资者行为因素和制度因素。因此为了弄清造成我国 A 股市场 IPO 后市弱势现象的原因，现就 IPO 破发现象进行了相关统计分析。

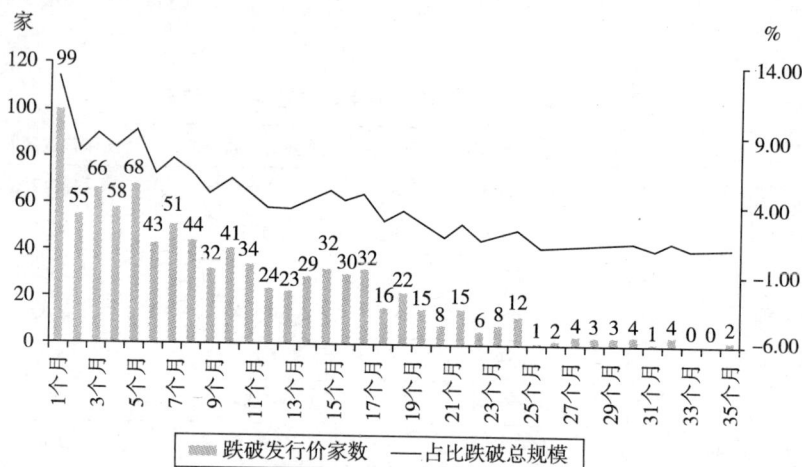

资料来源：根据 CSMAR 数据库获得的新股后市交易收盘价，跟踪整理获得。

图 5-2　A 股市场 IPO 后市各月破发情况统计

经上文统计分析，我国 A 股市场 IPO 后市收益普遍存在弱势现象已不容置疑，通过进一步整理 A 股市场新股后市破发数据发现，新股上市后的破发现象也较为普遍。笔者收集了自 A 股市场成立至 2011 年 5 月底的新股发行后市交易数据，经整理共获得有效数据 1 614 个。其中，企业上市后发生跌破发行价现象的共有 895 家，占样本总量的 48%。而且新股上市后的破发现象多发生在新股上市后的三年期内，三年期内跌破发行价格的 IPO 样本共计 887家，占总样本的 99.1%，新股上市三年后跌破发行价的概率很小。从破发数量的月统计数据来看（见图 5-2），我们发现，新股破发数量随时间的推移，呈现递减趋势，新股上市后首月就发生破发的数量最多（达到 99 家）；第二个月破发家数显著下降为 55 家；而第 24 个月只有 8 家；第 36 个月仅 2 家。比较 IPO 破发年度数据发现，上市企业在上市后第一年发生破发的共计 615家，占到总破发规模的 68.7%，月均破发 51.3 家；上市企业在上市后第二年发生破发的共计 236 家，占到总破发规模的 26.4%，月均破发 19.7 家；上市企业在上市后第三年发生破发的共计 36 家，占破发总规模的 4.02%，月均破发仅 3 家。

由此可见，A 股市场新股后市破发现象实属大概率事件，而且破发现象集中发生在新股上市后的三年期内，新股上市首年破发概率最高，上市三年后新股破发的发生概率急剧下降。鉴于 A 股市场存在大比例的新股破发现象，本文怀疑 A 股市场 IPO 发行定价可能存在虚高现象。

5.5.2 定价基准对后市收益弱势和破发现象的解释

为了进一步分析 IPO 后市收益弱势现象和 IPO 后市破发现象，我们先从IPO 定价基准出发，进行探讨分析。

1. 完全有效市场，企业内在价值定价基准。在完全竞争的有效市场中，如果 IPO 发行定价是基于企业内在价值定价，且证券市场的二级市场相比一级市场更有效，投资者是完全理性的，信息完全对称，那么 IPO 发行定价只可能小于或等于该股内在价值。这是因为在信息对称的有效市场中，股票发行方高于该股内在价值定价时，理性投资者对高估股票采取出清策略，将导致新股认购不足，上市企业无法实现 IPO 成功发行。所以发行方不可能采用溢价发行策略，为了确保新股发行成功，发行方甚至会采取折价策略定价，而且该策略是确实可行的。采用折价发行的发行方通过主动让渡股票收益以赢得投资者的青睐和追捧，实现 IPO 成功上市，甚至为后续的增发股票奠定市场基础。

在该理论框架下，IPO 首日超额收益实质上是二级有效市场对一级市场股票抑价定价敞口的快速回补与调整，属于发行企业向投资者主动让渡股票收益性质，所以 IPO 后市收益不会长期存在概率分布左偏现象，即便在该市场出现的 IPO 后市收益弱势现象或是破发现象，也是市场噪声、经营业绩不佳和经济、行业周期进入下降通道等因素导致的偶然事件。因市场噪声或上市企业本身经营问题导致个别股后市收益弱势现象和破发现象，从证券市场IPO后市收益分布来看，应当符合正态分布。若由经济或行业衰退周期导致IPO后市收益弱势现象，该周期内发行IPO后市弱势现象有可能普遍存在。当经济周期处于繁荣周期，而且行业处于成长期或繁荣期时，则不会出现普遍的后市收益弱势现象和破发现象。所以从经济全周期和行业长周期考察，IPO后市收益弱势现象和破发现象可能会短期存在，但不会长期伴随IPO发行市场。所以基于以上的分析无法合理解释A股市场20多年间IPO后市收益弱势现象显著、长期、普遍的存在性，更无法解释A股市场大面积的破发潮。

2. 非完全有效市场，企业内在价值定价基准。如果IPO发行定价是基于企业内在价值定价，而证券二级市场需要时间才能调整达到有效市场，理性投资者和有限理性或非理性投资者同时存在于市场中，投资者投资预期存在异质性偏差，信息不是完全对称的，信息收集与传播需要成本和时间。上市企业IPO发行可以根据企业内在价值定价，只要市场中存在足够的持有乐观情绪的非理性投资者。这是因为在非完全有效市场，发行方虽然以企业内在价值确定股票发行价格，但是由于市场非理性投资者投资预期存在异质性，总有持乐观态度的投资者追捧股票，而且上市前企业的信息不对称问题比二级市场更为突出，非理性投资者更容易受到乐观投资者情绪影响，所以发行方以企业内在价值定价可以获得成功上市。

在该理论框架下，IPO首日超额收益实质上是逼近二级有效市场过程中的投资者情绪膨胀的结果，属于新股发行价格的非理性上涨性质，所以IPO后市收益有可能会有一个显著的回调过程，从而出现新股上市后的后市收益弱势现象。在上市首日，由于投资者乐观情绪的影响，IPO价格可能出现攀升，出现首日超额收益现象。IPO后市将随着信息不对称问题的改善和投资者异质性投资分歧的减小，发生IPO后市弱势现象。不过这一过程仅仅是向企业内在价值的逼近过程，证券市场并不会出现过度调整现象，即不会广泛出现新股破发现象。原因有二：其一，新股发行定价原则是企业内在价值定价法，新股发行定价不存在虚高的成分；其二，证券市场中存在大量的理性投资者，理性投资者会发现被低估的股票，采取买入策略，使得该股价格快速回升到企业内在价值。由此来看，该逻辑虽然能够合理解释IPO首日超额收益异象以及后市收益弱势异象，但是无法合理解释A股市场大量破发现象，并不适用中国A股证券市场的实际情况。

3. 非完全有效市场，"市场预期价格"定价基准。所谓的"市场预期价格"是指该只股票发行上市时点，受到市场情绪因素影响的所有投资者异质性价格预期作用形成的最终市场需求价格。该价格可能高于企业内在价值，却不可能低于其内在价值。在存在投资预期异质性和信息不完全对称的非完全有效市场中，如果证券市场处于热季周期，投资者投资情绪高亢，投资者对该股未来收益持有乐观预期，市场预期价格将高于企业内在价值。如果证券市场处于冷季周期，投资者投资情绪异常低落，受情绪影响的非理性投资者因对该股未来持有悲观预期，而不会认购该新股，但是由于市场中还存在理性投资者，一旦新股价格低于企业内在价值，理性投资者会采取买入策略，使得新股价格出现提升。所以说，市场预期价格只会大于或等于企业内在定价价值，而不会低于企业内在定价价值。

如果在 IPO 发行定价时放弃企业内在价值定价法则，而是采用市场预期价格法，那么在并非有效的二级证券市场中，理性投资者、有限理性或非理性投资者同时存在，投资者投资预期存在异质性，信息不是完全对称的，信息收集与传播需要成本和时间，只要市场处于热季周期，发行方就可能在高于企业内在价值的发行价格上，同样获得新股成功上市。所以证券市场新股发行中，出现了发行方对"上市窗口期"的选择行为。拟上市企业选择"上市窗口期"上市，不但能够增加上市成功的概率，而且有可能获得融资超额收益。

不难发现，在发行热季周期，选择市场预期价格定价基础发行上市的企业，其 IPO 首日超额收益是由市场短期非理性行为推高导致的，随着投资者高亢投资情绪的耗尽，股票价格必将存在一个向内在价值回归的过程。市场预期定价法则下获得成功发行的新股，如果其定价过多透支未来预期收益，那么新股上市后出现 IPO 后市收益弱势现象、破发现象都将是合理的，而且发行定价透支未来收益越多，该股需要回补的价格缺口越大，回补周期越长。

综上所述，基于股票内在价值定价前提下，无论证券二级市场是否有效、投资者是否理性、信息是否对称，均不能同时合理解释 A 股市场首日超高收益、后市收益弱势现象和 IPO 后市破发现象并存问题。只有股票定价采用市场预期价格定价法则时，定价本身就存在一定程度虚高，才有可能合理解释中国 A 股市场 IPO 首日超额收益、后市收益弱势、热季周期，乃至新股破发等一系列异象。

5.6 A 股市场 IPO 后市收益评价

本章详细分析了 A 股市场 IPO 后市收益的相关方面，得到如下结论：

1. 从统计结果来看，我国A股市场IPO后市收益存在弱势现象是不容置疑的，而且是显著、长期、普遍存在的。与发达国家市场IPO后市收益相比，中国A股市场IPO后市收益弱势问题主要表现在IPO上市后的第一年和第二年，IPO后市月平均收益在第三年开始转向强势，IPO后市累计收益率弱势缺口开始收缩，该转换时点早于发达国家市场。

2. 经A股IPO后市收益率实证分析发现，影响我国A股市场IPO后市收益率的主要因素，除了企业盈利增长率和IPO发行承销费，主要还包含行为因素和制度因素等，相关理论研究假说在中国市场的适用度有所不同。具体来说：（1）IPO发行承销费比例的增加有利于抑制IPO后市收益弱势现象；（2）IPO上市初期的投资者情绪对后市收益影响显著，热季周期IPO发行后市第一年的弱势现象与冷季周期发行相比更为明显；（3）在审批制和通道制时期，IPO后市收益率弱势缺口较大，而保荐制区间缺口相对较小，这说明制度改革对IPO后市收益弱势现象有改善作用；（4）首日收益与后市收益相关，在中国A股市场具体表现为IPO首日超额收益越高，则IPO后市收益弱势程度越严重；（5）高声誉承销商与其承销新股的后市收益不存在显著联系，结合IPO首日收益承销商声誉研究验证结论，我们可以得出在我国承销商受到的声誉约束力较弱、中介认证职能缺位严重、承销商的失信行为对承销商未来收益损失影响不大的结论。

3. A股市场同时存在IPO首日超高收益现象和后市收益弱势现象，还有IPO破发现象。IPO发行定价基准中的"企业内在价值"定价法不能合理解释以上三种异象同时存在的问题，因而本章提出IPO定价原则可能是"市场预期价格"定价的假设，并论证了其现实可行性。市场预期价格定价法则适用于不完全有效的证券市场，此时市场中存在有限理性或非理性投资者，投资者投资预期存在异质性，信息不是完全对称的，信息收集与传播需要成本和时间。当市场预期价格高于发行企业内在价值时，股票价格高于其内在价值的定价发行可以取得发行成功，并能够获得融资超额收益。这主要是因为新股定价低于短期"市场预期价格"，IPO后市弱势现象是市场对虚高股价向内在价值回调过程的展现，回调过程中出现破发是正常现象。该定价法则可以这样解释IPO市场异象：当市场预期价格高于企业内在价值时，市场存在高亢的非理性投资者情绪，IPO发行定价高于该股内在价值，同时又低于市场预期价格，就可在上市首日获得超额收益，同时随着投资者投资热情的消退，而出现股价向其内在价值回归过程，所以出现IPO后市收益弱势现象，乃至新股破发现象。

总而言之，本章证实了A股市场IPO后市收益确实存在弱势现象，获知投资者情绪是 A 股市场 IPO 后市收益的主要影响因素之一，并通过破发现象分析，建立起 IPO 首日超额收益与后市收益弱势现象之间的联系，这给后文研究围绕 IPO 市场定价展开的博弈分析奠定了基础。

6

A 股市场 IPO 异象的经济学解释

通过对 A 股 IPO 首日收益和后市收益的实证研究可以获知，A 股 IPO 首日超额收益异象和后市收益弱势异象同时存在。为了分析两大异象的经济学逻辑，本章将从 A 股市场发展路径的选择和政府主导的宏观市场角度，论证中国 A 股市场的制度因素和市场供需关系；从微观市场参与主体的目标函数和占优策略选择角度，讨论发行企业、承销商以及投资人在 A 股市场特定环境下的行为偏好；结合宏观与微观分析结果，尝试对 A 股 IPO 异象进行经济解释，并试图解释 A 股 IPO 首日异象和后市异象的内在联系。

6.1 A 股市场发展路径与 IPO 市场供需

6.1.1 证券市场的可能性边界

为了描述一国投资者保护水平所决定的证券市场可能性边界，本文构造一个简单的二维模型加以阐述。假定一个国家市场发展水平由规模与质量两方面因素表示，规模表示的是证券市场的数量特征，包括 IPO 发行数量、市场融资额等，质量指标则是证券市场秩序、法律体系、监管制度以及公司信息披露和公司治理等因素的综合体现。证券市场的可能性边界是指在当前既定的证券市场条件下所能达到的证券市场最大规模与最优市场质量的组合。一个国家证券市场发展的水平受限于该国制度环境所能提供的投资者保护水平的上限（LLSV[①]，

[①] LLSV：是指法与金融学四位剑客，分别是拉波塔（La Porta），罗伯特·维什尼（Robert W. Vishny），洛配兹·西拉内斯（Lopez – de – silanes）和安德烈·施莱弗（Andrei Shleifer）。

1997，1998，2000；Pistor，1999；Pistor 等，2000；Coffee，1999），投资者保护水平越高，就意味着证券市场发展水平越高。投资者保护水平上限取决于该国的市场秩序、管理制度、监管水平、法规完善程度等制度安排的综合结果。显然市场发展水平越高，市场质量水平就越高，市场规模容量也就更大。

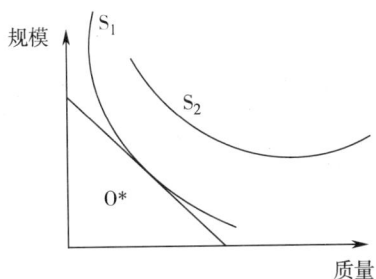

图 6 - 1　证券市场可能性边界曲线

　　一个国家证券市场的市场规模和市场质量可由图 6 - 1 表示。其中，横轴表示证券市场质量指标，纵轴表示规模指标。S_1 曲线上的点是该证券市场所有最大规模与最高质量水平的集合点，连接这些点，得到一条凸向原点的曲线，该曲线就构成了证券市场发展水平的可能性边界。S_2 曲线与 S_1 曲线相比较，更加远离原点，说明证券市场边界曲线位于 S_2 的国家规模和质量水平均高于证券市场边界曲线位于 S_1 的国家投资者保护水平和市场规模。

　　我们沿着证券市场可能性边界区间画一条45 度倾角的切线，切线与证券市场可能性曲线的切点记作 O^* 点。不难看出，一个证券市场的规模与质量之间存在着替代效应，O^* 是市场均衡位置。该点处的市场质量与市场规模的边际替代率为 -1，说明此时市场质量与市场规模的边际值相等，证券市场发展达到了短期均衡点，实现了当前市场条件下证券市场发展的最优组合，曲线上的其他点均不可能达到稳定状态，其最终会向 O^* 点移动，实现市场内部均衡。除了证券市场可能性边界上 O^* 点外的任何一点，规模与质量之间的边际替代率均不相等，是不稳定的，最终都将向市场可能性边界上的均衡点 O^* 逼近，除非在外力的影响下，才有可能在可能性边界上的其他位置长期维持。

　　当一国证券市场投资者保护水平越高，则市场可能性边界越远离原点。短期来看，因为市场制度等因素是内生的，短期无法改进，所以一国证券市场投资者保护水平是确定的，证券市场可能性边界曲线随之确定。一国证券市场当期的运行状态，允许其在市场可能性曲线上移动，为了获得较高的市场质量，必然沿着曲线 S_1 下移，带来市场规模的缩小。反之放松对市场质量的约束，就会使得市场规模扩大。所以鉴于一国证券市场质量的内生性，短期市场是无法实现市场质量与市场规模同时提升的。长期来看，随着制度法规的健全，投资者保护水平上升，证券市场可能性边界由 S_1 曲线向 S_2 曲线移动，越发远离原点，实现市场质量和市场规模同时提升。因此对于一个迫切需要发展证券市场的国家，短期内是无法同时实现市场规模和质量双提升的，唯有选择以放宽市场的质量为代价，来换取市场规模的增加，或是牺牲市场的规模，以达到提升市场质量的目标。

短期内，一个国家的市场发展目标究竟选择何种方式实现，取决于市场质量与市场规模的边际替代率。市场质量与市场规模的边际替代率代表了换取市场规模而付出的市场质量损失，或为换取市场质量而付出的市场规模损失。边际替代率取决于该国证券市场的质量水平，具体囊括了法律体系、监管体系、市场制度、公司治理结构、信息披露制度、投资者权益保护等多方面。市场质量越高，说明市场越健全，维护市场秩序的成本也越低，提升市场质量而牺牲的市场规模就越小，即此时的市场可能性边界曲线较为平缓，牺牲较少的市场规模可换取较大幅度的市场质量提升，如图 6-1 中 S_2 曲线。反之市场质量处于较低水平，提供的市场秩序和对投资者保护制度不健全，法律体系与制度的效率低下，则维护市场秩序的成本较高，也就意味着牺牲较大市场规模才可换取市场质量微不足道的提升，如图 6-1 中 S_1 曲线。显然在 S_1 曲线表示的证券市场可能性边界条件下，无论是市场监管层，还是市场本身，均不愿为此付出较多代价。

从全球证券市场发展来看，发达经济体国家的证券市场在规模与质量两方面均优于新兴经济体国家的证券市场，因而证券市场可能性边界曲线也更为平缓。新兴经济体国家证券市场，虽然因各国自身因素存在个体差异，但是新兴市场国家证券市场可能性边界曲线普遍较为陡峭。

发达市场国家证券市场可能性边界曲线较为平缓，说明市场制度完善程度较高，仅需要牺牲较小的市场规模，即可实现市场质量的大幅提升。与发达国家的证券市场相比，新兴市场国家的证券市场可能性边界更为陡峭，也即损失单位规模获得的质量增加较小，牺牲单位质量获得的市场规模的增加较多，因而迫于新兴市场国家对证券市场发展的迫切需要，多会慎重考虑"放弃规模，追求质量"的策略，而采用牺牲部分质量，以求获得较大规模提升的策略。不过在这样的市场条件下，牺牲本来就较低的市场质量必然放纵掠夺投资者行为、虚假信息披露行为、内幕交易行为等不规范行为的盛行，随着此类行为的逐步曝光，投资者将丧失对证券市场的信心，最终导致市场规模重新下降。所以新兴市场国家采用降低质量，换取市场规模的策略是危险的，该策略的结果是双亏的。长期来看该策略必然导致一个小规模、低质量的市场均衡状态，而这种状态正是多数新兴市场发展历程的真实写照。

在当前给定的一国证券市场，其市场可能性边界是确定的，市场的均衡状态是由内生机制决定的，反映了投资者在既定的证券市场环境下愿意付出的投资规模。外移证券市场可能性边界的长期双赢策略应该为：加强制度环境建设，完善法律法规，逐步提升市场质量，进而扩大市场规模，最终实现证券市场可能性边界向右上方移动。

6.1.2 中国证券市场的可能性边界

中国证券市场是伴随着中国经济体制改革而产生的，就其产生的社会经济背景来看，财政压力、国有企业解困以及产业结构调整的迫切需求催生了中国证券市场。20 世纪 80 年代末，我国改革开放初见成效，同时也面临进一步深化改革，产业结构进行调整，实现国有企业政企分离的诉求。然而此时的企业效益下滑，财政收入预期增长能力下降，推动国有企业改革又需要大幅的财政支出，政府处于两难的困境中。为了推动国有企业改革顺利进行，大大减轻财政负担，创建证券市场，从社会筹集资金推进改革就成为了必然路径。所以中国股市成立初衷便有别于他国股市，不是市场机制下的自由证券市场，并不以实现资源优化配置、提高市场效率为唯一目标。

无论是中国证券市场的创建，还是截至目前的发展过程，投资者保护水平并不算太高，甚至很低，市场制度、法律体系以及管制制度并不完善。理论上（见图 6 - 2），中国证券市场可能性边界处于 S_1 位置，市场均衡位置为 O^*，证券市场可能性边界较低，更为靠近原点，在市场规模与市场质量上均低于发达国家证券市场 S_2。然而中国证券市场经过二十多年的发展，截至 2010 年底，上海证券交易所已拥有 894 家上市公司，上市股票数为 938 只，股票市价总值 179 007.24 亿元人民币，位居全球第六，2010 年股票筹资总额为 5 532.14 亿元，名列全球第四[①]。中国市场的发展与理论上的市场可能性边界出现了分离。这意味着我国股票市场的运作机制中存在着弥补这一缺口的制度安排。

理论上讲，中国 A 股市场可能性边界曲线位置应当为 S_1，且较为陡峭，市场均衡点为 O^*（见图 6 - 2）。由于历史原因，中国一直没有能够建立有效的信用机制，社会信用意识比较淡薄，有效的征信体系还不完善，所以在国有

---

① 上海证券交易所，http：//www.sse.com.cn/sseportal/ps/zhs/sjs/jysjs.shtml。

大中型企业的银行信贷市场之外，民间信用一直以亲情纽带作为征信的主要替代品。这种局面造成了中国投资者对国家信用和亲情信用的过度依赖。

中国A股市场成立早期，存在市场制度不健全、投资者保护水平有限等问题，与A股证券市场急于发展的诉求产生了较大的矛盾冲突。我国政府采用对市场提供隐性担保的方法对这一制度缺陷进行弥补，以国家信用提升投资者保护水平。具体说来，股票市场发行行政审批制度、国有股与非国有股二元结构、以及政府对股市的救助和参与，均给投资者提供了额外的保护。在市场秩序、法律体系和市场监管所能够提供的正常投资者保护水平之外，也提升了市场的投资者保护水平预期，提振了投资者的投资信心。其表现在证券市场可能性边界上就是该曲线的显著上移过程，完成了理论上中国证券市场可能性边界 S_1 向实际证券市场可能性边界 S_3 的上移。不过与发达市场边界 S_2 相比，我国市场质量仍处于较低水平，并且证券市场可能性边界依然缺乏弹性。

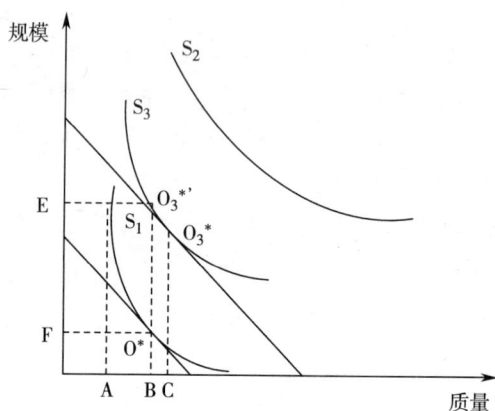

图 6 - 2　中国证券市场可能性边界的理论位置和实际位置

从中国A股证券市场可能性边界来看（见图6-2），在政府增加额外投资者保护下，市场的投资者保护水平提高，市场可能性边界由 S_1 上移至 S_3，新的市场均衡位置是可能性曲线 S_3 上的均衡点 O_3^*，比较 O^* 与 O_3^* 发现，新的均衡点的市场质量和市场规模均有增加。事实上，我国政府替代性的投资者保护策略并不能实质性提高当期市场质量水平，因为政府提供额外投资者保护的具体措施，也带来了上市机会不对等、寻租等市场质量损失，所以真实的A股市场运行位置是 $O_3^{*'}$。从图6-2可见，$O_3^{*'}$ 位置市场质量（B点）并未发生改变，但是显著增加了市场规模（F点到E点）。如果采用简单的以质量牺牲换取市场规模的策略，那么增加同样的市场规模，将损失的市场质量为AB。两种策略相比较而言，中国实际采用的政府提供额外投资者保护的策略是占优的。当然政府额外投资者保护的策略能够得以成功，实现我国股市二十多年的快速发展，离不开中国经济的高速发展，从而能够及时弥补市场规模的过量缺口。

综上所述，我国证券市场伴随着经济高速增长，二十多年间呈现出快速成长的趋势。频繁的制度变迁和不断的法律法规完善，使得市场投资者保护水平有所提升。渐进式地放宽国家信用体制对证券市场的担保，推进证券市场可能性曲线理论位置的不断稳步上移，以填平与现实市场的缺口，最终促进了我国证券市场的快速增长，并从新兴市场国家证券市场中凸显出来。

6.1.3　A股市场IPO需求旺盛

投资者投资决策是从投资规模与投资收益二者之间展开的，投资预期收益越高，则投资者投资规模越大，反之投资预期收益越低，投资规模就越小。投资者决定投资之前，要选择预期收益率匹配样本。一般来讲，投资者是与市场无风险利率做对比，如果预期的投资收益高于市场无风险利率，投资者才会选择投资，否则选择不投资而获取无风险利率。

我国计划经济阶段，不但计划了企业的生产，对市场的需求也通过各种形式的定量配给制，以求与生产供应量相匹配。改革开放后，随着市场生产力的提升和供给大幅增加，以及市场配给退出历史舞台，市场需求受到其自身的购买力约束，过去有管理的市场需求得到了前所未有的大幅释放。而且随着温饱问题的基本解决，广大消费者对于资产增值保值的夙愿也表现得越发强烈，这是因为：（1）在社会主义市场经济体系下，消费者所有形式的收入均使用货币资金表示，为了提高购买力，必经路径就是增加收入；（2）国有企业改革中的政企分离，改变了民众工作、生活、养老、医疗一并依托企业的模式，民众对于全生命周期的资产规划需求逐步显现；（3）高速的经济增长同时带来了通货膨胀，居民传统的存款储蓄理财模式也受到了存款利率下调的威胁。因而在以上一系列因素的共同影响下，民众对于投资理财的热情被极大地激发出来。

表 6−1　　　　　　　　　　中国 CPI 指数与存款利率

年度	月均 CPI	利率（%）		
		活期	三个月	一年
1990	103.058	2.52	5.31	9.36
1991	103.49	1.80	3.24	7.56
1992	106.34	1.80	3.24	7.56
1993	114.5	2.66	5.76	10.08
1994	124.18	3.15	6.66	10.98
1995	117.07	3.15	6.66	10.98
1996	108.3	2.48	4.095	8.325
1997	102.8	1.71	2.88	5.67
1998	99.225	1.53	2.82	4.59
1999	98.6	0.99	1.98	2.25
2000	100.35	0.99	1.98	2.25
2001	100.44	0.99	1.98	2.25
2002	99.23	0.72	1.71	1.98
2003	101.17	0.72	1.71	1.98
2004	103.9	0.72	1.71	2.25
2005	101.82	0.72	1.71	2.25
2006	101.47	0.72	1.8	2.52
2007	104.8	0.77	2.535	3.465
2008	105.9	0.54	2.43	3.06
2009	99.32	0.36	1.71	2.25
2010	103.3	0.36	2.08	2.625
2011	105.2	0.47	2.85	3.25

资料来源：根据天相数据库和 CSMAR 数据库整理获得。其中，CPI 指数为该年度月 CPI 指数均值；如果该年度利率存在利率调整，那么取平均值。

　　本书统计我国 1990 年起的月度 CPI 指数均值和银行存款利率发现（见表 6−1），CPI 指数均值仅仅在 1998 年、1999 年、2009 年三年显示了通货紧缩，其他年度的 CPI 月均值全部为正。其中，1994 年 CPI 指数月度均值曾最高达到 124%。银行利率随后的走势虽然有所起伏，但是总体呈现下降趋势，一年期存款利率为 10% 的时代一去不复返了，单纯依赖储蓄实现资产保值、增值已不再可能。在通货膨胀预期增加和存款利率下降的双重压力下，居民投资需求进一步增强。因此，证券市场的建立无疑是给强烈的投资需求提供了释放通道。

　　与此同时，IPO 市场新股不败，首日的超额收益现象也更加激发了投资者热情，并使得普通民众对证券市场趋之若鹜。国家信用支持下的中国证券市场，不但提高了投资者的投资保护水平，更加重要的是进一步鼓舞了投资者的投资信心，打消了投资顾虑，使得广大民众纷纷加入股票市场，形成了每每IPO上市之时，投资者倾囊而出的异常繁荣景象。其新股首日收益之高，中签率之低，令人咂舌。与此同时IPO发行又需要经历严格的上市审批流程，上市IPO数量相对需求严重不足，审批行为本身也给广大的个人投资者以政府担保的心理暗示，进一步鼓舞了投资者的投资热情。

对于单只股票来讲，由于事前不确定性、信息不对称性以及中国市场的特殊因素，投资者对每只IPO发行均表现出极大的关注与投资热情，造成市场刚性需求，而股权分置制度又进一步带来新股供给的紧缺。所以说，本文有理由假定IPO发行供需曲线是需求刚性、供给弹性的。

6.2 偏好股权融资的发行企业追求融资收益最大化

6.2.1 中国上市企业偏好股权融资

中国上市企业与美国上市企业相比，股权融资偏好非常明显（黄少安等，2001）。从股权融资来看，自A股成立以来，上市企业市价总值占GDP比重从1992年的0.5%快速上升至2010年的81%（见表3-2），上市企业股权融资规模极大增加；从企业债权融资来看，截至2010年底，美国企业债券余额相当于银行贷款余额的207%，韩国为54.45%，日本为43.29%，而我国企业债券余额仅相当于银行贷款余额的18.32%。①

从上市企业股权结构来看，1995~2010年，中国上市企业权益类资产总额每年的平均增速达到33.85%，按照每家企业平均权益类资产计算的平均增速达到17.79%。从上市公司资产结构变化来看（见表6-2），上市企业融资结构却出现了权益资产占比下滑和负债资产占比增加的态势，这仿佛与企业偏好股权融资不符。但从负债结构分析不难发现，流动性负债与总资产占比迅猛增加，长期负债与总资产占比大幅下滑，股权融资占比长期显著高于长期负债

---

① 《深化证券期货市场改革、促进实体经济科学发展——原证监会主席郭树清在第九届中小企业融资论坛上的讲话》，中国证监会网站，2011. 12，http：//www.csrc.gov.cn/wcm/websearch/zjh＿simp＿list.jsp。

融资比率，说明我国上市公司轻视债券融资的倾向始终存在。

表6-2　　　　　　　　　　上市公司资产结构年度统计

年度	家数（个）	总资产（亿元）	所有者权益		流动负债		长期负债	
			总额（亿元）	占比%	总额（亿元）	占比%	总额（亿元）	占比%
1995	297	4 048.76	1 844.35	0.46	1 683.69	0.42	520.72	0.12
1996	489	5 901.58	2 716.90	0.46	2 421.31	0.41	763.37	0.13
1997	692	8 990.43	4 431.64	0.49	3 233.28	0.36	1 325.51	0.15
1998	798	11 664.55	5 894.51	0.51	4 365.70	0.37	1 404.34	0.12
1999	894	13 845.91	7 187.69	0.52	5 002.25	0.36	1 655.97	0.12
2000	1 031	20 899.19	9 757.70	0.47	8 389.59	0.40	2 751.90	0.13
2001	1 109	29 773.45	12 712.51	0.43	12 319.22	0.41	4 741.72	0.16
2002	1 180	40 965.02	14 457.65	0.35	20 059.42	0.49	6 438.95	0.16
2003	1 247	52 693.61	16 788.18	0.32	23 115.63	0.44	12 789.80	0.24
2004	1 355	61 139.27	21 028.98	0.34	30 205.93	0.56	5 699.50	0.09
2005	1 351	70 038.65	22 429.20	0.32	33 724.39	0.59	6 385.90	0.09
2006	1 434	233 139.82	37 763.50	0.16	36 692.07	0.79	10 917.37	0.05
2007	1 548	412 313.62	67 983.76	0.16	180 538.95	0.80	14 837.37	0.04
2008	1 602	481 482.11	76 823.47	0.16	324 871.26	0.80	19 458.60	0.04
2009	1 751	612 208.00	92 465.60	0.15	377 249.45	0.80	27 409.19	0.04
2010	2 016	855 412.39	122 809.88	0.14	485 558.78	0.82	34 183.63	0.04

资料来源：根据 CSMAR 数据库各股年度数据计算得到。占比是指该类资金占总资产的比例。

由此可见，我国企业确实存在上市股权融资偏好，而且已实现成功上市的企业后市融资也尤其偏好增发、配股等股权融资方式（肖泽忠和邹宏，2008）。

6.2.2　企业偏好股权融资因素分解

1. 公司融资理论分析。传统的企业融资理论认为，企业上市融资的初衷是为了满足投资需求，投资目的在于获得最大的净现值收益，增加企业利润，所以企业会理性选择最优的资本结构和最小的融资成本。（1）MM 理论（Modigliani 和 Miller，1958，1963）指出，在不存在税盾的市场中，因为不存在税收对利息减免的影响，采用任何融资形式均不会对融资成本产生影响，所以也就不存在最优资本结构问题，但是在存在税盾的市场中，因为税收对债权融资存在显著的利息收益，所以企业全部采用债务融资才会实现融资成本最小化。（2）企业融资优序理论（Myers 和 Majluf，1984）也支持 MM 理论相关论点，企业融资应当首选自有资金，其次是债务融资，最后才是股权融资。因为市场是信息不对称的，投资者会根据企业融资行为来判断企业的内在价值。当企业采用自有资金投资时，表明企业对自己的未来收益充满信心，表达出不愿与其他投资者分享投资收益的积极信号。当企业采用债务融资方式增加投资时，表明企业所有者对未来能够偿还利息成本充满信心，向市场发出偏向积极的信号。当企业偏好于股权融资时，表达出企业对未来投资收益不确定风险的规避偏好，希望与其他投资者共同承担投资风险，向市场发出偏向消极的信号。所以企业为了向市场发出有助于提升企业价值的质优信号，显示企业对自身未来发展信心，必然选择自有资金、债务融资、股权融资的次序。（3）企业财务困境理论指出，企业运营过程中并非一帆风顺，当企业面临破产风险时，企业更加偏向于股权融资。企业财务困境理论承袭了企业融资优序理论，当企业面临困境，甚至是破产风险时，企业为了承担更少的债务负担，降低定期偿还利息的财务压力，更加偏好于采纳股权融资，达到分散风险的目的。

不难看出，以上的三种理论都认为企业选择上市融资是对企业有负面影响的，而且均是从企业为了满足投资需求的角度出发的，所以在投资需求驱动下的企业融资行为必将带来企业投资规模增加。事实上，企业股权融资后的投资行为与投资规模并未就此增加（Pagano、Panetta 和 Zingales，1998），说明企业股权融资行为不一定完全是由投资需求驱动的，在现代企业融资行为中，企业融资决策还要受到其他诸多因素的影响。

2. 股权融资成本分析。一般来说，股权融资成本包括上市发行成本、用资成本，但在我国还包括再融资成本和广告效应的负成本。（1）中国企业上市发行总成本比较昂贵。在有管理的发行审批制度下，企业股权融资无法由企业自身决定和完成，该制度导致企业上市融资的排队审批问题。设立 A 股市场为国有企业解困的初衷，在存在政府隐性担保的大前提下，股权融资的部分风险由政府承担，在一个供给远远小于需求的 A 股证券市场中，股权融资资格成为一种稀缺资源，拟上市融资的企业为了能够实现尽早上市的目标，不惜花费昂贵的寻租成本。因而我国企业在 A 股证券市场上市成本不仅包括发行成本本身，还包括了寻租隐性成本部分，与发达市场国家证券市场相比，中国 A 股证券市场的股权融资成本是非常昂贵的。（2）再融资成本相对廉价。虽然在中国 A 股证券市场的新股发行成本极高，但是企业一旦获得上市许可，在后续的股权融资中将一帆风顺，再融资边际成本迅速下降。所以说，企业首发资格，不但意味着其获得上市融资资格，同时也意味着其拥有了增股、配股、债转股的便利通道，甚至有人形容 A 股市场是上市企业的抽水机，阀门掌握在上市企业手中。所以说，与 A 股市场新股融资相比，再融资是非常便利的，再融资成本是异常低廉的。（3）上市企业广告效应的负成本。企业上市融资行为本身就具有广告效应，当企业信贷需求相对信贷供给显示需求过剩的情况下，企业能够顺利完成上市融资，是企业竞争能力的表现（Telser，1966；William E. Fruhan，1979），在中国 A 股市场尤其如此，企业能够通过政府当局行政审批程序获得上市融资资格，本身就是企业未来持续收益的最有力证明，其知名度将随该股上市而大幅提高，这对于上市企业而言是融资过程中的正收益，相当于企业上市融资的负成本。

综合以上各项成本后发现，因中国 A 股市场制度的特殊性，A 股上市企业虽然面临新股首发审批的艰难历程，但是与取得上市资格后的各种有利条件相比，不惜代价换取首发门票是值得的。也就是说，企业在中国 A 股市场上市融资成本与未来收益相比是低廉的，上市企业股权融资成本与债权融资相比更低（陆正飞、叶康涛，2004）。

3. 大股东隐性收益。大股东实现企业与个人价值提升，或可通过爬坡型提升，或可通过跳跃型提升。（1）爬坡型提升实现方式。该方式通过投资价值驱动，首先进入价值创造通道，接着完成流通环节，再实现企业价值提升，并通过每股收益提升，实现管理者价值增加。（2）跳跃型提升实现方式。该方式采取企业上市发行方法，通过资本市场定价高于企业自身创造能力，可在较短的时间内实现企业价值跳跃，而且原有股东可通过企业上市后对其他股东权益的侵占（Jesen 和 Meckling，1976），达到短期、快速提升自身价值的目标。

在大股东拥有绝对控制权的状况下，企业更偏好跳跃型提升方式。上市行为不但有利于大股东获得隐性收益，而且后市配股、增发等也是大股东获得隐性收益的重要渠道，与此同时，风险则完全由处于弱势地位的小股东承担（张祥建、徐晋，2005）。中国上市企业大股东强势、小股东弱势问题尤为突出，加之股权分置，使得我国上市企业股权结构中，长期存在流通股与非流通股问题。如果在上市企业增发过程中，非流通大股东放弃配股，那么上市公司净资产增加额完全由流通股股东提供，大股东在不承担风险的前提下，将获得隐性收益。所以当大股东权利过大，而约束机制又缺位的情况下，大股东侵害小股东利益的掏空机制就会开始盛行（Porta、Lopez – de – Silanes 和 Shleifer，2000），该方式不但能够给上市公司提供源源不断的廉价资本供给，而且同时给大股东提供无风险收益。

一旦大股东看重自身获利收益，将增加市场违规行为的发生概率和企业经营不善的风险。在我国 A 股市场，证监会披露的上市公司丑闻中，不乏大股东滥用公司资源谋取私利的案例，在 1994~2011 年期间年均出现违规的上市企业有 40.5 家，每年平均有近 37 家 ST 企业（见表 6-3）。不过在中国 A 股证券市场，上市企业即便因亏损而被 ST 或进一步 PT，上市企业仍然能够通过以下途径获利：一是进行资产重组，重新包装开盘，获得炒作机会；二是卖掉壳公司，获得注资。所以企业亏损对于大股东和管理者并无实质性损失，而且其自身还有可能获得额外重组与兼并收益。

由此可见，大股东控制力越强，也就越偏好上市融资，看重企业价值与个人价值短期跳跃型提升，忽视企业的融资成本和企业未来可持续发展能力。股权再融资是大股东实现自身利益最大化的重要手段之一，企业的亏损和破产还有可能成为大股东获得隐性收益的又一机遇。

表 6-3　　　　　　　按年度统计的上市企业违规和 ST 现象

年度	违规家数（家）	占当年上市公司比例（%）	IPO 增幅（%）	ST 家数（家）
1994	3	1.03	—	—
1995	—	—	11.00	—
1996	4	0.75	64.09	—
1997	5	0.67	40.57	—
1998	3	0.35	14.36	24
1999	5	0.53	11.38	30
2000	7	0.64	14.65	26
2001	75	6.47	6.62	24
2002	48	3.92	5.52	48
2003	41	3.19	5.15	57
2004	39	2.83	6.99	41
2005	117	8.47	0.29	34
2006	84	5.86	3.84	63
2007	72	4.65	8.09	61
2008	44	2.71	4.84	25
2009	69	4.02	5.72	29
2010	60	2.91	20.08	39
2011	13	0.58	8.92	14

注：各违规行为占比如下：违规购买股票 4.01%；虚构利润 6.52%；虚列资产 1.34%；擅自改变资金用途 1.92%；推迟披露 30.02%；虚假陈述 12.63%；出资违规 0.42%；重大遗漏 17.31%；大股东占用上市公司资金 5.10%；操纵股价 1.25%；违规担保 3.01%；违规炒作 1.00%；其他 15.47%。

资料来源：根据 CSMAR 数据库数据整理获得。其中，2011 年数据截至 2011 年 5 月底。

4. 退市的社会成本。鉴于我国的社会主义性质，上市企业的退市成本表现为上市企业自身成本和社会成本两部分，负有限责任的大股东只承担退市企业成本部分，而政府不得不为员工的就业安置和社会安定等问题埋单，国有控股性质的上市企业，更加强化了这种社会成本。所以当上市企业面临退市风险时，政府不得不考虑该企业退市带来的社会成本问题，而 ST 企业、PT 企业反而因社会责任问题无形中对政府形成倒逼机制。例如，郑百文资产重组，因为郑百文企业退市的社会成本远远高于企业退市成本本身，一旦郑百文退市，政府不得不负责 2 000 多名员工的安置和安抚工作，且其 19 亿元的银行贷款由国家埋单，以及前期的财政支持、税收减免和低息贷款等都是社会成本的构成部分。为了维护社会稳定，政府不得不对这类面临破产退市的企业格外"大方"一些。沉重的退市社会成本反而成为上市企业手中倒逼政府扶持的砝码。

由此可见，当企业获得上市资格后，其不但可以获得后市融资的便利和低成本，而且还可以拥有诸多不必承担成本与风险的其他收益。在股息惜发行为获得 A 股市场默许的环境下，其用资成本也非常廉价。当出现亏损甚至破产危机时，还能通过政府倒逼机制为企业赢得资金注入，甚至通过出售上市壳资源获得额外利益。因此企业融资决策偏好于股权融资就成为 A 股市场制度环境下的必然选择，企业上市融资目标定位为上市募资收益最大化就成为司空见惯的常态。

6.3　偏好资本利得的非理性投资者追求短期获利最大化

6.3.1　投资者非理性行为分析

行为金融学打破传统金融学对理性人假设，认为投资者决策过程中存在认知偏差，容易导致股票投资行为的过度反应或是反应不足，所以现实市场中的投资者并非完全理性，而是有限理性或非理性的。理性需求和非理性需求共同反应为当期市场需求，所以短期资产均衡价格也将是理性需求和非理性需求的共同反应。

在经典经济学对投资者理性的假设条件下，追求个人资产配置合理化，符合生命周期需求的资产增值化是理性投资者的目标函数。不过在现实市场中，当投资者面对事前不确定性，常常出现非理性行为，决策过程往往容易表现出过度的自信倾向，容易受到心理和情绪影响，而产生从众行为。社会心理学的大量研究也表明，人类的实际决策过程中，并不遵从完全理性假设，也不遵从最优决策过程，投资决策过程容易受到过度自信倾向、噪声交易、从众行为等非理性行为的干扰。

1. 过度自信倾向。在心理学领域对于个人判断能力的研究中，最为稳健的结论就是人们的过度自信倾向（De Bondt 和 Thaler，1994）。大量的实例研究表明，绝大多数人均存在过度自信的情况（Daniel 等，1998），个人过度自信主要表现为过高地估计自己做好某事的能力，个人在该项任务中的重要性等级越高，则对自己能力的高估也越明显，大多数人认为自己的能力高于平均水平（Odean，1998）。

在心理学研究的基础上，经济学家发现过度自信心理使得投资者更加倾向于进行交易。而投资行为中的过度交易行为又往往植根于动物本性、社会文化以及习惯构成等多方面因素。在过度自信倾向导致的过度交易过程中，投资者往往对自身意愿赋予较高的概率，对于反面情况赋予极低的概率，最终导致的预期结果严重偏离均衡点，而向自身意愿方向发生偏移，使得实际投资行为表现为有限理性或是完全非理性。

过度自信偏差也会导致投资者愿意主动承担更大风险，从而偏离理性行为的轨道。这种偏差的结果就是，即便投资者了解股票价格的随机游走属性，但是依然愿意相信股价近期内是非随机游走的和有规律可循的，自己对规律的掌握更胜于他人（Alpert 和 Raiffa，1982）。正是由于投资者存在过度自信倾向，投资者在甄别与分析各种信息的过程中，更注重那些能够增强他们自信心的信息，而轻视对自己不利的信息。随着投资者投资成功经验的积累，过度自信倾向存在逐步加强态势，因为投资者更加容易将成功的原因归因于自身，而将投资失利的原因归咎于他人（Odean，1998）。可惜的是过度自信投资行为导致的过度交易并不能给投资者带来高收益，往往交易频度较高的账户所得的净利润低于交易频率较低的账户（Odean，1998），造成这种结果的原因在于过度交易所带来的高成本（Barber 和 Odean，2000）。

2. 噪声交易。Shefrin 和 Statman 提出了与传统金融 CAPM 模型相对应的行为金融资产定价模型 BAPM，其将投资者分为信息交易者和噪声交易者两类，并将二者一并放进了模型定价中，指出两类投资者之间是相互影响的，共同决定了最终的资产价格。

噪声交易具有关键的假设前提是：（1）信息获得是有成本的；（2）信息的传递是需要时间的；（3）投资者掌握的信息是不对称的；（4）投资者行为

存在差异性。在此框架下，可以获知市场交易存在两种类别：理性投资者与噪声交易者之间的交易、噪声交易者之间的交易。其中噪声交易者间的交易是市场巨幅波动的主要动因。

噪声交易者更加偏向于短期交易行为，当短期交易具有市场普遍性时，因某些信息的短期聚集导致股票价格的明显偏离现象，降低当期市场有效性，并在大量交易者聚集的过程中形成明显的"羊群效应"。交易者聚集过程中可能形成对交易预期的过度乐观情绪，即正反馈交易者，也可能形成对交易过程的过度悲观情绪，形成负反馈交易者。正反馈过程触发进入价格的上行通道，负反馈则触发进入价格的下行通道。当市场中存在相当数量的正反馈交易者时，股票价格集聚泡沫将更加迅速。

Kelly（1997）论述了正反馈交易行为中的获利过程：在连续竞价过程中，对于做市商来说，并不能从市场竞价信息流中区分理性交易者与噪声交易者价格指令，而只能根据所有的价格信息流确定价格。所以此时进行噪声交易的非理性交易者，将掩饰理性投资者交易动机，而理性交易者恰恰可以利用噪声交易的非理性行为获利，并以噪声交易者的损失为代价。

3. 从众行为。从心理学研究来看，从众行为是生物在面临不确定性环境下，做出行为决策时本能表现出的，个体决策需锚定他人的行为选择，弱化甚至放弃个人掌握信息的判断能力，进而模仿、复制他人的投资决策的行为决策过程。这是生物长期进化过程中获得的生存本能，在人类群体活动的各个领域均存在。

在金融投资领域，从众行为往往集中表现在投资者的短期交易行为中（Delong，Summers和Waldman，1990），投资者热衷于短期资本利得，追捧当期强势品种，抛售弱势品种，使得市场出现"羊群效应"。尽管从众行为是动物本能，但是这并不足以完全解释资本市场过度的从众现象。在现实市场中，信息不对称、信息处理能力局限、虚假信息等均对从众行为产生影响。（1）信息不对称与信息处理能力。充分的信息可以有效减少信息不对称性，在现实交易市场中，信息不对称总是存在的，信息的获得也是需要支付成本的。不同的投资者获得信息的渠道和能力有所不同，相对于机构投资者的资金、渠道、人才优势，个人投资者是无法与之相比拟的，处于信息劣势，更加容易陷入信息严重不对称的投资窘境。即便个人投资者在信息通道上占优势，但是限于个人投资者的专业知识瓶颈，难以对所获信息作出正确的判断，而且个人投资者的分散投资行为，使其无法实现机构投资者的人才规模效应，造成更加倾向于听信小道消息或是专家评论，产生盲从行为；

（2）虚假信息。一般而言，当获取真实信息需要付出高成本，而制造虚假信息仅需要低成本时，同时市场缺乏有效的信息监督机制，真假信息较难辨别，制造虚假信息的行为由此产生。由于虚假信息的存在，混淆了投资者对上市公司质量的辨别能力，如果市场披露制度也存在瑕疵，信息搜寻成本将增加，投资者主动寻找信息的动机就会随之降低。少数拥有真实信息的信息掌握者，便可以散布虚假信息，制造市场从众情绪，操纵市场，从中获利。同时市场中又存在大量的识别能力较低的中小投资者，这进一步给予了虚假信息生存空间，增加了市场从众行为。

事实证明，在资本市场上的从众行为不仅表现在缺乏专业知识的投资个体之间，在基金经理投资领域（Scharfsten，1990）、共同基金投资活动（Grinblatt，1995）、金融分析师投资行为上（Trueman，1994；Welch，1996）均被证实存在着投资从众行为。这说明，证券市场中从众行为相当普遍，不容忽视。然而值得注意的是，从众行为并不一定总是市场泡沫的制造者，如果市场引领者的预期是正确的，从众行为有助于加速市场价格向股票内在价值的回归，从众行为的极端现象才是股灾的导火索。Lebon 提出了只有当市场形成了心理群体①时，市场心理群体的高度不稳定性，势必会带来其投资方向的极大不确定性，进而造成市场价格的大幅波动。历史上，从众行为的极端现象给证券市场造成的冲击不可小觑，例如，1987 年 10 月全球股市大崩盘；2002 年中国 A 股市场"6·24"行情当天，成交量高达 900 亿元人民币，90%股票涨停等实例。

6.3.2 中国 A 股市场投资者结构特征

一般来讲，证券市场上参与市场投资交易的投资人由机构投资者和个人投资者两大类构成。证券市场越完善，中介代理机制越健全，市场机构投资者市场份额越大，市场投资行为越趋向理性，反之，证券市场越不完善，缺乏有效的中介代理机构，市场中个人投资者的份额将越大，市场投资行为越容易出现非理性行为。

---

① 所谓心理群体，是指投资心理活动的一致性，该一致性可以跨越时间和空间，将市场的投资者整合在一起，表现为一个投资整体，以冲动性、服从性和极端性为特征，当外界存在某一强刺激因素时，迅速触发向相反方向逆转。

表 6 - 4　　　　　　　　　沪、深股市投资者数量统计　　　　　　单位：万，%

年度	沪市			深市		
	个人投资者	机构投资者	个人投资者占比	个人投资者	机构投资者	个人投资者占比
2001	3 311.1	15.9	99.52	3 151.94	11.20	99.65
2002	3 441.4	18.1	99.48	3 305.13	14.02	99.58
2003	3 515.1	19	99.46	3 386.56	14.84	99.56
2004	3 584.2	19.5	99.46	3 485.95	15.44	99.56
2005	3 628	20.1	99.45	3 558.75	15.99	99.55
2006	3 778.5	21.4	99.44	3 844.08	17.37	99.55
2007	5 645.9	27.3	99.52	6 876.63	23.16	99.66
2008	6 365.4	30.1	99.53	7 550.54	24.86	99.67
2009	7 221.6	33.4	99.54	8 542.6	28.15	99.67
2010	—	—	—	9 402.68	30.88	99.67

资料来源：上海证券交易所和深圳证券交易所各年统计年鉴。

　　观察中国 A 股市场投资者构成可以发现，A 股市场投资者的数量构成是机构投资者偏少，个人投资者居多的格局（见表 6 - 4）。我国 A 股证券市场个人投资者的数量远远超出机构投资者数量，个人投资者开户数占市场投资者人数总量的 99% 以上。与 2009 年香港证券市场相比（香港证券交易所个人投资者约为 206.9 万人，占投资者总数的 35.1%，非个人投资者占投资者总数的 64.9%①），A 股市场个人投资者的绝对数量和相对占比均远远超过香港证券市场投资者规模。

　　从香港市场交易金额来看，2009 年 10 月至 2010 年 9 月香港市场个人投资者交易仅占总交易额的 25%，机构投资者占比达到 65%，交易所本身参与交易占比为 10%②。同期中国 A 股证券市场个人投资者市场交易额远远高于机构投资者比例，占市场交易总额高达 85.36%③。

---

　　①　源自：香港交易所《个人投资者调查 2009》，http：//sc.hkex.com.hk/TuniS/www.hkex.com.hk/chi/stat/research/research _ c.htm。

　　②　源自：香港交易所市场资料 2010，http：//sc.hkex.com.hk/TuniS/www.hkex.com.hk/chi/stat/statrpt/factbook/factbook2010。

　　③　源自：《上海证券交易所统计年鉴 2010》，http：//www.sse.com.cn/sseportal/ps/zhs/yjcb/tjnj/tjnj _ 2010.pdf。

表 6 – 5　　　　　　　　　2009 年沪市投资者投资额度统计

投资者	投资额		账户数	
	持股市值（亿）	占比（%）	持股账户数（万）	占比（%）
个人投资者	30 155.25	26.47	29 922 978	99.78
10 万元以下	6 256.22	5.49	24 526 267	81.78
10 万~30 万元	6 190.25	5.43	3 684 551	12.29
30 万~100 万元	6 831.54	6	1 347 493	4.49
100 万~300 万元	4 555.18	4	285 759	0.95
300 万~1 000 万元	3 274.82	2.87	66 731	0.22
1 000 万元以上	3 047.24	2.67	12 177	0.04
一般法人	64 465.84	56.58	44 685	0.15
专业机构	19 317.2	16.95	22 615	0.08
其中：投资基金	12 594.53	11.05	470	0.001

资料来源：上海证券交易所统计年鉴 2010。

　　从中国 A 股投资者持股额度分布来看（见表 6 – 5），2009 年上海证券交易市场的个人投资者主要是持股价值 300 万元以下的投资者，其持股额度占个人投资者持股总额的 79%，30 万元以下投资者持股价值占个人投资者持股总额的 41.3%；从开户数量分布看，投资额在 10 万元以下的账户占据了开户总账户的 81.75%。一般法人、专业机构和基金开户数占比分别仅为 0.15%、0.08% 和 0.001%。

　　综上所述，在我国 A 股证券市场上，无论从投资者数量还是交易金额角度比较，个人投资者均是市场最主要的生力军，可是从投资者数量与投资金额配比上，个人投资者参与人数与资金金额并未体现出相应的匹配关系，个人投资者数量占比达到 99.78%，其持有的市场可支配资金仅占市场总资金的 26.47%。所以说，A 股证券市场个人投资者以数量众多、账户资金较低的中小投资者为主，这种个人投资者构成是造成 A 股市场中个人投资者投资异质性问题更为突出的主要因素，多数情况下个人投资者只能担当 A 股市场交易的跟随者角色。

表 6 – 6　　　　　　　　　2009 年沪市开户者学历及年龄统计

学历	中专以下	中专	大专	大学本科	硕士及以上
人数（万人）	2 115.79	1 741.04	1 743.47	948.95	272.49
比例（%）	31.02	25.52	25.56	13.91	3.99
年龄段	30 岁以下	30~40	40~50	50~60	60 岁以上
人数（万人）	2 604.27	2 529.43	1 513	629.3	380.29
比例（%）	34.01	33.04	19.76	8.22	4.97

资料来源：上海证券交易所统计年鉴 2010。

　　从投资者的年龄构成和受教育程度来看（见表6-6），A股市场投资者年龄构成主要以30岁以下和30~40岁的青壮年为主，分别占个人投资者总数的32.99%和33.55%，而香港2009年市场投资者的中位数为45岁，年龄45岁以上投资者占投资者总数的66.8%；从开户投资者的学历构成来看，中国A股投资者中，高学历投资者占比较小，中专及以下文化投资者占比超过56.54%。2009年上海证券交易所的大学以上学历投资者比例占17.9%，远低于香港的51%，而中专以下学历投资者占比达到31.02%，远高于美国的17%和香港的19.4%；① 从A股市场年轻的、缺乏专业知识的个人投资者投资现状来看，该市场个人投资者行为更加容易受操纵行为的利用，更加容易受小道消息的蛊惑，产生从众行为，引起股票价格的大起大落，看重投机收益，轻视股票的长期盈利能力和发展能力。

6.3.3　A股市场投资者行为分析

　　由A股市场投资者的结构可知，中国A股证券市场存在交易过度、投资者从众等非理性投资行为发生的客观条件。我国证券投资者构成以中小个人投资者为主，其相应的专业知识较为匮乏，投资者的投资决策过程更容易受到某单一信息的影响，甚至在信息匮乏条件下，投资者直接从市场价格的变动中进行信息判断与投资决策，造成了投资行为的盲从性。

　　游家兴（2008）使用2000~2007年中国A股上市公司为研究样本，考察机构投资者与个人投资者信息反应模式发现，机构投资者行为模式相对理性，而个人投资者存在突出的过度反应倾向，容易将整个市场推向非理性状态。当然随着时间的推移，信息的丰富，个人投资者也将逐步回归理性预期，使得市场对该股的投资逼近传统金融的理想状态。

　　我国学者的相关研究也证实了A股证券市场非理性行为的普遍性。A股证券市场存在着大量的噪声交易者，噪声交易在市场中的集中表现是较高的换手率。中国沪、深两市的年平均换手率居世界证券市场之首，显著高于英、美等发达市场以及新兴市场国家（周孝华，2007）。噪声交易虽然能增加金融市场流动性，但是过度交易将大大增加过度投资的风险，滋生内幕交易，降低整个市场的效率，损害信息弱势投资者的利益。

　　与此同时，中国A股证券市场信息不对称问题较为严重，价格信息含量

只有 40% （许小年，1996），市场价格的 30% 左右反映了公司的基本面（张屹山、马洪潮，1997）。市场过度交易行为严重，而且男性投资者过度交易倾向高于女性（谭松涛、王亚平，2006），沪市交易者对正反馈信息具有过度乐观投资倾向，对于负反馈信息却表现为反应不足（赵宇龙，1998），并长期存在过度反应行为（刘力、陈兴珠，2001）。概括来讲，中国 A 股市场投资者行为主要呈现以下特征：

1. 过度乐观行为盛行。在追求美好愿望的情愫下，中国证券市场个人投资者将这种乐观预期情绪不断地加注于股票市场未来收益的预期中，特别是在股市进入牛市阶段时。在 2000 年末的互联网牛市、2007 年的中国 A 股大牛市中，乐观情绪高度膨胀，整个市场弥漫着对上市企业盈利增长的乐观预期，正是因为这种普遍乐观情绪的极大蔓延，导致了诸多对股市不甚了解的个人投资者非理性地涌入股市，股票价格泡沫膨胀，市场投机行为肆虐。在大牛市行情的鼓舞下，大量缺乏专业知识的中小投资者的涌入也为黑庄操纵股市、牟取暴利行为打开了方便之门，加速了股市的崩盘。但是即使在 A 股市场股指下跌过程中，仍不乏投资乐观情绪的存在，2001 年底，股指下跌至 1 600 点，大约 26.27% 的投资者预期未来的年收益率会在 10%～20%，19.81% 的投资者认为会在 20%～30%，9.48% 的投资者预期会高于 30%。[1] 在 2008 年全球金融危机发生之后，央行调查报告指出，2009 年第二季度居民未来股市预期指数升至 32.01%，选择"更多地投资"的居民占比为 38.81%。[2]

2. 投机行为普遍。在中国，由于历史因素和制度因素，合法的体彩、福彩受到了大众的普遍欢迎，但是极低的中签概率并不能满足大部分投资者的需求。股票市场的投机性为满足博彩心理提供了又一合法渠道。有统计显示（周孝华，2007），79.64% 的投资者认为庄家是合理存在的，50% 以上的投资者有追涨杀跌的投资倾向。由快速暴富心理引致的投机行为，带来了市场投机性投资需求旺盛，理性的价值投资需求被抑制，投资人买入、卖出股票的动机并非基于该股票价值的高估或是低估，而是更为看重未来短期内该股票的价格高位，何时卖出股票才能实现投机收益最大化，投资者的决策关键点落于寻找未来价格的拐点，并能够在拐点出现之前，实现落袋为安的投资收益。正是因为这种心理的存在，导致上市企业惜发股息行为得到市场的默许，成为 A 股

---

① 数据来源：中国证券报，2002 - 01 - 30。

② 数据来源：中国证券报，中证网：http://www.cs.com.cn/xwzx/03/200906/t20090624_2126190.htm。

市场的常态。

3. 从众与过度反应行为广泛。我国的 A 股证券市场作为新兴市场，制度法规还存在着诸多不完善，市场的信息披露制度、违规行为的惩戒机制仍有待改进，加之众多知识匮乏的个人投资者的参与，导致了市场追涨杀跌的倾向。在当今媒体评论充斥的信息社会，专家的评析解读，对投资者投资情绪的放大及投资行为的单方向倾斜起到了推波助澜的作用。在投机策略的带动下，投资者容易产生过度反应行为，使得证券市场出现的羊群效应造成一定时期、一定范围内的投资单边扎堆现象，增加了市场波动性。最终形成了市场阶段性的题材和行业板块的轮番炒作，导致了齐跌齐涨等明显的从众过度反应特征。

综上所述，A 股市场个人投资者非理性的追涨杀跌行为较为普遍，证券投资以投机收益为主。熊维勤和孟卫东（2007）也使用 Ruud 收益率分布检验法进行了实证研究，结果显示，在上市交易后的 6 日内，收益分布呈现负偏现象，说明投资者并不是看重长期的价值投资，而是选择短期抛售行为，获取短期超额收益为目的的。鉴于个人投资者专业能力的局限、暴富心理的蛊惑，以及 A 股市场制度不健全，投资者投资决策以该股价格下一时点能否持续上涨作为判断基准。机构投资者面对非理性投资者主导的、投机机会丰富的资本市场，没有理由放弃短期获利机会。机构投资者可借助其专业能力、信息优势等有利条件顺应市场情绪，甚至引导市场情绪，从而获得更高的短期投机收益。所以无论是机构投资者，还是个人投资者参与股票市场投资判断标准均为：下一时刻市场情绪是否依旧高涨，股票价格下一时点能否持续。

6.4　缺乏声誉约束力的承销商追求承销收益最大化

6.4.1　承销商声誉与承销业务收益

承销商声誉模型建立的基础是，声誉显著影响承销商当期以及未来的收益，承销商追求 IPO 发行成功和提高市场声誉比赚取当前的利润更加重要。这是因为声誉的积累是市场对承销商以往表现的认可，这需要长期的积累过程（Chemmanur 和 Fulghieri，1994）。所以一旦承销商的声誉建立，并处在声誉较高的水平，承销商维护自身声誉的动机就越强（Puri，1999）。如果承销商对 IPO 定价高估，则会导致承销商市场份额下降，反之亦然（Nanda 和 Yun，1997）。高声誉承销商更强烈地维护声誉的动机，将会促使其更加严格控制事前不确定性，更加努力挖掘企业信息，最终高声誉承销商对上市企业股票的定价更趋于内在价值。这表现在 IPO 市场上为首日收益率较低，也即承销商声誉与 IPO 首日收益呈负相关（Logue，1973；Neuberger 和 Hammond，1974；Beatty 和 Ritter，1986；Carter 和 Manaster，1990；Michael 和 Shaw 等，1994）。

由第 4 章和第 5 章中承销商声誉模型的中国 A 股市场适用性的实证结果可知，在 IPO 首日收益方面，承销商声誉在审批制和通道制下均不与 IPO 首日收益产生相关关系，仅在进入保荐制后才初步显效，表现为一定的负相关关系；在 IPO 后市收益方面，承销商声誉与 IPO 后市收益之间不存在相关性。由此可见，承销商在承销 A 股 IPO 业务时，声誉并不对承销商行为产生显著的约束力，也即维护高声誉并不会显著增加承销商当期或未来的 IPO 承销收益，低声誉也不会显著损失承销商当期或未来 IPO 承销收益。所以承销商对新上市企业的质量认证努力程度下降，发行定价偏离股票内在价值的风险增加，承销商声誉对承销商行为的约束力削弱。

声誉模型的失效还有可能激发承销商与发行人的共谋动机。这是因为承销商通过与发行人合谋发布虚假认证信息，哄抬股价，以及内幕交易等行为可显著增加承销商的当期收益。即使此类违规行为和定价偏误影响了承销商的声誉，但也并不显著影响未来收益。事实上，此类违规现象在我国 A 股市场上屡禁不止，即便是实行保荐之后，声誉模型已初显功效，2011 年证监会依旧对各承销商开出了 15 单处罚，保荐人内幕交易案——谢风华案令投资者再次哗然。

6.4.2　声誉约束失效下的承销商目标函数

通常来讲，承销商 IPO 业务的收入主要来源于承销费用，但这并不是承销商从事 IPO 业务的唯一收入来源，Ellis、Michaely 和 O'hara（2000）研究发现，承销商为了维护自己的声誉，在短期后市会以做市商的姿态，采用参与市场交易的方法稳定股价，上市的一个月内主承销商主导了市场 50% 的交易头寸，通过参与市场交易获得利润，约占其承销总利润的 23%。这说明承销商维护后市股价稳定行为并不会付出成本，而是能获取利润。

在中国，1996 年证监会在《关于禁止股票发行中不正当行为的通知》中明确指出，不得向企业允诺在其股票上市后维持其股票价格，不得进行行政干预。[①] 1999 年《中华人民共和国证券法》进一步规定，证券公司在代销、包销

---

① 中国证监会，1996，《关于禁止股票发行中不正当行为的通知》承销过程禁止行为第 3 条、第 4 条。

期内，对所代销、包销的证券应当保证先行出售给认购人，证券公司不得为本公司事先预留所代销的证券和预先购入并留存所包销的证券。[①] 在以上规定下，承销商直接参与后市市场操作的可能性很小。然而针对承销商是否参与 IPO 后市交易的检验中，有研究指出中国证券市场存在承销商后市参与（徐文燕和武康军，2002；黄鑫和沈艺峰，2002），而且一般在上市的 10 日后逐步退出。熊维勤和孟卫东（2007）认为承销商并未直接参与后市交易，不过无法排除承销商可能通过间接、不透明渠道进行市场操作，获得后市收益。鉴于 A 股市场承销商参与后市交易行为具有一定的隐蔽性，所以只能从证监会等监管部门的发文以及相关处罚中反观之。《关于禁止股票发行中不正当行为的通知》曾明确指出："某些证券经营机构在开展代理发行业务、争取承销项目的过程中，存在着一些不正当竞争的行为。"承销商的失信行为主要表现为：没有尽职调查；与发行人共谋虚假包装以骗取上市、配股等资格；违规向发行人提供融资；承销中使用透资、回扣等不正当手段诱使投资者认购证券；以散布谣言等手段影响股票发行价格；承销过程中和承销结束后到股票上市前，参与所承销股票及其私下认购交易等。因此承销商信誉危机是制约我国证券承销市场的重要阻碍因素（刘江会和宋瑞波，2003）。

可见，正是因为中国 IPO 市场制度和法规不健全，导致了承销商声誉与承销商收益的不相关性，导致了承销商对信息发觉与信息传递等中介功能的懈息，导致了承销商对上市企业质量认证功能的松懈。所以在中国 A 股中介市场，声誉对承销商未来收益约束力大大下降，加之 IPO 发行承销费比例相对较低，最终承销商的目标函数为获得当期 IPO 发行收益最大化，并有可能产生与发行人共谋哄抬发行价格和操纵市场的可能。

6.5　IPO 市场参与主体占优策略

6.5.1　市场预期价格定价

一般来讲，股票定价过程就是确定企业内在价值的过程，而发行人掌握了最为详尽的公司信息，可以说其是最了解公司股票内在价值（V_R）的内部人。如果股票定价恰好等于企业内在价值的现值 V_R，那么上市首日收益率应当是

[①]　中国证监会，1999，《中华人民共和国证券法》第 26 条。

随机波动的，收益率期望均值应当为 0。这种定价策略，不但不会导致 IPO 发行市场异象产生，也不符合发行人融资收益最大化的追求目标。

基于发行企业追求融资最大化的目标，发行人 IPO 定价原则应是发行人筹资收益最大化下发行价格和发行数量的选择。由此可将发行人的目标函数表示为

$$\max \pi = Q \times (P - V_R) \tag{6.1}$$

约束条件为 $\qquad P \times Q - (V_R + c) \times Q \geqslant 0$

其中，V_R 表示未来的企业内在价值，假定折现率为零，因而其也表示当前时点企业的内在价值。P 表示市场预期价格，Q 为股票发行数量，c 表示上市发行所需成本，包括发行相关费用、隐性成本、时间成本等固定成本部分，P_0 表示股票发行价。

在发行人筹资收益最大化目标的驱使下，发行人期望的定价原则将以当期的市场预期价格为基准。可表示为

$$P = V_R + a \tag{6.2}$$

其中，a 表示市场情绪等行为因素对股票定价的影响，市场预期价格 P 是围绕上市企业内在价值上下波动的。由前文的研究可知，当 IPO 发行市场处于热季周期，市场投资者情绪往往是高涨的，投资情绪因子为正，$a > 0$，发行人增加融资收益出现了实际操纵空间，有可能获得超额融资收益：

$$P \times \overline{Q} = (V_R + a) > V_R \times \overline{Q} \tag{6.3}$$

相反，当 IPO 发行市场处于冷季周期，市场投资情绪低落，投资情绪因子为负，即 $a < 0$，市场股票预期价格小于企业内在价值。以融资金额最大化为目标函数的发行人，不得不放弃以市场预期价格为基准的定价原则，而回归企业内在价值定价，也有可能在资金需求不太紧迫的条件下，选择延期上市。

一般来讲，发行数量确定发生在企业发行询价之前，因而先不讨论发行数量确定问题，假定股票发行数量确定，即 $Q = \overline{Q}$，发行企业实现投资最大化的目标只有通过更高的市场预期价格实现，即 $P \geqslant V_R$。

由此可见，以上市筹资收益最大化为目标函数的发行企业，选择热季周期发行是其占优策略，定价基准为市场预期价格 P。在冷季周期，以上市筹资收益最大化为目标函数的发行企业占优策略是延期上市发行，如在冷季周期发行，定价基准只能是企业的内在价值。

6.5.2 发行人与承销商共谋

在声誉约束下的承销商，为发行企业 V_R 的准确定价而努力，挖掘发行企

业的信息，并向市场投资者传递，以获得以承销费为主的固定收益。此时，承销商与发行人存在对立情绪，因为发行人期望发行价格的折价程度为最小，在获取上市成功的前提下，企业价值定价越高越好，而承销商则期望较大的发行价格折价率，以维护其较高的声誉，赢得未来的承销机会与收益。而当声誉约束被放松，甚至失效的条件下，发行人与承销商的对立情绪大大缓解，甚至有可能形成共谋，因为共谋策略可以同时增加双方的即时收益。

　　具体来说，在IPO发行热季周期，发行人期望的定价基准为市场预期价格。如果发行人选定的股票最终发行价格为P_0，且$P_0 > P$，将导致IPO发行失败。显然发行人期望的发行定价最大值等于市场预期价格，即$P_0 = P$。此时发行人在保证发行成功的前提下，实现融资金额最大化。事实上这是无法实现的，发行人作为证券市场的单一参与者，无法仅依靠自身而准确获知市场情绪因子，所以发行人很难准确预期该股的市场预期价格P。一旦发行人无法获得市场情绪因子，为了确保发行成功，其发行价格最高只能为V_R，那么当该股的市场预期价格高于企业内在价值时，发行人将失去获得融资超额收益的机会。即便发行人可以选择热季周期上市发行，也能在其内在价值基础上选择溢价发行，以获取一定的融资超额收益，但是发行人终因无法准确预期该股市场预期价格，而会损失部分融资超额收益，并降低了自身与机构投资者的议价能力。

　　因此发行人为了获知市场预期价格，需要获得承销商的协助。承销商作为IPO发行专业机构，比发行人拥有更多信息通道，掌握更多市场经验，是发行人获知市场情绪因子的必经之路。同时发行人为此必然需要付出成本，即让渡其部分融资超额收益，选择折价发行，此处的折价发行是相对于市场预期价格的折价，又是相对于企业内在价值V_R的溢价。由此可见，承销商在获取更大当期收益的驱使下，将努力寻找市场预期价格P，并获得承销费外的超额收益$(P - P_0) \times \bar{Q}$部分的分成，发行人获得剩余的超额收益$(P_0 - V_R) \times \bar{Q}$，双方收益均增加。所以发行人与承销商相互合作是双方的"共赢"策略。由此也可获知，在发行人与承销商"共赢"策略下，发行价格P_0的取值区间是开区间，即$P_0 \in (V_R, P)$，P_0的取值可以向V_R、P不断逼近，但无法到达。这是因为当$P_0 = V_R$时，发行人和承销方二者均无法获得超额收益；当$P_0 = P$时，虽然发行人可获得最大的超额收益，但是承销商超额收益为0，承销商将会退出"共赢"战略。

　　在"共赢"策略下，发行价格P_0在取值区间的移动，将使发行人与承销商的超额收益是此消彼长的，此时发行人和承销商之间是既合作又竞争的关系。那么能否有使二者的合作更密切，竞争度更低的策略呢？在非理性证券市场中显然是有的，也是完全可行的。发行人和承销商构成的 IPO 供给方（为了便于后文解释双方的共谋行为，下文将发行人与承销商一并称为 IPO 供给方），可以通过包装、宣传、发布企业优质信息，激发市场投资者高亢的投资非理性情绪，达到推高该股市场预期价格的目标，同时增加该股市场需求，使得市场股票价格预期上移。由此可见，在发行人与承销商增加超额收益空间的利益驱动下，共谋是双方"最佳"策略，可实现最大化的融资超额收益。

6.5.3 投资者偏好短期投机

概括来说，股票投资策略有三种：长期价值投资、投资组合对冲和短期投机。（1）长期价值投资，以期分享企业业绩增长带来的收益分红和资产增值两方面，一般获取收益的时间较长，对短期的市场波动性不敏感。（2）投资组合对冲，以获得投资组合预期收益为目的，为确保最终收益，采用保持投资组合中性的策略，对短期市场波动采取对冲操作。（3）短期投机，以捕捉市场短期波动收益为目的，关注短期市场波动，以寻求市场短期获利机会，对企业长期价值增值不太关心。投资者为了获取投资收益，减小投资风险，会择优选择投资策略。

显然投机策略与前两类投资策略正好相反，前两类投资策略厌恶市场波动，以屏蔽市场波动为主要目的，追求分享企业未来业绩分成收益；而投机行为却乐于市场波动，市场波动是其收益之源。如果短期投机行为可以获得与其他两类投资策略相同的投资收益，那么短期投机行为因节约了时间成本，投入总成本更低，投机收益效率更高。

股票市场短期投机策略显然是一项零和博弈，在此项博弈行为中，先进入投资者盈利，后进入投资者损失，整个交易行为总收益为零。现实市场机构投资者往往是投机策略的先进入者，损失者多是个人投资者。这是因为，机构投资者不但拥有更多的信息渠道和分析能力，能够较早发现投机机会，而且其还可能成为投机机会的操纵者和共谋者，制造市场波动，调动市场情绪，诱导更多的投资者进入短期投机策略，并因此获得更有保障、更加丰厚的投机收益。所以机构投资者的投资收益总是高于个人投资者的。

在完全有效股票市场中，不存在信息不对称，市场对冲工具完善，投资者专业化程度较高，市场的短期波动很容易被快速抚平，市场投机空间稍纵即逝，投资者的投资策略将以长期价值投资和投资组合对冲为主，短期投机策略为辅。我国 A 股市场是非完全有效市场，市场波动率很高，市场卖空机制不健全，同时，A股市场信息不对称严重、对投资者保护水平有限，法律制度和监管机制不健全，因追求投机收益导致的市场操纵行为和违规行为时有发生。

接下来，我们对中国A股证券市场投资者投资决策进行分析。鉴于上文的分析研究和中国A股市场投资者统计数据，本文假定A股市场中仅存在两类投资者：一类是占优的机构投资者，机构投资者的专业水平、信息掌握程度均胜过普通中小个人投资者，投资行为相比个人投资者更为理性、更有能力执行价值投资策略和对冲投资策略；另一类是数量众多的个人投资者，个人投资者的专业水平，获得信息的能力均不及机构投资者，投资收益也显著低于机构投资者，并且更多选择非理性的短期投机策略。

现实投资市场中，机构投资者虽然有能力执行价值投资策略和对冲投资策略，但是在一个非完全有效的市场环境中，机构投资者完全可以采用短期投机策略获得显而易见的收益，特别是当市场的投机成本较低时，机构投资者就更加没有理由拒绝这种投资策略。显然中国A股市场具备了这样的条件。

鉴于以上的分析和我国股票市场现状，在此运用投资者博弈模型，确定中国A股投资者占优投资策略。根据我国市场与投资者现状，提出以下假设。

假设1：投资者投资策略仅在长期投资与短期投机二者间选择。

假设2：市场投资者仅存在机构投资者和个人投资者。

假设3：股票投资市场总收益为10，投机成本为1，长期投资成本为3，机构投资者投资收益为6，大于个人投资者收益4。

构建A股市场投资者博弈模型（见图6－3）发现，在股票投资活动参与过程中，机构投资者无论选择何种投资策略，个人投资者的占优投资策略均为短期投机；同样地，个人投资者无论选择何种投资策略，机构投资者的占优投资策略也为短期投机。因此机构投资者和个人投资者在A股市场投资时，均采用短期投机策略，并获得投机收益如下：个人投资者收益为3，机构投资者

		机构投资者	
		长期投资	短期投机
个人投资者	长期投资	1，3	1，5
	短期投机	3，3	3，5

图6－3　A股市场投资者博弈矩阵

收益为 5，机构投资者所获收益高于个人投资者。

由此可见，在中国 A 股市场当前大环境下，无论是机构投资者还是个人投资者，占优的投资策略均是采用短期投机。对于机构投资者来说，采用投机策略获得的收益更高，实现收益的时间更短，甚至使用自身的优势影响、操纵市场还可能获得更多的投机收益。对于个人投资者来说，往往无法对股票的长期价值作出准确估值，因此为了规避长期投资风险，个人投资者根据短期市场波动进行买入和卖出操作，在过度自信偏差和其他认知偏差的影响下，总认为自己可以在市场拐点出现前，作出正确的操作，结果却往往事与愿违。

6.5.4 向机构投资者倾斜的承销商分配策略

研究发现，在 IPO 发行过程中，承销商存在将更多股票分配给机构投资者的倾向。Hanley 和 Willelm（1995）研究了 1983 ~ 1988 年美国证券市场 38 只新股的发行过程，发现当机构投资者对该股 IPO 发行需求量增大时，他们所获得的股票份额也将增多。而且机构投资者申购的新股占该股发行总量比例越高，其首日回报率也越高，二者之间存在显著的正相关关系（Aggarwal 和 Prabhala，2002）。为此有学者提出，机构投资者拥有更多关于市场和新股发行的私人信息，承销商为了获取机构投资者的私人信息，进而能够更加准确地确定该股价格，更愿意将 IPO 分配给机构投资者以换取相应的私人信息。不过，也有学者指出，这是承销商为了维系长期的客户关系而作出的必然选择。

本文认为，这是承销商占优分配策略使然。承销商占优分配策略是指在确定的市场约束条件下，承销商以更小的成本获得更大的当期收益或未来收益。所以我们就中国 A 股市场 IPO 分配过程中的承销商占优分配策略展开讨论。

根据上文假定，在 A 股证券市场的新股发行中，投资者仅包括信息占优、具备理性投资能力的机构投资者和信息劣势、存在非理性冲动的个人投资者两类，且个人投资者的数量远远超过机构投资者的数量。承销商承销股票的分配过程在这两类投资者之间展开。

假设：一只拟上市新股可供分配的发行总数量为 $\overline{Q}$，如果分配给机构投资者的数量为 q，那么个人投资者可获得的股票数量为 $\overline{Q} - q$。

假设：市场机构投资者的数量是有限的，一共有 n 个机构投资者，而个人投资者的数量却远远大于机构投资者，可以认为是无穷尽的。

我们首先讨论在 IPO 发行市场热季周期下的承销商最优分配机制。在 IPO 发行市场热季周期，供给方定价基准为市场预期价格 $P = V_R + a$。其中，投资情绪因子 $a > 0$，而 a 确切的值单单依靠承销商和发行人信息作出准确预期很难，承销商需要机构投资者的私人信息帮助。

假设：a_i 是第 i 个机构投资者对于市场情绪因子的预期值，那么 IPO 市场预期价格可以表示为企业内在价值与情绪因子的均值之和，用式（6.4）表示：

$$P = V_R + \frac{1}{n}\sum_{i=1}^{n} a_i \tag{6.4}$$

其中，$a = \frac{1}{n}\sum_{i=1}^{n} a_i$，是机构投资者预期情绪因子的均值，在发行热季周期该均值大于零。

机构投资者作为股票市场需求方的构成部分，显然与发行人和承销商组成的供给方不可能形成一致的目标函数，而是博弈对立面。机构投资者自身的目标函数为 IPO 投资收益最大化，机构投资者的目标函数（U）可表示为：

$$U = (P - P_0) \times q \tag{6.5}$$

其中，q 为机构投资者获得 IPO 数量总额。

不难看出，机构投资者期望新股发行价格 P_0 越低越好，市场预期价格 P 越高越好，当市场预期价格大于新股发行定价（即 $P > P_0$）的前提下，可获得的该股数量越大越好。所以机构投资者对自己掌握的该新股私人信息不会轻易披露，而是将在披露私人信息和因此可获得的收益间权衡利弊。

从供给方利益考虑，如果没有机构投资者给供给方提供有效的私人信息，供给方很难准确获知当期的市场预期价格 P。在缺乏机构投资者私人信息的环境中，一旦供给方确定的股票发行价格 $P_0 \geq P$，IPO 失败的风险将增加，因为此时机构投资者的预期 IPO 投资收益为 0，从而放弃申购该股的机会，所以也就不会提供给承销商更多有用的私人信息。同时因新股定价过高，个人投资者的投资热情也将递减，而且在从众行为、羊群效应等非理性行为的影响下，极大地缩减市场投资者对该股的需求量，最终导致认购不足，发行失败。

所以供给方对机构投资的私人信息有迫切需求，为了获得机构投资者对市场情绪因子的预期值 a_i，供给方必须让渡其部分融资收益，选择低于市场预期价格的发行价。

从式（6.5）可以看出，机构投资者增加新股投资收益有两种渠道：其一，如果机构投资者可获该股的配额数量 q 固定，那么机构投资者增加该新股投资收益的目标可通过降低股票发行定价 P_0 实现。此时机构投资者偏好于对市场投资情绪的私人信息加以保密，为了获得更高的投资收益甚至可能产生不正当动机，低估市场投资情绪因子，促使供给方确定的最终发行价格 P_0 更低。

其二，如果该新股发行价格 P_0 固定，那么机构投资者可通过获取更多的股票数量配额 q 增加 IPO 投资收益，不过这需要承销商分配策略向机构投资者倾斜才能实现。所以说，对于机构投资者实现最大化 IPO 投资收益的最佳策略为增加股票数量配额 q 的同时，降低股票发行价格 P_0。

实际上，这一策略是无法实现的，因为 q 与 P_0 是正相关的。机构投资者为了获取更多的股票配额，不得不向承销商提供更多的私人信息；承销商为换取更多的私人信息，不得不将更多的股票份额分配给机构投资者。不过掌握了更多的市场投资情绪信息的供给方从自身目标函数出发，一定会提高股票发行价格 P_0，P_0 的上升又抑制了机构投资者的盈利空间。由此可见承销商与机构投资者之间存在着相互的博弈，为了获知二者博弈均衡点，我们提出假设：承销商的 IPO 定价 P_0 是其分配给机构投资者 IPO 数量 q 的函数，$P_0 = P_0(q)$，承销商分配给机构投资者越多 IPO 配额 q，P_0 将越靠近市场预期价格 P。

此时，供给方的融资收益增加，而机构投资者的投资收益并不一定增加，因为虽然可获得的 IPO 数量增加，但是发行价格 P_0 与机构投资者投资收益负相关。所以承销商与机构投资者的博弈均衡点为，边际股票规模增加带来的机构投资者投资收益增加值恰好等于由此带来的 P_0 上升导致的机构投资者的投资收益损失值。这可由式（6.6）和式（6.7）表示：

对 $\max U = [P - P_0(q)] \times q$ 求导得到，

机构投资者 IPO 投资收益最大化：

$$\frac{\partial U}{\partial q} = P - P_0(q) + \frac{\partial P_0(q)}{\partial q} \times q = 0 \qquad (6.6)$$

股票发行价格 P_0 最终确定为

$$P_0(q) = P - \frac{\partial p_0(q)}{\partial q} \times q \qquad (6.7)$$

由此可见，当机构投资者提供私人信息的边际效用增加等于获取的股票配额增加值时，机构投资者不再提供私人信息给承销商。所以机构投资者并不会为了获取更多的 IPO 数量，而向承销商提供全部的私人信息。承销商以发行数量的倾斜来弥补机构投资者因提供私人信息而产生的投资收益损失，以实现供给方融资收益最大化的目标函数。

现实中，机构投资者是否会通过提供虚假私人信息，达到获得 IPO 分配配额增加的目的呢？事实上，这种行为是无法实现的，原因如下：（1）单个机构投资者无法提供虚假信息。n 个机构投资者之间存在竞争，提供私人信息越丰富，越准确，获得的 IPO 配额也越多，单个投资者很难提供使供给方相信的虚假信息。（2）承销商打消了机构投资者共谋发布虚假信息的动机。承销商是 IPO 发行的中介机构，了解 IPO 发行市场，并与机构投资者形成长期的合作关系，机构投资者为了获得今后的 IPO 配额，不得不放弃共谋提供虚假信息的动机。

由此可见，在 IPO 发行热季周期，IPO 发行价格 P_0 随供给方和机构投资者的博弈过程而最终被确定，显然 IPO 发行价格不会是企业内在价值 V_R，也不可能达到市场预期价格 P，而是介于二者之间。二者博弈过程中通过各自的方式（机构投资者通过自己拥有的有关 IPO 私人信息，实现自身效用最大化。承销商通过 IPO 分配机制向机构投资者倾斜，增加融资收益），实现了"双赢"。

而在 IPO 发行冷季周期，承销方同样需要机构投资者的私人信息，以判断市场情绪因子。此时因发行市场的投资者情绪低落，市场情绪因子均值为负值，所以市场预期价格 P 表示企业内在价值与市场情绪因子均值之和，一定小于企业内在价值 V_R。这意味着，追求融资金额最大化的供给方将放弃或是延期企业上市计划，等待市场投资情绪的回升。以获得生产经营融资而无法延期上市的企业，在 IPO 冷季周期上市不得不以小于企业内在价值的发行价格进行上市发行，放弃市场预期价格定价基础，采用折价发行策略，让渡企业的内在价值给市场需求方以求取得上市成功。

需要说明的是所谓的新股发行冷季周期是相对于发行热季周期而言的，冷季周期和热季周期的划分是在研究者选定的参数下展开的，属于相对意义层面。所以，一是不同的研究者选择评价参数不同，获得的冷、热季周期区间也会略有差异，也就是说，即便是研究对象完全相同，但是因划分参数不同得到的冷、热周期转换边界有可能无法完全重合；二是新股发行冷季周期的市场情绪因子均值并不一定总是为负，而是完全有可能为正的，只是冷季周期下，市场情绪因子均值的数值相比热季周期而言，显著下降了。

6.6　发展路径、参与主体占优策略与 A 股 IPO 异象

6.6.1　理论假说与推论

鉴于 A 股市场参与主体的目标函数和占优策略选择，本文将借助传统金融理论和行为金融理论模拟一个在热季周期内的公司上市发行过程，对 A 股市场 IPO 发行异象加以分析与解释。

鉴于上文对中国 A 股证券市场展开的相关分析与讨论，在此提出如下研究假设。

假设 1：在中国 A 股市场，需求曲线缺乏弹性，较为陡峭，而供给曲线则富有弹性，较为平缓。

假设 2：发行人与承销商一起构成新股发行的供给方，供给方以上市融资收益最大化为目标函数，并且对市场投资者可实施完全价格歧视政策。

假设 3：市场仅存在机构投资者和个人投资者两类，机构投资者为理性投资者，个人投资者为非理性投资者，两类投资者均采用投机策略参与股票市场投资，投资者对于持有还是卖出手中的股票是基于下一时刻市场投资情绪能否延续、是否可以实现更高价卖出为标准。

假设 4：承销商只采用余额包销的方式进行承销，发行人与承销商形成同一利益共同体，将该利益共同体称为供给方。另外，为了研究方便，假定折现率为零，且企业不派发股利。

假设 5：承销商分配股票倾向于机构投资者，$\overline{Q}$ 表示该股发行量，机构投资者可获得分配数量为 q，则个人投资者可获得分配数量为 $\overline{Q}-q$，个人投资者需求完全满足需要的股票总额 $\tilde{Q}$。

假设 6：股票需求是受到理性投资者和非理性投资者的共同影响决定的，可表示为：

$$V_S = V_R + a - \lambda \times (\overline{Q} - q) \qquad (6.8)$$

其中，$a = \lambda \times \tilde{Q}$。$V_R$ 表示该股价值的理性预期，在不考虑股利分配，假定折现率为 0 的条件下，其就是该股的内在价值表现，a 表示受到市场投资情绪影响而产生的市场需求，$\lambda \times (\overline{Q} - q)$ 表示已经获得满足的个人投资者需求。

该解释过程涉及四个研究时点，分别是 $t = 0$，1，2，T，（1）$t = 0$，表示股票上市发行前；（2）$t = 1$，表示上市首日；（3）$t = 2$，表示 IPO 上市首日后的交易日，此时的市场可能仍然被高亢情绪所主导，也可能是投资情绪耗尽的过程；（4）$t = T$，表示股票市场的投资情绪对市场的影响完全耗尽，股票价格回归完全理性预期无偏估计，在不考虑折现与分红的基础上，此时股票价格为内在价值 V_R。

在 IPO 发行分配中，假定个人投资者需求数量总额为 $\tilde{Q}$，而当发行数量确定后，承销商分配给个人投资者的数量只能为 $\overline{Q}-q$。（1）如果无法满足个人投资者在 $t = 1$ 时刻的所有需求，即 $\overline{Q}-q < \tilde{Q}$，那么市场由乐观投资情绪所主

导，该股市场预期价格将受到市场投资者的投资情绪的影响，即在 $t=1$ 时刻，该股市场预期价格 $P_1 = V_R + a - \lambda \times (\overline{Q} - q)$。（2）如果承销商分配给个人投资者的数量能够满足 $t=1$ 时刻所有个人投资者需求，即 $\overline{Q} - q > \widetilde{Q}$，那么该股市场预期价格由 $t=2$ 时刻市场投资者情绪消耗的预期概率分布决定，使用 γ 表示 $t=2$ 时刻，市场情绪仍能持续的概率，$1 - \gamma$ 表示投资者认为 $t=2$ 时刻市场的投资情绪耗尽或者投资情绪转变概率，$E^s(P_2)$ 表示非理性投资者在 $t=2$ 时刻，预期的市场价格，即 $V_R + a - \lambda \times (\overline{Q} - q)$。

所以，

$$P_1 = (1 - \gamma)V_R + \gamma E^s(P_2) = (1 - \gamma)V_R + \gamma[V_R + a - \lambda \times (\overline{Q} - q)]$$

经整理可得

$$P_1 = V_R + \gamma a - \lambda \gamma (\overline{Q} - q)。$$

因为上市首日的股票价格是对未来市场股票预期价格的无偏估计，所以我们可以获得上市首日的市场预期价格 P_1，见式（6.9）和式（6.10）。

$$P_1 = \begin{cases} V_R + a - \lambda \times (\overline{Q} - q)，& if(\overline{Q} - q) \leqslant \widetilde{Q} & (6.9) \\ V_R + \gamma \times a - \lambda \gamma \times (\overline{Q} - q)，& if(\overline{Q} - q) > \widetilde{Q} & (6.10) \end{cases}$$

不难发现，当市场非理性投资情绪完全获得满足的情况下，该股市场预期价格将低于市场非理性投资情绪欠满足情况下的市场预期价格，也即式（6.10）＜式（6.9）。虽然市场非理性投资情绪完全获得满足的条件下，供给方可以达到发行数量规模最大化，但是在下一时刻，高亢投资情绪仍将持续的概率很可能被快速耗尽（Ljungqvist、Nanda 和 Singh，2004），即 γ 快速趋近于 0，市场预期价格逼近该股的内在价值。追求融资收益最大化的供给方获得的实际收益有可能不是最大的。这是因为，市场投资者情绪波动较为复杂，受到多种因素共同制约，不过从资本市场实验室研究发现（林树，俞桥，2009），市场投资情绪越高亢，越能促进投资者的出价和买入行为，促进股票价格的上升和成交量的放大，而投资情绪低落，则可能造成恐惧感增加，投资者将减小购入规模，采取卖出策略，导致成交量的萎缩。并且在投资者情绪高亢的市场中，提振性的企业信息对于市场成交量和股票价格的上升效果明显，而在投资者情绪低落的市场中，过度悲观情绪将导致投资者过度理性，公司基本面利好消息有可能对投资者投资信心的增加毫无益处。

下面我们证明投资者非理性投资情绪欠满足条件下，由发行企业与承销商构成的联盟——供给方可实现融资收益最大化目标。

供给方筹资最大化方程可表示为

$$\max \prod (P_1 - V_R) \times \overline{Q} \qquad (6.11)$$

所以供给方最优的发行数量 $\overline{Q}^*$，由上式决定，约束条件为

$$q < \overline{Q}^*, \quad 且 (\overline{Q}^* - q) < \widetilde{Q}$$

非理性投资者投资情绪无法获得完全满足条件下，市场股票预期价格由未获得满足非理性投资者的市场价格决定，即 $P_1 = V_R + a - \lambda \times (\overline{Q} - q)$。将式 (6.9) 代入式 (6.11)，整理可得：

$$\max \prod [a - \lambda \times (\overline{Q} - q)] \times \overline{Q} \qquad (6.12)$$

为了获知最优发行数量 $\overline{Q}^*$，式 (6.12) 对 $\overline{Q}$ 求导，并令其为零。即

$$a + q - 2\lambda \overline{Q} = 0$$

经整理可知，最优发行数量为 $\overline{Q}^*$：

$$\overline{Q}^* = \frac{a + q}{2\lambda} \qquad (6.13)$$

因为供给方发行价格的确定受到机构投资者提供私人信息的约束，即发行价格无法完全达到供给方期望的市场预期价格，而是如式 (6.14)：

$$P_0(q) = P - \frac{\partial P_0(q)}{\partial q} \times q \qquad (6.14)$$

所以供给方不可能完全以 P_1 的股票市场价格预期定价，而是以 $P_0(q)$ 确定发行价格，让渡部分投资超额收益给机构投资者。

$$\max \prod (P_0 - V_R) \times \overline{Q}^* = \left(\frac{a - q}{2} + \lambda q - \frac{\partial P_0(q)}{\partial q} \times q \right) \times \frac{a + q}{2\lambda} \qquad (6.15)$$

$$\max \prod (P_1 - P_0) \times q = q^2 \times \frac{\partial P_0(q)}{\partial q} \qquad (6.16)$$

由此我们获得了非理性投资者总需求欠满足的前提下，供给方的超额收益为式 (6.15)，机构投资者的超额收益为式 (6.16)。

而个人投资者因在市场中处于弱势地位，只能采用跟随策略，当个人投资者预期下一时刻，投资者情绪耗尽，该股价格可能出现拐点时，采用卖出策略；而当个人投资者预期下一时刻，投资者情绪持续，其可采用买入或继续持有策略。从个人投资者整个全体的平均收益水平来说，其无法获得超额收益。

由此来看，发行企业和承销机构组成的供给方选择在投资者情绪高亢的周期里上市发行，能够增加上市成功概率，提高发行股票价格，并实现融资超额收益最大化。因而采用市场投资者情绪欠满足前提下的发行数量，增加市场预

期价格发行是供给方的占优策略，即 $P_1 > V_R$，$(\overline{Q} - q) < \widetilde{Q}$。

6.6.2　A 股市场 IPO 首日超额收益与后市弱势收益的理论分析

在此我们以二维图形的方式对热季周期股票发行数量、发行价格、IPO 首日超额收益现象与后市弱势现象展开说明，见图 6-4。

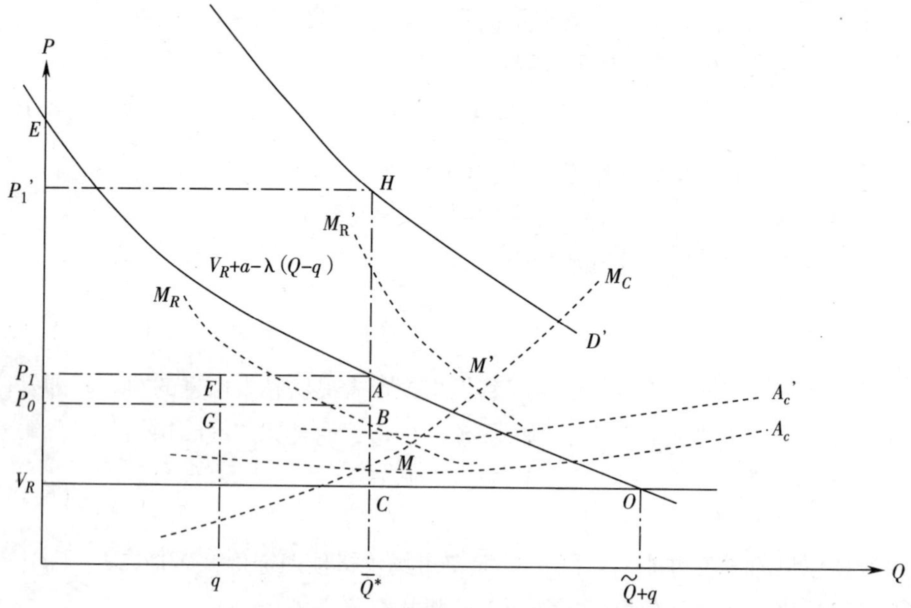

图 6-4　A 股市场 IPO 供需曲线

我们选择一只在热季周期发行的上市新股，其市场需求曲线为 D，在不考虑折现率和分红的条件下，该股的内在价值为一条水平直线 V_R。理论上来讲，供给方应当选择 O 点处的发行数量，将获得最大的生产者剩余 EOV_R，可惜的是，O 点是所有机构投资者和个人投资者需求均获得满足的发行规模。此时的市场投资者高亢情绪将快速进入耗尽通道，最终使得"市场预期价格"迅速下降。在获得收益最大化的利益驱使下，供给方的最优发行数量小于市场需求量，即 $\overline{Q}^* < \widetilde{Q}$。这样的发行规模使得市场上存在需求无法获得满足的个人投资者，高亢的投资者情绪在下一时刻持续的概率大大增加。

同时供给方因需要机构投资者的私人信息协助寻找市场股票预期价格，所以供给方的定价也不可能为 P_1，而是低于市场股票预期价格下的 P_0 点。从图中可以清晰发现，供给方让渡了 $P_1 P_0 GF$ 部分生产者剩余给机构投资者。该股发行数量和发行价格最终被确定下来，分别为 $\overline{Q}^*$ 和 P_0。

此时新股发行定价低于该股的市场预期价格，同时又高于该股的内在价值。当新股发行按照以上逻辑确定发行数量和发行价格后，因为发行价格 P_0 与当期的市场预期价格 P_1 还有差距，无论机构投资者还是个人投资者均会对该股采用认购的投资策略，造成新股发行市场的超额认购现象，在上市首日出现超额收益现象也就成为必然。当该股发行规模越小，信息不对称问题越严重，市场非理性投资情绪表现得越高亢，所以小盘股的新股首日超额收益现象更为突出。

长期来看，因该股信息不对称问题的改善，高亢的非理性投资情绪终究会随着时间的推移而逐渐耗尽，该股市场价格预期均值将逐步逼近该股内在价值 V_R，所以在上市后的一段时期内，因投资者非理性情绪导致的虚高价格逐步回落，发生了 IPO 后市收益弱势现象，IPO 后市破发现象发生也就不足为奇了。在更长的时间里，随着上市企业生产经营和成长，逐步完成对虚高价格的弥补，该股价格升高，新股后市收益弱势现象消失。

在中国 A 股证券市场中，IPO 首日超额收益与后市收益弱势并存，具有更为得天独厚的条件。这是由中国 A 股市场制度环境和投资者天生缺陷共同造成的：（1）中国政府为了能够促进 A 股市场又好又快的发展，实现短期内快速扩容和提升市场质量的目标，政府对投资者替代保护下，选择了"以规模促发展，以发展促改革，以改革促质量"的发展路径。为了弥补市场质量缺陷，政府采用介入市场、审批发行、股权分置等一系列的手段对市场加以管理，这一策略在短期内确实一定程度上保障了市场的质量，并使得中国 A 股市场得到了快速的发展和瞩目的成绩。不过政府过度参与发行市场行为的同时带来了寻租问题，导致市场发行企业的上市目标偏离筹资适度条件下的成本最小化目标函数，转而追求筹资收益最大化目标。股权分置制度和承销商偏向机构投资者的分配策略更加激化了市场供给不足问题，使得 IPO 分配数量对于市场中广大的中小个人投资者显示出极度不足；（2）从中国投资者市场来看，市场投资者以广大的中小个人投资者为主，机构投资者占比很小，个人投资者参与人数众多，投资者专业知识水平欠佳，投资行为存在多种认知偏差，以非理性投资为主，投资策略多以投机为主。这进一步导致市场非理性投资情绪膨胀，市场过多的非理性投资者涌入，最终 A 股市场被浓厚的非理性投资情绪与众多的非理性投资大军所包围。所以 A 股市场的现实环境是中国 IPO 发行的首日超高收益与后市弱势现象并存的重要原因之一。

而中国 A 股市场之所以能够容忍 IPO 市场异常高的首日收益长期存在，

与中国经济的高速成长和较高通货膨胀是分不开的。高通货膨胀和经济高速成长能够缩短填补该缺口的时间，使得IPO后市收益弱势现象持续时间较短。不过经济快速增长和政府对证券市场的保驾护航也更加放纵了发行企业、承销中介以及机构投资者的贪婪获利行为与违规操纵行为。而广大的个人投资者则在中国投资市场产品的匮乏、投资中介机构的不健全，以及对高通货膨胀的预期等因素的影响下，甘愿在新股投资中搏一搏。

为了获得更大的IPO市场收益，发行企业、承销商与机构投资者三者均有进一步推升投资者情绪的愿望，中国市场投资者的状况也给他们提供了适时的土壤，无论是包装行为、虚报行为、还是操纵行为等均有可能达到在短期内实现推高投资者情绪的目的。先不讨论此类行为是否合规合法，从该行为的效果出发，本文称其为股市广告效应，由图6-4加以说明。

因为机构投资者与供给方的博弈行为是此消彼长的融资超额收益零和游戏，所以IPO发行无法在市场预期价格P点确定发行价格。不过发行人和承销商以及机构投资者都希望获得更多的超额收益，通过广告策略对IPO发行积极宣传，激发高亢投资者情绪进一步上升，实现市场需求曲线上移，增加收益空间不失为上策。

众所周知，做广告是需要成本的，只有当广告成本小于广告效益的条件下，供给方才会选择做广告，同时如果股票市场是完全竞争的，商品具有同质性，也无须做广告。这是因为发行人只能以相同的市场价格卖出自己的股票，可是股票本身就是异质性商品。

广告策略能够进一步激发投资者狂热的投资情绪，进而提升市场预期价格。该策略的成功又是以非有效市场和大量的信息劣势、且专业知识匮乏的个人投资者充斥市场为条件的。市场投资者专业知识匮乏比例越高，投资者的个人独立判断能力越弱，越容易受到外界广告宣传的影响。在此条件下，上市企业做广告投入的说服成本更低，广告效益更高。

假定供给方采用广告策略，当广告策略的成本与为此增加的边际收益相等时，达到广告策略均衡点。该股市场需求曲线上升至D'，新的平均收益曲线和边际收益曲线上移至AR'和MR'，该股市场预期价格上升为P_1'，显然，$P_1' > P_1$。在发行规模与分配策略不变的情况下，可供该新股参与者分享的超额融资收益增加为$P_1'V_RCH$。新股发行定价可以更高，上市企业、承销商和机构投资者的超额收益部分显著增加。该股后市收益弱势现象将会更加严重，IPO后市跌破发行价格现象也更为普遍。这无疑是符合中国A市场现实情况的，A股市场IPO首日超额收益与后市收益弱势现象成为必然。

　　以上的分析均是基于热季周期市场展开的，不过在中国 A 股"冷季不冷、热季暴热"的现实市场中，IPO 首日超额收益现象和后市收益弱势现象长期普遍存在就不足为奇了！

7

主要结论与政策建议

7.1 主要结论

本文应用传统金融与行为金融相结合的方法，研究了中国 A 股 IPO 市场首日收益与后市收益的问题。本文从实证研究出发，验证了中国 A 股 IPO 市场同时存在异常超高首日收益与后市收益弱势的异象，结合西方理论、市场研究成果以及中国市场实际，分析了影响中国 A 股市场异象的因素以及西方理论的中国市场适用性。从中国 A 股市场制度和市场发展现状出发，分析了政府发展 A 股市场占优策略和市场参与微观主体各自的目标函数和占优策略，结合传统金融理论和行为金融学，构造了中国 A 股市场 IPO 异象的经济学解释。最终本文指出，中国 A 股 IPO 市场两大异象是同一框架下的两种表现形式，存在着必然联系，IPO 首日超额收益和后市收益弱势是基于市场投资者高亢情绪下，股票定价虚高的短期和长期市场表现。

论文通过制度分析、实证分析和构建理论模型等方法，得到研究结论如下：

1. 澄清了对于 A 股市场是否存在 IPO 后市弱势现象的争论。通过比较 IPO 后市收益计量方法，动态跟踪了 IPO 后市为期三年的后市月度绩效，得出我国 A 股市场确实存在 IPO 后市弱势现象，并且存在较高比例的 IPO 破发现象。与其他国家比较而言，A 股市场 IPO 后市弱势异象主要在上市后的两年期内显著存在，进入第三年中后期逐步出现后市收益率向强势翻转的现象，IPO 后市弱势性转强的时间较早。

2. 划分了 A 股市场 IPO 热季周期与冷季周期转换边界。通过使用马尔科夫区间转换模型，获得了 50% 转换概率下的热季周期区间。投资者投资情绪高亢的热季区间是 A 股市场 IPO 首日超额收益与后市收益弱势现象并存的主要依赖环境。这是因为"市场预期价格"定价基准只有在投资者情绪高亢的市场中才能获得应用，此时的发行人和承销商才有可能以高于新股内在价值的发行价获得发行成功。另外，A 股冷季周期是相对 A 股热季周期而言的，与发达国家证券市场相比，冷季周期的发行规模和首日收益指标显著高于其他国家热季周期，所以说，我国 A 股市场属于"冷季不冷、热季暴热"市场、IPO 发行过程中非理性情绪普遍存在的市场。

3. 分析了影响 A 股市场两大异象的重要影响因素。通过在不同发行制度区间下构建多元回归模型发现，影响 A 股市场两大异象的重要因素在于市场制度和市场投资者情绪。具体来说，影响 A 股 IPO 首日收益的主要因素除了有企业内在质量因素，还包括以下几点：（1）市场制度和市场投资者情绪对 IPO 首日收益影响显著，热季周期发行 IPO 首日收益率更高，发行制度显著影响首日收益率水平；（2）发行承销费对模型贡献较大，与 IPO 首日收益成反比；（3）承销商声誉模型在保荐制施行前对 IPO 首日收益不产生影响，在保荐制后略显成效。影响 IPO 后市收益率的因素除了企业内在质量因素外，主要是受到市场投资者情绪因素的影响。

4. 研究了中国证券市场发展路径。本文发现，中国 A 股市场秉承的是"以规模促发展，以发展促改革，以改革促质量"的发展模式。具体来说，中国政府提供以额外投资者保护和较少牺牲短期市场质量的方式，换取市场规模的快速增长，力图长期实现规模与质量双提升，达到资本市场边界外移的目的。通过与其他新兴证券市场国家比较可见，中国股市选择的发展模式存在优势，短期内实现了 A 股证券市场快速扩容与发展。不过这一策略也成为 A 股市场 IPO 首日超额收益与后市收益弱势现象的重要推手。

5. 讨论了 A 股市场参与主体的目标函数与占优策略。论文发现，在 A 股市场中市场参与主体目标函数均发生了偏离现象。论义指出，新股发行行政审批制度、股权分置制度和市场投资者非理性行为扭曲了市场发行人的目标函数：上市发行企业以上市融资超额收益最大化为目标，占优策略为选择与承销商共谋；由于 A 股市场承销商声誉模型失效，以及中介市场缺乏竞争等因素，使得承销商承销 IPO 业务目标函数扭曲为承销商以上市承销收入最大化，占优策略选择与发行企业共谋。而且为了获得市场预期价格的上限值，承销商在分配发行过程中选择向机构投资者倾斜；市场质量水平不高使得个人投资者和机构投资者均选择投机作为投资策略，并以追求短期投机收益最大化为目标。

　　6.评价了A股市场发行制度改革效率。通过比较不同市场制度下，A股市场首日收益和后市收益两方面发现，每次的制度改革对市场效率的提高、市场质量和规模的提升均有效果，只不过通道制代替审批制，制度效果有限，保荐制代替通道制，制度效果较为明显。但是与发达证券市场相比，保荐制仍存在诸多需要改进的细微之处。

　　7.解释了A股市场存在首日超额收益与后市收益弱势异象的逻辑。中国政府选择的证券市场发展方式，不但影响了证券市场宏观机制，而且带来了微观主体行为选择偏差。当发行企业、承销商、机构投资者与个人投资者均从自身占优策略出发，过度追求当期利益最大化，将使得股票市场IPO发行选择"市场预期价格"定价机制，导致发行价格低于市场预期价格、高于该股内在价值。在高亢的投资情绪市场中，上市首日股价进一步向市场预期价格逼近，产生了首日超额收益现象，随着投资者情绪的消退和信息不对称的改善，IPO后市股价向该股内在价值回归，出现新股后市收益弱势现象。所以在A股市场上，IPO首日超额收益异象与后市收益弱势异象并存的现象产生了，这属于同一问题的短期与长期表现，是相互联系的。

　　截至目前，A股市场IPO首日超额收益有所回落，IPO后市弱势现象有所缓和，但是均未能根本改善中国A股发行市场异象。如果说，这是为了满足证券市场初期快速发展要求，不得已牺牲部分投资者利益，那么随着证券市场进入深化发展阶段，应当选择质量与规模并重模式，加强市场规范，增加对中小个人投资者的保护与引导，推动市场机制的正常运转将是工作之重。

7.2　政策建议

7.2.1　削减政府隐性担保与激发市场机制

　　通过上文分析，不难看出，政府隐性担保策略对中国A股证券市场发展带来推动作用，但是该策略给市场带来的负面影响也不可小觑。如果说，A股证券市场初级发展阶段，以市场规模发展为重，政府隐性担保策略的利大于弊的话，那么随着面对证券市场的进一步深化和市场质量诉求的提升，该策略的继续实施必将弊大于利。当前证券市场改革的重心应当向激发市场机制，提高市场质量倾斜。

　　1.正确界定政府参与证券市场的角色，削减政府隐性担保预期。一个发达的证券市场，政府主要的角色应当为制度提供法律规范、市场监管等，保证证券市场公正、公平与公开，纠正市场失灵。鉴于中国证券市场现状，过于强调市场质量，将极大削减市场规模，打击市场信心，因而政府唯有采用循序渐进的方式，逐步逼近。当前来看，应当首先从政府逐步退出对证券市场的隐性担保出发，削弱企业和投资者双方对政府托市的预期。该策略具体的切入点可以从市场中介机构展开，因为中介机构特殊的承上启下的身份有助于对上下游参与者提供监督与警示作用。具体措施为推行保荐人推荐发行和后市支持的发行制度完善，加强对保荐人的年审制度和追溯制度，加大对保荐中介机构违规的惩戒力度。在年审过程中，对保荐机构和个人进行严格资格审查，并保留对其保荐业务的历史追溯权，对其违规行为进行严格的终身禁入制度，促进和强化保荐人自律。

2. 推行明确的年度分红下限制度，削减政府注资企业行为。中国 A 股企业积极推行股权融资，除了受到获得当期筹资超额收益最大化的动机驱使外，股市用资成本过低也是主要的推动力之一。较低的现金分红，隐匿了上市公司真实的财务状况，积累了上市企业财务恶化风险，增加了企业以破产社会成本倒逼政府的风险。为了改善这种弊端，可采用严格的年度现金分红比例下限制，对于超额发放现金股利企业，给予相应的税收减免政策，未能达到分红下限的企业，可酌情顺延半年，未能及时补齐的，实行相应的税收惩罚策略。以此来督促未上市企业认真斟酌是否采用上市发行策略，增加已上市企业对资金运行效率的重视，减小上市企业破产风险，削减政府为企业退市社会成本的埋单概率。

7.2.2 增强对中小个人投资者利益保护

中国 A 股市场初创期，中小个人投资者处于市场弱势，所受保护有限，随着 A 股市场深化阶段的到来，对中小个人投资者的保护是中国 A 股市场质量提升的重点，也是向"高质量、大规模"证券市场转变的必然要求。

1. 培育市场机制，增强市场秩序对中小个人投资者的保护。市场秩序是通过中介机构、经理人市场等外部治理以及公司内部治理机制的有效约束来发挥对中小投资者利益保护作用的。市场秩序发挥对中小投资者的保护，从本质上来讲，要依靠公司治理自律，增加内部人对声誉的追求，只有内部人善待市场投资者和增加市场透明度，内部人的行为才能够得到外部人的及时监督，内部人自律才具有意义。所以为了促进市场秩序对中小个人投资者的保护，应当借助媒体和群众的力量，通过现代化的信息传播渠道，增加信息的及时性、准确性以及传播的广泛性。媒体和群众作为独立于立法、行政、司法以外的又一重要约束机制，如能促进其健康发展，将推动公司治理机构的完善，加快公司法规建设与健全，增强经理人和公司对于声誉的重视与维护，从而实现对中小个人投资者的有效保护。

2. 加强法治建设，增强法律机制对中小个人投资者的保护。中国市场法律条文与法律执行对中小个人投资者的保护都是非常有限的，因此本文建议应当从以下两方面着手提高证券市场法律体系质量：（1）我国中小投资者普遍缺乏发言权，对抗大股东的权利很低，因此应修改相应的法律条文，赋予中小投资者更多的表达机会与权利实施方案。例如，深交所的一项调查发现，参与股东大会投票的中小个人投资者占被调查对象不足一成，这主要是由于中小投资者拥有的股票参与成本相对较高所致。所以针对此问题，在当前互联网时代，可通过网上投票、事先代理投票等方式增加中小股东参与度，降低参与成本。（2）法律实施方面与法律条文相比，更是薄弱环节。引入辩方举证将是有效途径，一方面，克服了中小投资者的信息劣势问题，增加了中小个人投资者的诉讼激励；另一方面，也增加了控股股东和经理人的违约成本，改善了其违规激励。

7.2.3   重树承销商认证功能

声誉模型有效性是对承销商中介功能和质量认证功能最好的约束力，加强对承销商监管，推动质量认证功能显效将起到事半功倍的效果。

1. 通过加强对承销商监管，来降低市场监管成本，提高市场监管效率。Landis（1938）指出，监管机构监管所有上市公司或是市场参与者的交易行为是不现实的，也是不可行的。如果监管机构对中介机构加强管理，通过对中介机构及个人施行发放与吊销执照策略，展开定期审计核查，将督促中介机构同时监督市场参与双方。增加中介机构与上市公司等参与者的接触频度，从而更加了解上市公司质量，完善和改进中介机构市场评级体系，重树中介机构对声誉的重视，加强中介机构自律，鼓励中介机构及时、全面地发布真实信息，降低监管者的监管成本，提升市场监管效率。波兰政府对证券市场采用的就是严格的中介监管制度，也是其证券行业发展较好的重要因素（Glaeser，2001）。目前，我国股票市场发展迅速，新问题、新现象层出不穷，上市公司与投资者双方目标众多，不过中介机构明显数量有限，监管部门采用对中介监管策略，不失为成本低廉、效率颇高的好办法。

2. 对上海证券交易所和深圳证券交易所会员席位试行定量管理，实施优胜劣汰的办法。也就是说，对证券交易所会员席位施行固定数量席位封闭式管理模式，实施定期末尾席位淘汰制，同时增加席位使用成本。这不但能够保证市场中介的质量水平，而且也能激励中介机构进行自我约束，注重声誉建设与维护，以保护其席位的价值。当然席位高成本的封闭管理模式必将使得进入交易所的渠道严重受限，这时其他的市场替代物必将产生，包括合规的场外交易场所等。这将促进多层次资本市场建设，形成风险温和的高水平市场与风险较高次级市场的自然分化。这一模式不但增加了融资渠道，而且将显著提升上交所和深交所的质量水平，中介市场声誉体系也将在此基础上逐步建立与完善。

3. 推进承销商 IPO 发行中的"绿鞋机制"，扩展承销业务收入范围。所谓"绿鞋机制"是指超额配售选择权，由美国波士顿绿鞋制造公司 IPO 发行中首次使用而得名，是发行人赋予主承销商在上市后的一种选择权，主承销商能够根据市场供求状况及时决定是否行使超额配售权。当市场价格上升，行使该期权，增加市场上该股的供应，促进市场价格回落，并获取期权与市价差额收益。当市场价格下跌，承销商从二级市场上回购股票，有效阻止股票价格下跌，并对该期权对冲空头，获取中间价差。该机制打破了承销商与发行企业的共谋，督促承销商和发行企业目标函数的理性回归，有利于抑制二级市场股票的波动性和大幅单边走势，也提供给承销商在承销费之外的合法获利渠道和空间。不过对该策略的推进尚需跟进法规建设和监管执行力度，有效避免承销商操纵行为在市场的兴风作浪。

7.2.4　推进市场卖空机制与监管

卖空机制是投资市场双边交易的重要组成部分，同时也是一把双刃剑，既可抑制市场波动，又可助推市场波动。卖空机制不但可以增加市场流动性，稳定市场价格，完善价格发现机制，同时也容易带来操纵市场、市场波动增加等问题。建立趋利避害的卖空机制，完善监管必不可少。

1. 发挥卖空机制价格发现功能，推动有约束条件的卖空机制试点。当市场投资者对股票价格预期的异质性很大，在市场缺乏向下卖空机制的情况下，悲观情绪投资者只能通过减持行为表达投资意愿，该股价格可能被乐观情绪投资者进一步推高，导致市场价格泡沫增加。但在允许卖空机制的完全有效市场，投资者通过理性投资行为，可以从股票价格的上升与下降两方面获利，真实表达投资者的投资预期，减小投资者风险和价格波动性。不过中国市场并非完全有效市场，投资者异质性分歧较大，所以有条件约束的卖空机制是必需的。例如，为了避免卖空者对市场的连续打压，可以规定申报价格不得低于最新成交价格，只允许价格上升通道进行卖空操作等措施。

2. 推动相应衍生市场发展，发挥市场价格发现功能，弥补卖空机制缺陷。金融衍生品虽然构造复杂，但往往具有价格发现优势，是市场价格信号的标杆。鉴于金融衍生品的复杂结构，应当限定市场投资者类别，参与市场的投资者应由专业投资机构和具有专业认证资格的金融投资个人构成，同时限定金融衍生品的杠杆比例上限，以及衍生品的衍生级数，达到控制风险和价格发现的较好结合。

参 考 文 献

[1] 曹龙骐，郭茂佳，李辛白，周伍阳. 深圳证券市场的发展、规范与创新研究 [M]. 北京：人民出版社，2010.

[2] 陈工孟，高宁. 中国股票一级市场发行抑价的程度与原因 [J]. 金融研究，2000（8）.

[3] 才静涵，刘红忠. 市场择时理论与中国市场的资本结构 [J]. 经济科学，2006（4）.

[4] 杜俊涛，周孝华，杨秀苔，樊友平. 中国新股短期投资回报探讨 [N]. 重庆大学学报，2004（1）.

[5] 高鸿祯，林嘉永. 信息不对称资本市场的实验研究 [J]. 经济研究，2005（2）.

[6] 高敏. 通道制下承销商声誉与 IPO 抑价研究 [J]. 财会研究，2006（11）.

[7] 韩非，肖辉. 中美股市间的联动性分析 [J]. 金融研究，2005（11）.

[8] 韩立岩，伍燕然. 投资者情绪与 IPOs 之谜——抑价或者溢价 [J]. 管理世界，2007（3）.

[9] 黄鑫，沈艺峰. 承销商托市与新股折价 [N]. 证券市场导报，2002（1）.

[10] 蒋顺才. 中国 A 股 IPO 首日收益及长期绩效研究 [M]. 北京：中国财政经济出版社，2006.

[11] 蒋永明，蒋顺才. 西方 IPO 抑价理论及对中国 IPO 研究的启示 [J]. 财政理论与实践，2006（141）.

[12] 蒋顺才，胡国柳，胡琦. 主承销商声誉与 IPO 抑价率——基于中国 A 股市场的证据 [N]. 海南大学学报人文社会科学版，2006（2）.

[13] 靳云汇，杨文. 新股抑价现象的实证分析 [J]. 统计研究，2003（3）.

[14] 李维安等. 公司治理评价与指数研究 [M]. 北京：高等教育出版社，2005.

[15] 李维安，邱艾超，严大颖. 企业政治关系研究脉络梳理与未来展望 [J]. 外国经济与管理，2010（5）.

[16] 李维安. 超越"阴谋论"的国际并购与企业可持续创新 [J]. 南开管理评论，2010（4）.

[17] 李心丹，王冀宁，傅浩. 中国个体证券投资者交易行为的实证研究 [J]. 经济研究，2002（11）.

[18] 李志文，修世宇. 中国资本市场新股 IPO 折价程度及原因探究 [J]. 中国会计评论，2006（2）.

[19] 李宁. 上市动机　投资者情绪与 IPO 市场收益 [J]. 中国流通经济，2011（12）.

[20] 刘澜飚,李贡敏. 市场择时理论的中国适用性——基于 1998~2003 年上市公司的实证分析 [J]. 财经研究,2005 (11).

[21] 刘江会,宋瑞波. 我国证券承销市场中券商违规失信的表现与原因分析 [J]. 管理世界,2003 (12).

[22] 刘江会. 我国承销商声誉与承销服务费用关系的研究 [J]. 财经研究,2004 (4).

[23] 刘江会. 证券承销商声誉的理论与实证研究,博士论文,2004.

[24] 刘力,李文德. 中国股票市场股票首次发行长期绩效研究 [J]. 经济科学,2001 (6).

[25] 徐文燕,武康平. 承销商托市对新股初始回报的影响——对上海 A 股市场的实证研究 [J]. 当代经济科学,2002 (1).

[26] 刘鑫宏. 中国 A 股 IPO 发行成本:国有上市与非国有上市公司的比较 [J]. 经济学研究,2010,8 (1).

[27] 刘煜辉,熊鹏. 股权分置、政府管制和中国 IPO 抑价 [J]. 经济研究,2005 (5).

[28] 娄正华. IPO 抑价现象的原因及对策研究 [J]. 财会研究,2009 (17).

[29] 南开大学公司治理研究中心. 中国上市公司治理指数经理层治理 100 佳 [J]. 经济月刊,2004 (4).

[30] 清风. 中国股市风险的根源在于一级市场 [J]. 经济研究,1998 (2).

[31] 邵新建,巫和懋,覃家琦,王道平. 中国 IPO 市场周期:基于投资者情绪与政府择时发行的分析 [J]. 金融研究,2010 (11).

[32] 宋逢明,梁洪昀. 发行市盈率放开后的 A 股市场初始回报研究 [J]. 金融研究,2001 (2).

[33] 束景虹. 机会窗口、逆向选择成本与股权融资偏好 [J]. 金融研究,2010 (4).

[34] 苏为华,沈锡飞. 供需平衡原理与新股发行决策——兼论不同市场条件下的 IPO 发行博弈 [J]. 统计研究,2009 (4).

[35] 谭松涛,王亚平. 股民过度交易了吗?——基于中国某证券营业厅数据的研究 [J]. 经济研究,2006 (10).

[36] 唐跃军. 审计委员会治理与审计意见 [J]. 金融研究,2008 (1).

[37] 唐跃军,李维安. 大股东对治理机制的选择偏好研究——基于中国公司治理指数 [J]. 金融研究,2009 (9).

[38] 王美今,张松. 中国新股弱势问题研究 [J]. 金融研究,2000 (9).

[39] 王晋斌. 新股申购预期超额报酬率的测度及其可能原因的解释 [J]. 经济研究,1997 (12).

[40] 王亚平,杨云红,毛小元. 上市公司选择股票增发的时间吗?——中国市场股权融资之谜的一种解释 [J]. 金融研究,2006 (12).

[41] 夏新平,汪宜霞. 行为金融、信息效率与新股长期表现 [J]. 外国经济与管理,2003,25 (4).

[42] 翁世淳. 中国IPO成长之路：中国新股发行制度变迁研究 [M]. 北京：中国社会科学出版社，2008.

[43] 吴晓求等. 股权分置改革后的中国资本市场 [R]. 金融与证券研究所中国资本市场研究报告，北京：中国人民大学，2006.

[44] 谢金楼. 全流通背景下A股IPO抑价研究 [J]. 金融与经济，2010（2）.

[45] 谢茂拾. 论企业上市的成本约束问题——兼析"郑百文"资本重组 [J]. 财金理论与实践，2011（5）.

[46] 熊虎，孟卫东，周孝华. 国外IPO抑价理论研究综述 [J]. 生产力研究，2007（3）.

[47] 熊维勤，孟卫东，周孝华. 新股询价发行中的配售规则对IPO抑价的影响 [J]. 中国管理科学，2006（4）.

[48] 熊维勤，孟卫东. 承销商进行了IPO托市吗 [J]. 财经科学，2007（1）.

[49] 于增彪，梁文涛. 股票发行定价机制与新上市A股出示投资收益 [J]. 金融研究，2004（8）.

[50] 邹健. 通道制下IPO首日收益率及长期异常收益率影响因素研究 [R]. 深交所综合研究所研究报告，2003.

[51] 徐龙炳，徐智斌，陆蓉. IPO股票上市初期投资者交易行为研究 [J]. 财经研究，2008（3）.

[52] 阎大颖. 中国上市公司首次股票股利长期绩效的实证研究，中国金融学术研究网，2008.

[53] 杨丹. 约束条件下新股首次公开发行决策分析 [J]. 金融研究，2004（10）.

[54] 杨丹，林茂. 我国IPO长期市场表现的实证研究——基于超常收益率不同测度方法的比较分析 [J]. 会计研究，2006（11）.

[55] 杨丹，王莉. 中国新股发行抑价：一个假说的检验 [N]. 复旦学报，2001（5）.

[56] 杨记军，赵昌文. 定价机制、承销方式与发行成本：来自中国IPO市场的证据 [J]. 金融研究，2006（5）.

[57] 张兵，范致镇，李心丹. 中美股票市场的联动性分析 [J]. 经济研究，2010（11）.

[58] 张杰. 中国金融制度的结构与变迁 [M]. 北京：中国人民大学出版社，2012.

[59] 张祥建，徐晋. 股权再融资与大股东控制的"隧道效应"——对上市公司股权再融资偏好的再解释 [J]. 管理世界，2005（11）.

[60] 张跃龙，谭跃. 市场牛熊状态、承销商定价与新股长期弱势异象——基于保荐人制度下A股市场的经验证据，中国金融学术研究网，2011.

[61] 周孝华，熊维勤. 基于行为金融的IPO抑价研究 [M]. 北京：中国财政经济出版社，2007.

[62] 周孝华，赵炜科，刘星. 我国股票发行审批制与通道制下IPO定价效率的比较研究 [J]. 管理世界，2006（11）.

[63] 周孝华，姜婷. 询价制下后市流动性和IPO抑价研究 [J]. 经济与管理研究，

2007（10）.

［64］朱凯，陈信元. 认购方式与IPO抑价［J］. 经济科学，2005（3）.

［65］游家兴. 谁反应过度，谁反应不足？——投资者异质性与收益时间可预测性分析，2008，中国学术金融网.

［66］张屹山，马洪潮. 我国上市企业景气状况与股票价格关系分析［J］. 数量经济技术经济研究，1997（2）.

［67］赵宇龙. 会计盈余披露的信息含量——来自上海股市的数据经验［J］. 经济研究，1998.

［68］刘力，陈兴珠. 中国股市过度反应研究［R］. 研究报告，北京大学光华管理学院，2001.

［69］Aggarwal, Leal & Hernandez, The Aftermarket Performance of Initial Public Offerings in Latin America, *Financial Management*, 1993, 22（1）: 42 – 53.

［70］Aggarwal, R., N. R. Prabhala, and Manju Puri. Institutional Allocation in Initial Public Offerings: Empirical Evidence, *Journal of Finance*, 2002, 57（3）: 1421 – 1442.

［71］Alexander Ljungqvist, Vikram Nanda, Rajdeep Singh, "Hot Markets, Investor Sentiment, and IPO Pricing", *Journal of Business*, 2006, 79（4）: 1667 – 1702.

［72］Alexander P. Ljungqvist, "Pricing Initial Public Offerings: Further Evidence from Germany", *European Economic Review*, 1997, 4（7）: 1309 – 1320.

［73］Alexander Ljungqvist, Vikram Nanda, Rajdeep Singh, "Hot Markets, Investor Sentiment, and IPO Pricing", *Journal of Business*, 2006, 79（4）: 1667 – 1702.

［74］Alpert, Marc, and Howard Raiffa, "A Progress Report on the Training of Probability Assessors, in D. Kahneman, P. Slovic and A. Tversky, eds", *Judgment Under Uncertainty: Heuristics and Biases*, 1983, 294 – 305.

［75］Barber, Brad M., and Terrance Odean, "Trading Is Hazardous to Your Wealth: The Common Stock Investment Performance of Individual Investors", *Journal of Finance*, 2000, 773 – 806.

［76］Beatrice Boehmer, Ekkehart Boehmer and Raymond P. H. Fishe, "Do Institutions Receive Favorable Allocations in IPOs with Better Long – Run Returns?" *Journal of Financial and Quantitative Analysis*, 2006, 41: 809 – 828.

［77］B. A. Jain & O. Kini, "The Post – issue Operating Performance of IPO Firms", *The Journal of Finance*, 1994, 49（5）: 1699 – 1726.

［78］Beller, Alan L., Terai, Tsunemasa, Levine, Richard M., "Looks Can Be Deceiving—A Comparison of Initial Public Offering Procedures under Japanese and U. S. Securities Laws", *Law and Contemporary Problems*, 1992, 55（4）: 78 – 118.

［79］Beatty, Randolph P. and Ritter, "Investment Banking, Reputation, and the Underpricing of Initial Public Offerings", *Journal of Financial Economics*, 1986, 15（1 – 2）: 213 – 232.

[80] Bill B. Francis, Iftekhar Hasan & Xian Sun, "Political Connections and the Process of Going Public: Evidence from China", *Journal of International Money and Finance*, 2009, 28 (4): 696 - 719.

[81] Björn Bartling and Andreas Park, "What Determines the Level of IPO Gross Spreads? Underwriter Profits and the Cost of Going Public", *International Review of Economics & Finance*, 2009, 18 (1): 81 - 109.

[82] Black, Fischer, "Presidental address: Noise", *Journal of Finance*, 1986, 41: 529 - 543.

[83] Boehmer, E., Ljungqvist, A., "On the Decision to Go Public: Evidence from Privately - held Firms", *Working Paper*, 2004.

[84] Brian M. Neuberger and Carl T. Hammond, "A Study of Underwriters' Experience with Unseasoned New Issues", *Journal of Financial and Quantitative Analysis*, 1974, 9: 165 - 177.

[85] Brav, Alon, Christopher Geczy and Paul A. Gompers, "Is the Abnormal Return Following Equity Issuances Anomalous?" *Journal of Financial Economics*, 2000, 56: 209 - 249.

[86] Brett Tureman, "A Theory of Noise Trading in Securities Markets", *The Journal of Finance*, 1988, 43 (1): 83 - 95.

[87] ColinCamerer, "Bubbles and Fads in Asset Prices", *Journal of Economic Surveys*, 1989, 3 (1): 3 - 41.

[88] Christoph Kaserer and Marcus Kraft, "How Issue Size, Risk and Complexity are Influencing External Financing Costs: German IPOs Analyzed from an Economies of Scale", *Journal of Business Finance & Accounting*, 2003, 30 (3 - 4).

[89] Daniel Dorn, "Does Sentiment Drive the Retail Demand for IPOs?" AFA 2004 San Diego Meetings.

[90] Delong, J. Bradford, Andrei Scheifer, Lawrence Sunmers, & Robert Waldmm, "Positive Feedback Investment Strategies and Destabilizing Rational Speculation", *Journal of Finance*, 1990, 379 - 395.

[91] DeBondt, Werner F. M., and Richard H. Thaler," Further Evidence on inverstor overreaction and stock market seasonality", *Journal of Finance*, 1987, 42: 557 - 581.

[92] DE Logue, "On the Pricing of Unseasoned Equity Issues: 1965 - 1969", *Journal of Financial and Quantitative Analysis*, 1973, 8: 91 - 103.

[93] Dongwei Su, Belton M. Fleisher, "An Empirical Investigation of Underpricing in Chinese IPOs", *Pacific - Basin Finance Journal*, 1999, 7 (2): 173 - 202.

[94] Eugene F. Fama and Kenneth R. French, "Common Risk Factors in the Returns on Stocks and Bond", *Journal of Financial Economics*, 1993, 33 (1): 3 - 56.

[95] Eugene F. Fama, "Efficient Capital Markets: A Review of Theory and Empirical Work", *The Journal of Finance*, 1970, 25 (2): 383 - 417.

[96] Edward M. Miller, "Long Run Underperformance of Initial Public Offerings: An Explana-

tion", 2000, *Working Paper.*

[97] Francis Koh, Terry Walter, "A Direct Test of Rock's Model of the Pricing of Unseasoned Issues", *Journal of Financial Economics*, 1989, 23 (2): 251 - 272.

[98] Frank K. Reilly and Kenneth Hatfield, "Investor Experience with New Stock Issues", *Financial Analysts Journal*, 1969, 25 (5): 73 - 80.

[99] Frank K. Reilly, "New Issues Revisited", *Financial Management*, 1977, 6: 28 - 42.

[100] François Derrien, "IPO Pricing in 'Hot' Market Conditions: Who Leaves Money on the Table?", *The Journal of Finance*, 2005, 60 (1): 487 - 521.

[101] Franklin Allen, Gerald R. Faulhaber, "Signalling by Underpricing in the IPO Market", *Journal of Financial Economics*, 1989, 23 (2): 303 - 323.

[102] Glaeser, Edward, Simon Johnson and Andrei Shleifer, "Coase vs. Coasians", *Quarterly Journal of Economices*, 2001, 116 (3): 853 - 899.

[103] Grinblatt M., Titman S. & Wermers R., "Momentum Investment Strategies, Portfolio Performance and Herding: A Study of Mutual Fund Behavior", *American Econmic Review*, 1995, 85 (5): 1088 - 1104.

[104] George A. Akerlof, "The Market for 'Lemons': Quality Uncertainty and the Market Mechanism", *The Quarterly Journal of Economics*, 1970, 84 (3): 488 - 500.

[105] Hans R. Stoll and Anthony J. Curley, "Small Business and the New Issues Market for Equities", *The Journal of Financial and Quantitative Analysis*, 1970, 5 (3): 309 - 322.

[106] Hanley and Wihelm, "Evidence on the Strategic Allocation of Initial Public Offerings", *Journal of Financial Economics*, 1995 (37): 239 - 257.

[107] Hanley, Kathleen Weiss, "The Underpricing of Initial Public Offerings and the Partial Adjustment Phenomenon." *Journal of Financial Economics*, 1993, 34: 231 - 250.

[108] Hensler Douglas A., "Litigation costs and the underpricing of initial public offerings", *Managerial and Decision Economics*, 1995, 16 (2): 111 - 128.

[109] Hughes, Patricia J. and Anjan V. Thakor, "Litigation risk, intermediation, and the Underpricing of Initial Public Offerings", *Review of Financial Studies*, 1992, 5: 709 - 742.

[110] Hsuan - Chi Chen and Jay R. Ritter, "The Seven Percent Solution", *The Journal of Finance*, 2000, 55 (3): 1105 - 1131.

[111] Ibbotson, Roger G. "Price Performance of Common Stock New Issues", *Journal of Financial Economics*, 1975, 2 (3): 235 - 272.

[112] Ibbotson Roger G. &Jaffe, 1975, "Hot Issue Markets", *Journal of Finance*, 1975, 30: 1027 - 1042.

[113] Helweg, Jean and Liang, Nellie, "Initial Public Offerings in Hot and Cold Markets", *Journal of Financial and Quantitative Analysis*, 2004, 39: 541 - 569.

[114] IbbotsonJody L. Sindelar and Jay R. Ritter, "The Markets Problems with the Pricing of Ini-

tial Public Offerings" *Journal of Alied Corporate Finance*, 1994, 7 (1): 66 – 74.

[115] Ivo welch, "Seasoned Offerin, Imitation Costs and the Underpricing of Initial Public Offerings", *Journal of Financial Economics*, 1989, 38: 243 – 267.

[116] Ivo Welch, "Herding among Security Analysts", UCLA *Working Paper*, 1996, 8 – 96.

[117] Ivo Welch, "Sequential Sales, Learning, and Cascades", *The Journal of Finance*, 1992, 47 (2): 695 – 732.

[118] John Fernald and John H. Rogers, "Puzzles in the Chinese Stock Market", *The Review of Economics and Statistics*, 1998, 36 (4): 387 – 389.

[119] J. Hirshleifer, "On the Theory of Optimal Investment Decision", *The Journal of Political Economy*, 1958, 66 (4): 329 – 352.

[120] J. G. McDonald and A. K. Fisher, "New – Issue Stock Price Behavior", *The Journal of Finance*, 1972, 27 (1): 97 – 102.

[121] James S. Ang and Thomas Schwarz, "Risk Aversion and Information Structure: An Experimental Study of Price Variability in the Securities Markets", *Journal of Finance*, 1985, 40 (3): 825 – 844.

[122] Jay R. Ritter, 1984, "The 'Hot Issue' Market of 1980", *The Journal of Business*, 1984, 57 (2): 215 – 240.

[123] Jay R. Ritter, "The Costs of Going Public", *Journal of Financial Economics*, 1987, 19 (2): 269 – 281.

[124] Jay R. Ritter, 1991, "The Long – Run Performance of Initial Public Offerings", *The Journal of Finance*, 1991, 46 (1): 3 – 27.

[125] Jay R. Ritter, Warren Gorham and Lamont, "Initial Public Offerings", *Handbooks in Operations Research and Management Science*, 1995, 9: 993 – 1016.

[126] Jay R. Ritter and Ivo Welch, "A Review of IPO Activity, Pricing, and Allocations", *The Journal of Finance*, 2002, 57 (4): 1795 – 1828.

[127] Jay R. Ritter, 2003, "Differences between European and American IPO Markets", *European Financial Management*, 2003, 9 (4): 421 – 43.

[128] Jeong – Bon Kim, Itzhak Krinsky and Jason Lee, "The Aftermarket Performance of Initial Public Offerings in Korea", *Pacific – Basin Finance Journal*, 1995, 3 (4): 429 – 448.

[129] J. H. Lorie and L. J. Savage, "Three Problem in Rationing Capital", *The Journal of Business*, 1955, 28 (4): 229 – 239.

[130] John R. and R. Burr Porter, "Flotation Costs and the Weighted Average Cost of Capital", *The Journal of Financial and Quantitative Analysis*, 1976, (3): 403 – 413.

[131] J. R. Booth and RL. Smith, "Capital Raising, Underwriting and the Certification Hypothesis", *Journal of Financial Economics*, 1986, 15 (1 – 2): 261 – 281.

[132] Jung, Kooyul, Kim, Yongcheol and Stulz, Rene M, "Timing, Investment Oortunities,

Managerial Discretion, and The Security Issue Decision", *Journal of Financial Economics*, 1996, 42 (2): 159 – 186.

[133] Kalok Chan, J. Wang & J. Wei, "Underwriter and Long – term Performance of IPO in China", *Journal of Corporate Finance*, 2004, 10 (3): 409 – 430.

[134] Katrina Ellis, Roni Michaely and Mauree O' Hara, "When the Underwriter is the Market Maker: an Examination of Trading in the IPO Aftermarket", *Journal of Finance*, 2000, 55 (3): 1039 – 1074.

[135] Kent Daniel, David Hirshleifer and Avanidhar Subrahmanyam, "Investor Psychology and Security Market Under – and Overreactions", *Journal of Finance*, 1998, 53 (6): 1839 – 1885.

[136] K. Paudyal, B. Saadouni and R. J. Briston, "Privatisation Initial Public Offerings in Malaysia: Initial Premium and Long – term Performance", *Pacific – Basin Finance Journal*, 1998, 6 (5): 427 – 451.

[137] Kevin Rock, "Why New Issues are Underpriced", *Journal of Financial Economics*, 1986, 15 (1 – 2): 187 – 212.

[138] Kasa, K. , "Common Stochastic Trends in International Stock Markets", *Journal of Monetary Economics*, 1992, 29: 95 – 124.

[139] Kristian Rydqvist, Kenneth Högholm, "Going Public in the 1980s: Evidence from Sweden", *European Financial Management*, 1995, 1 (3): 287 – 315.

[140] Lee, P. M. and Wahal, S. , "Grandstanding, Certification and the Underpricing of Venture capital Backed IPOs", *Journal of Financial Economics*, 2004, 73: 375 – 407.

[141] Levine Ross, and Sara Zervos, "Stock Markets, Banks, and Economic Growth", *American Economic Review*, 1998, 88 (3): 537 – 558.

[142] Landis, James M, " The Administrative Process", New Haven, CT: Yale University Press, 1938.

[143] Lihui Tian &William L. Megginson, "Regulatory Underpricing: Determinants of Chinese Extreme IPO Returns", *Journal of Empirical Finance*, 2011, 18 (1): 78 – 90.

[144] Mario. Levis, "The Winner's Curse Problem, Interrest Costs and the Underpricing of Initial Public Offerings", *Economic Journal*, 1990, 100: 76 – 89.

[145] Mario Levis, 1993, "The Long – run Performance of Initial Public Offerings: The UK Experience 1980 – 1988", *Financial Management*, 1993, 22 (1): 28 – 41.

[146] Mark Bayless and Susan Chaplinsky, "Is There a Window of Oortunity for Seasoned Equity Issuance?" *The Journal of Finance* , 1996, 51 (1): 253 – 278.

[147] Mark Grinblatt and Chun Yang Hwang, "Signalling and the Pricing of New Issues", *The Journal of Finance*, 1989, 44 (2): 393 – 420.

[148] Matti Keloharju, "The Winner's Curse, Legal Liability, and the Long – run Price Perform-

ance of Initial Public Offerings in Finland", *Journal of Financial Economics*, 1993, 34 (2): 251 –277.

[149] Miller Edward E. , "Risk, Uncertainty, and Divergence of Opinion", *Journal of Finance*, 1977, 46: 1151 –1168.

[150] Miller Edward M. , "Long Run Underperformance of Initial Public Offerings: An Explanation", *Working Paper*, 2000.

[151] M. Kooli and JM. Suret, "How cost – effective are Canadian IPO markets?" *Working Paper*, 2002.

[152] Michelle Lowry and G. William Schwert, "IPO Market Cycles: Bubbles or Sequential Learning? " *Journal of Finance*, 2002, 57: 1171 – 1200.

[153] Michelle Lowry and G. Schwert, "IPO Market Cycles: An Exploratory Investigation," Unpublished Manuscript, University of Rochester, 2000.

[154] Michelle Lowry, 2003, "Why does IPO Volume Fluctuate so much?" *Journal of Financial Economics*, 2003, 67 (1): 3 –40.

[155] Morgan Kelly, "Do Noise Traders Influence Stock Prices", *Journal of Money, Credit and Banking*, 1997, 29 (3): 351 –363.

[156] Michael C. Jensen, William H. Meckling, "Theory of the Firm: Managerial Behavior, Agency Costs and Ownership Structure", *Journal of Financial Economics*, 1976, 3 (4): 305 –360.

[157] Michaely, R. and W. H. Shaw, "The Pricing of Initial Public Offerings: Tests of the Adverse Selection and Signaling Theories," *Review of Financial Studies*, 1994, 6: 279 –320.

[158] Marco Pagano and Ailsa Roell, "The Choice of Stock Ownership Structure: Agency Costs, Monitoring, and the Decision to Go Public", *The Quarterly Journal of Economics*, 1972, 113 (1): 187 –225.

[159] Michael C. Jensen and William H. Meckling, "Theory of the Firm: Managerial Behavior, Agency Costs and Ownership Structure", *Journal of Financial Econmics*, 1976, 3 (4): 305 – 360.

[160] M. J. Brennana, J. Franks, "Underpricing, Ownership and Control in Initial Public Offerings of Equity Securities in the UK", *Journal of Financial Economics*, 1997, 45 (3): 391 –413.

[161] Narasimhan Jegadeesh, Mark Weinstein and Ivo Welch, "An Empirical Investigation of IPO Returns and Subsequent Equity Offerings", *Journal of Financial Economics*, 1993, 34 (2): 153 –175.

[162] Neal M. Stoughton, Josef Zechner, "IPO – mechanisms, Monitoring and Ownership Structure", *Journal of Financial Economics*, 1998, 49 (1): 45 –77.

[163] Oya Altinkilic and Robert S. Hansen, "Are There Economies of Scale in Underwriting

Fees? Evidence of Rising External Financing Costs", *Review of Financial Study*, 2000, 13 (1): 191 –218.

[164] Pistor, Katharina and Chenggang Xu, "Governing Stock Markets in Transition Economics Lessons form China", SSRN: *Working Paper*, 2004.

[165] Purnanandam, A. and B. Swaminathan, "Are IPOs Really Underpriced?" *Review of Financial Studies*, 2004, 17: 811 –848.

[166] Paul A. Samuelson, "The Pure Theory of Public Expenditure", *The Review of Economics and Statistics*, 1954, 36 (4): 387 –389.

[167] Philip D. Drake and Michael R. Vetsuypens, "IPO Underpricing and Insurance Against Legal Liability", *Financial Management*, 1993, 22 (1): 64 –73.

[168] Philip J. Lee, Stephen L. Taylor and Terry S. Walter, "Australian IPO Pricing in the Short and Long Run", *Journal of Banking & Finance*, 1996, 20 (7): 1189 –1210.

[169] Philip J. Lee, Stephen L. Taylor and Terry S. Walter, "Expected and Realised Returns for Singaporean IPOs: Initial and Long – run Analysis", *Pacific – Basin Finance Journal*, 1996, 4 (2 –3): 153 –180.

[170] Rangvid, J. , "Second Generation Models of Currency Crises", *Journal of Economic Surveys*, 2001, 15: 613 –634.

[171] Rafael La Porta, Florencio Lopez – de – Silanes, Andrei Shleifer and Robert Vishny, "Investor Protect and Corporate Governance", *Journal of Financial Economics*, 2000, 58 (1 – 2): 3 –27.

[172] R. Aggarwal and P. Rivoli, "Fads in the Initial Public Offering Market?" *Financial Management*, 1990, 19 (4), 45 –57.

[173] Richard B. Carter, Frederick H. Dark, Ajai K. Singh, "Underwriter Reputation, Initial Returns, and the Long – Run Performance of IPO Stocks", *The Journal of Finance*, 1998, 53 (1): 285 –311.

[174] Richard Carter and Steven Manaster, "Initial Public Offerings and Underwriter Reputation", *The Journal of Finance*, 1990, 45 (4): 1045 –1067.

[175] Robert S. Hansen and Paul Torregrosa, "Underwriter Compensation and Corporate Monitoring", *The Journal of Finance*, 1992, 47 (4): 1537 –1555.

[176] Robert S. Hansen, "Do Investment Banks Compete in IPOs? the Advent of The 7% Plus Contract", *Journal of Financial Economics* , 2001, 19 (2): 269 –281.

[177] Roger M. Kunz, Reena Aggarwal, "Why Initial Public Offerings are Underpriced: Evidence from Switzerland", *Journal of Banking & Finance*, 1994, 18 (4): 705 –723.

[178] Sami Torstila, "What Determines IPO Gross Spreads in Europe?" *European Financial Management*, 2001, 7 (3): 523 –541.

[179] Sami Torstila, "The Clustering of IPO Gross Spreads: International Evidence", *Journal of*

Financial and Quantitative Analysis, 2003, 38: 673 – 694.

[180] Scharfstein D. S. & Stein J. C., "Herd Behavior and Investment", *American Economic Review*, 1990, 80: 465 – 479.

[181] Scharfsten, "Herd Behavior and Investment", *The American Economic Review*, 1990, 80 (3): 465 – 479.

[182] Sheridan Titman, Brett Trueman, "Information Quality and the Valuation of New Issues", *Journal of Accounting and Economics*, 1986, 8 (2): 159 – 172.

[183] Shiller, R., "Speculative Prices and Popular Models", *Journal of Economic Prospectives*, 1990, 4: 55 – 65.

[184] Terrance Odean, "Volume, Volatility, Price, and Profit When All Traders are Above Average", *Journal of Finance*, 1998, 53 (6): 1887 – 1934.

[185] Thomas Buhner and Christoph Kaserer, "The Structure of External Financing Costs and the Economies of Scale View: New Evidence from Seasoned Equity Offerings in Germany", *European Financial Management*, 2002, 8 (3): 315 – 358.

[186] Thomas J. Chemmanur and Paolo Fulghieri, "Investment Bank Reputation, Information Production, and Financial Intermediation", *The Journal of Finance*, 1994, 49 (1): 57 – 79.

[187] Tim Loughran and Jay R. Ritter, "The New Issues Puzzle", The *Journal of Finance*, 1995, 50 (1): 23 – 51.

[188] Tinic Seha M., "Anatomy of Initial Public Offerings of Common Stock", *The Journal of Finance*, 1988, 43 (4): 789 – 822.

[189] T. J. Jenkinson, "Initial Public Offerings in the United Kingdom, the United States, and Japan", *Journal of the Japanese and International Economies*, 1990, 4 (4): 428 – 449.

[190] T. J. Brailsford, R. A. Heaney, J. G. Powell, J. Shi, "Modelling the Behaviour of the New Issue Market", *International Review of Financial Analysis*, 2004, 13 (2): 119 – 132.

[191] Vikram Nanda, Youngkeol Yun, "Reputation and Financial Intermediation: An Empirical Investigation of the Impact of IPO Mispricing on Underwriter Market Value", *Journal of Financial Intermediation*, 1997, 6 (1): 39 – 63.

[192] W. De Bondt and R. Thaler, "Does the Stock Market Overreact?" *Journal of Finance*, 1985, 40 (3): 793 – 805.

[193] W. H. Mikkelson, M. M. Partch and K. Shah, "Ownership and Operating Performance of Companies that Go Public", *Financial Economics*, 1997, 44: 281 – 307.

[194] William Beranek, "The Weighted Average Cost of Capital and Shareholder Wealth Maximization", *The Journal of Financial and Quantitative Analysis*, 1984, 12 (1): 17 – 31.

[195] William S. Krasker, "Stock Price Movements in Response to Stock Issues under Asymmet-

ric Information", *The Journal of Finance*, 1986, 41 (1): 93 – 105.

[196] W L. Megginson and KA. Weiss, "Venture Capitalist Certification in Initial Public Offerings", *The Journal of Finance*, 1991, 46 (3): 28 – 30.

[197] Yan Gao, "What Comprises IPO Initial Returns: Evidence from the Chinese Market", *Pacific – Basin Finance Journal*, 2010, 18 (1): 77 – 89.

[198] Yakov Amihud, Shmuel Hauser, Amir Kirsh, "Allocations, Adverse Selection, and Cascades in IPOs: Evidence from the Tel Aviv Stock Exchange", *Journal of Financial Economics*, 2003, 68 (1): 137 – 158.

[199] Yifeng Shen, Peigong Li &Chin – tan Huang, " Hot Market Issue Vs. Hot Political Issue: A Politically Induced Cycle in the Chinese IPO Market ", Working Paper, 2009, Available at SSRN: http: //ssrn. com/abstract = 1363960.

致　　谢

　　本文的撰写是在曹龙骐教授的悉心指导下完成的，从论文的选题、架构设计以及最终修订完稿，无不倾注了导师的大量心血。回顾博士求学之路，曹老师每次的电话指导，每学期不辞辛劳地从深圳到北京亲临讲学，使我在四年的学习中收获颇丰。更为重要的是老师高屋建瓴的理论知识、深入浅出的知识讲解和一丝不苟的治学态度，以及宽厚待人的博大胸怀均使我受益匪浅，在此向恩师表示深深的感谢！

　　感谢中国人民大学财政金融学院赵锡军教授、张杰教授。在论文开题过程中，两位教授对该论题的肯定给了我极大的鼓舞，坚定了我做好该论文的信心！同时两位教授对文中架构的中肯建议，以及对诸多关键问题的提醒，使我在论文研究过程中更加严谨，写作过程中更加顺畅。

　　感谢对外经济贸易大学郑建明教授。郑教授既是我的老师，又是我的师兄，在论文的写作过程中，郑教授对该文论点直言不讳的指正使得我在研究的过程中，少走了许多弯路，对论据深入细致的指点使得我写作过程中，能够紧扣主题。

　　感谢中国人民大学财政金融学院魏丽老师和商学院孟庆武老师。魏老师和孟老师在论文模型设计中，给予了我中肯的意见和及时的帮助。使我尤为感动的是，魏老师在一边教学、一边照顾襁褓中婴儿的情况下，仍然对我的论文提供了诸多的建议和帮助。

　　感谢2008级金融博士班的同学们。在此期间，大家相互帮助、相互鼓励、相互启迪，共同进步，结下了深厚友谊，这是我就读博士期间的又一大收获！在这样一个充满友谊和爱的班级中，我不仅收获了同学们的真挚友谊，而且拥有了一个更加豁达、更有韧性、更加包容的内心！在此祝愿同学们百尺竿头，更进一步！愿友谊之树常青！

　　感谢我的家人。感谢爱人在我博士报考和就读期间，给予莫大的精神支持和不断的鼓励，感谢孩子对我的理解和宽容，感谢父母在生活上无微不至的照顾，感谢妹妹在论文核稿期间，给出的中肯建议！

　　总而言之，我能够顺利完成学业，离不开大家的帮助和鼓励。四年来，我不仅仅在理论知识上大有收获，而且更为感慨的是结识了诸多良师益友，使我的精神世界里充满了爱和力量！

　　最后再次表达我的感激之情，并祝福大家永远幸福安康！

金融博士论丛

书　名	作　者	定价(元)
第二辑		
凯恩斯主义货币政策研究	陈银娥	16.00
跨国银行风险管理	宗　良	19.00
银行危机论	苏同华	24.50
关于货币本质及货币政策目标问题的讨论	王素珍	16.00
第三辑		
金融工程与风险管理	周　立	17.00
金融契约、资本结构与公司治理	潘　敏	23.00
现代信用风险量化度量和管理研究	李志辉	18.50
金融深化理论发展及其微观基础研究	杨咸月	25.50
第四辑		
现代合作金融制度研究	岳　志	28.00
住房抵押贷款证券化	宾　融	19.00
创业板证券市场研究	周民源	18.00
中国金融安全问题研究	陈松林	20.00
现代金融中介论	秦国楼	14.00
现代西方汇率决定理论研究	崔孟修	14.50
第五辑		
国际收支结构研究	杨柳勇	18.00
股票市场功能演进与经济结构调整研究	王兰军	18.00
金融业混业经营的发展途径研究	张　艳	20.00
存款保险制度研究	何光辉	27.00
要约收购的理论与实证研究	王苏生	25.00